Ziegenspeck
Zensur und Zeugnis in der Schule

JÖRG ZIEGENSPECK

63/64

Zensur und Zeugnis in der Schule

Darstellung der allgemeinen Problematik und der gegenwärtigen Tendenzen

Mit einem Geleitwort von Wolfgang Mitter

Hermann Schroedel Verlag KG

4. Auflage 1981

ISBN 3-507-36422-0

© 1973 Hermann Schroedel Verlag KG, Hannover

Gesamtherstellung: Konkordia GmbH für Druck und Verlag, Bühl/Baden

INHALTSANGABE

6

Geleitwort

Die hier veröffentlichte Studie ist aus einer dem Akademischen Prüfungsausschuß der Pädagogischen Hochschule Niedersachsen vorgelegten Arbeit zur Erlangung des Diploms in Erziehungswissenschaft hervorgegangen. Jörg Ziegenspeck konnte sich bei ihrer Abfassung auf mehrjährige intensive Beschäftigung mit dem Gegenstand und auf praktische Erfahrungen in verschiedenen Erziehungs- und Unterrichtsfeldern stützen. Daher ist in dem vorliegenden Ergebnis die Trennung von Theorie und Praxis aufgehoben.

Allein ein Blick auf das vom Verfasser zusammengestellte Literaturverzeichnis könnte die Vermutung nahelegen, mit einer Darstellung über Zensur und Zeugnis in der Schule würden Eulen nach Athen getragen. Wer in quantifizierender Weise den Wert dieser Untersuchung nach den Daten und Aussagen messen wollte, die in gleicher oder ähnlicher Form in irgendeiner anderen Veröffentlichung wiederzufinden sind, hätte sogar einen Anlaß, um seine Vermutung zu stützen. Der nach qualitativen Argumenten Suchende, der sein Erkenntnisinteresse vertiefen und Anregungen für seine eigenen Reflexionen und Handlungen gewinnen möchte, wird von der Durcharbeitung nicht enttäuscht sein.

Dieser Hinweis sei durch folgende Anmerkungen unterstrichen: Der Verfasser stellt das Zeugnis- und Zensurenproblem in den Zusammenhang des Leistungsproblems, dessen Mehrdeutigkeit durch die Gegenüberstellung der ökonomischen und pädagogischen Aspekte kritisch analysiert wird. Die skizzierende Einbeziehung sowohl der historischen Dimension als auch des internationalen Vergleichs untermauern die Projizierung auf dem Hintergrund der gesellschaftlichen Entwicklung. Die Kenntnis dieser Grundlegung versetzt den Leser in die Lage, die systematische Aufarbeitung der für die Schulnotenskala entscheidenden Faktoren nachzuvollziehen und die kontroversen Stellungnahmen zu ordnen. Schließlich bietet der Bericht über die vom Verfasser selbst durchgeführte empirische Untersuchung in Klassen des 4. Schuljahres im Schulaufsichtskreis Uelzen-West die exemplarische Konkretisierung der Thesen, die in den der allgemeinen Darstellung gewidmeten Abschnitten vorgetragen werden. Die Verknüpfung von theoretischer Grundlegung, Sekundäranalyse und eigener empirischer Studie macht den Wert der Untersuchung in ihrer Gesamtheit aus.

In seinem Schlußwort gibt Jörg Ziegenspeck explizite zu erkennen, daß er sich von einem kritisch-emanzipatorischen Erkenntnisinteresse hat leiten lassen und sowohl die ermittelten Daten und zitierten Aussagen als auch die eigenen Thesen als Beitrag zu einer Diskussion verstanden wissen möchte, die zu kritischer Auseinandersetzung mit bestehender Schulpraxis anregt und innovative Reform mitbewirkt. Unter Bekräftigung dieses Wunsches sei die vorliegende Untersuchung nicht nur „etablierten" Erziehungstheoretikern, sondern — mit besonderem Nachdruck — auch Lehrern und Lehrerstudenten zur Durcharbeitung empfohlen.

Frankfurt, den 30. April 1973   Wolfgang Mitter

Vorwort

> „Kritik *vor* der Reform gibt
> zu Hoffnungen und Taten Anlaß;
> Kritik *nach* der Reform nur
> zu Resignation oder Zynismus."
>
> Hartmut von Hentig

Diese Arbeit — ein Ergebnis theoretischer Studien und mehrjähriger praktischer Erfahrungen — besteht aus drei Teilen:

Im *ersten* soll die Basis für ein Verständnis der Zusammenhänge zwischen „Leistungsgesellschaft" und „Leistungsschule" geschaffen werden, in deren Spannungsfeld jegliche Leistungsbeurteilung gerät. In einer Gesellschaft, die vom Konkurrenzstreben geprägt ist, in der egoistische Bestrebungen die Interessen des Gemeinwohls überwuchern, hat der Begriff „Leistung" einen bestimmten Stellenwert. Seine Wertigkeit muß für beide, Gesellschaft und Schule, neu bestimmt werden, wobei vor allem Selektionsentscheidungen, die Bildungs- und Berufschancen eröffnen oder versperren, kritisch hinterfragt werden müssen.

Im *zweiten Teil* werden historische und empirische Aspekte dargestellt, die der Beantwortung der Fragen nach Möglichkeiten und Grenzen des tradierten schulischen Beurteilungswesens dienen können.

Die eigene empirische Erhebung rundet die Darstellung der allgemeinen Problematik insofern ab, als deutlich gemacht wird, daß fachspezifische, geschlechtsspezifische und schichtenspezifische Zensierungsunterschiede den Zeugnisnoten entnommen werden können und sich damit Reformanstrengungen als notwendig und dringlich erweisen. Diese Reform muß curricular bestimmt sein und wird dabei einerseits auch der Objektivierung der Leistungsbeschreibung in der Schule, andererseits dem Abbau der Theorie-Praxis-Diskrepanz dienen.

Der *dritte Teil* weist einige Ansätze von neueren Reformbestrebungen nach. Gegenüber der breit angelegten Darstellung der allgemeinen Problematik bleibt die Darstellung der gegenwärtigen Tendenzen skizzenhaft. Das hat mehrere Gründe:

1. Die Curriculum-Entwicklung in der Bundesrepublik Deutschland befindet sich nach wie vor erst im Anfangsstadium wissenschaftlicher Bemühungen. Eine häufig schwerfällige, umständliche und keineswegs reibungslose, nicht zuletzt durch Vorurteile belastete Zusammenarbeit der beteiligten Vertreter politischer, theoretischer und praktischer Kompetenz entspricht z. Z. noch wenig der Zielvorstellung beispielhafter demokratischer Entscheidungsfindung.[1] Als Beleg mag

dafür das Scheitern des bisher in der Bundesrepublik einmaligen Versuchs der Curriculumrevision gelten.[2]

2. Eine relativ kleine Anzahl von Institutionen arbeitet unter sehr verschiedenen Annahmen und mit unterschiedlicher Zielsetzung an der curricularen Entwicklung.[3]

3. Nur von wenigen Institutionen sind bisher Unterlagen zum Stand der Bemühungen zu bekommen, aus denen Angaben über das Problem der Lernzielkontrolle zu entnehmen sind.[4]

Das hat zur Folge, daß ein äußerst heterogenes Bild entsteht, das mit seinen differenzierten Ansätzen eher verwirrend als erhellend wirkt. Da mit dem Begriff „Curriculum" das gesamte Lerngefüge, also Ziele, Inhalte, Methoden und Lernzielkontrolle des Lehrens und Lernens in ihren gegenseitigen Abhängigkeiten, gemeint ist, erscheint im augenblicklichen Stadium der Forschung eine allgemeingültige Strukturierung kaum möglich.

Diese Arbeit verfolgt über die reine Darstellung der allgemeinen Problematik und der gegenwärtigen Tendenzen hinaus den Zweck, aufklärend für die Praxis und damit anregend für eine problembewußte, gesellschaftskritische Analyse der Schule zu sein, aus der entschiedene Reformen erwachsen können. Denn es geht darum — und damit komme ich auf den eingangs zitierten Satz von Hartmut von Hentig zurück — „nicht die Reform zu lassen, sondern umgekehrt die Reform radikal genug zu machen, um sie vor jener tödlichen Enttäuschung zu bewahren."[5]

Diese Arbeit wird dort entschleiernd und einstellungsverändernd wirken müssen, wo die Aussage von Wolfgang Brezinka gilt: „Da die meisten Erzieher ... täglich vieles tun, was nicht zum Ziel führt, und doch den Glauben an den Wert ihrer Tätigkeit behalten möchten, neigen sie eher dazu, sich gegen die Aufklärung ihrer unzulänglichen Praxis zu verteidigen, als in ihr eine Hilfe zu sehen."[6]

Die hier vorgetragenen Argumente sind solche zur partiellen Verbesserung der Unterrichtspraxis. Als persönliche Bedrohung können sie nur von jenen Lehrern empfunden werden, die Kritik nicht aufgreifen, zur Selbstkritik nicht fähig sind und daher neue bildungspolitische Perspektiven als systembedrohend ablehnen. Neue bildungspolitische Perspektiven weisen freilich in der Tat auf eine neue Schule in einer wesentlich veränderten Gesellschaft hin. Es gibt Hinweise darauf, das Bildungswesen in zunehmendem Maße als wichtige Quelle von Innovationen und Gegenwirkungen innerhalb der Gesellschaft zu verstehen. „Damit steigt die Chance, wenn auch nicht für schnelle Lösungen, so doch für beharrlich-methodischen Zweifel an der Legitimation überkommener pädagogischer Praxis."[7]

Lüneburg, Sommer 1973   Jörg Ziegenspeck

1. Das Leistungsproblem in Gesellschaft und Schule

1.1. ZUM BEGRIFF „LEISTUNG"

Der Begriff „Leistung" spielt im allgemeinen Sprachgebrauch und in der gegenwärtigen bildungspolitischen Diskussion eine nicht unbedeutende Rolle. Allerdings muß festgestellt werden, daß der Terminus „Leistung" erst relativ spät in die erziehungswissenschaftliche Diskussion Eingang fand. Die pädagogischen Handbücher und Enzyklopädien verzeichnen das Stichwort „Leistung" — wie Furck ermitteln konnte [8] — erst seit 1930. Aber auch im „Großen Brockhaus" von 1932 fehlt ein Stichwort zum Leistungsbegriff.

In den nachfolgenden Kapiteln dieses Teiles der Arbeit soll geprüft werden, ob sich das pädagogische Problem der Leistung von den Ursprüngen des Begriffes her und von formalen Definitionen aus klären läßt. Der semantischen Analyse folgen daher Erklärungs- und Definitionsversuche, die von verschiedenen Ansätzen ausgehend die Ein- oder Mehrdeutigkeit des Begriffes „Leistung" in einigen industriegesellschaftlichen Wirklichkeitsfeldern nachzuweisen in der Lage sein können.

1.1.1. Die semantische Mehrdeutigkeit der Wörter „Leistung" und „leisten"

Das Studium der Herkunft und Bedeutung des Wortes „Leistung" und der älteren Verbform „leisten" verdeutlicht die Vielschichtigkeit auf dem sprachgeschichtlichen Hintergrund.

Ernst Wasserzieher hat ermittelt, daß das gotische „laistjan" (folgen, nachfolgen, eine Spur verfolgen) bestimmt wird durch die indogermanische Grundbedeutung der Wurzel „lis" (gehen).[9]

Auch die Silbe „jan" deutet auf Aktivität hin. Das gotische „laists" (Spur, Fußstapfe) hat ebenfalls die Bedeutung „folgen" (eine Spur betreten).[10]

Im Alt- und Mittelhochdeutschen geht das Wort „leisten" eine Verbindung mit der Bedeutung des „Pflichthaften" ein: „leisten" hat im Althochdeutschen bereits die Bedeutung „etwas befolgen" und „tun, was als Schuldigkeit vorgeschrieben ist"; im Mittelhochdeutschen wird darunter verstanden, daß jemand „eine Pflicht tut", „ein Versprechen erfüllt" und „ein Gebot ausführt".[11]

Aus der Verbindung des neuhochdeutschen Wortes „List" mit dem gotischen „lists" oder „lais" (ich weiß) wird die Urverwandtschaft von leisten mit lernen und lehren deutlich.[12]

13

Die indogermanische Wurzel „lis" (gehen) weist auf das Prozeßhafte und Dynamische hin.

In den romanischen Sprachen taucht allerdings die mehr statische Bedeutung vom lateinischen Verb „praestare" (vorstehen, später auch: sich auszeichnen) auf und ist heute im Italienischen wiederzufinden: „prestazione" (Leistung).

Im Gegensatz zu der o. g. indogermanischen Wurzel „lis" gehen die romanischen Wörter auf die Wurzel „sta" zurück mit den unendlich vielen Ästen und Verzweigungen (stehen, Stand, Stelle, Stadt usw.). Während also einerseits „Leistung" als Prozeß (im Deutschen später durch das „Pflichthafte" konkretisiert) zu verstehen ist, meint es andererseits etwas Abgeschlossenes, Statisches, also eher ein Ergebnis.[13]

Teschner weist auch nach, daß die alten Wörter für „Leistung" z. T. ersetzt wurden. Er nennt beispielsweise

a) im Englischen: result, effect, achievement (im pädagogischen Bereich), output (in der Wirtschaft),

b) im Französischen: résultat, accomplissement, exécution,

c) im Spanischen: neben prestacion, resultado

und betont, daß das Wort „Leistung" in modernen Sprachen „in der Regel das Statische oder besser das Abgeschlossene, das Ergebnis einer vorangegangenen Bemühung ... meint".[14]

Auch im Neuhochdeutschen wird unter „Leistung" — zumindest umgangssprachlich — meist etwas Abgeschlossenes, Beendetes verstanden. So wird selbst im „Großen Brockhaus" aus dem Jahre 1955 unter „Leistung" „allgemein das Ergebnis einer Anstrengung", also die statische Bedeutung hervorgehoben.

1.1.2. Erklärungs- und Definitionsversuche

Obwohl Carl-Ludwig Furck in seiner Studie zum pädagogischen Problem der Leistung sagt, daß der Terminus „Leistung" heute abgenutzt erscheint, schlagwortartig gebraucht und mißbraucht wird[15], soll doch (oder auch gerade deswegen) der Versuch einer neuerlichen Begriffsbestimmung unternommen werden. Dabei fällt auf, daß „Leistung" nicht ohne spezifische Bezugsfelder erklärt werden kann: *die* Leistung schlechthin gibt es nicht. Was analysiert und — wenn auch nur bruchstückhaft — erklärt werden kann, ist der momentane Bedeutungsgehalt des Begriffes „Leistung" auf dem Hintergrund verschiedener Wirklichkeitsfelder, von denen einige kurz angesprochen werden sollen.

1.1.2.1. „Leistung" als physikalisch-technischer Begriff

„Leistung" als physikalisch-technischer Begriff meint die Messung exakter Größen, wobei ein Ergebnis nur dann als exaktes angesprochen werden kann, wenn es aufgrund eines strengen logischen und/oder mathematischen Beweises, aufgrund genauer Messungen und/oder Berechnungen zustandegekommen ist. Dazu sind Methoden erforderlich, die wissenschaftlichen Kriterien standhalten.

In der *Mechanik* ist *Arbeit* als die Kraft definiert, die über einen bestimmten Weg wirksam wird.

Dabei spielt die Zeit, in der z. B. ein Gewicht hochgehoben wird, keine Rolle. *Leistung* in der *Technik* entsteht erst in dem Augenblick, wo diese Arbeit auf eine bestimmte Zeit bezogen wird:

$$\text{Mechanische Leistung} = \frac{\text{Kraft} \times \text{Weg}}{\text{Zeit}} = \frac{\text{Arbeit}}{\text{Zeit}}$$

Die Techniker haben seit langem feste Begriffe für Leistung:

z. B. PS (1 PS = 75 mkg/sec),
kw (1 kw = 102 mkg/sec) und
kcal (1 kcal = 427 mkg/sec).

1.1.2.2. „Leistung" als Begriff der Wirtschaft

In der *Betriebswirtschaft* wird „Leistung" als die Menge und der Wert der im Betrieb erzeugten Wirtschaftsgüter und Dienstleistungen definiert, wobei sich dieser Wert bzw. die Menge preislich kalkulieren und ausdrücken läßt.[16]

Leistungen haben in der *Volkswirtschaft* ihr Maß in der Währungseinheit.

In der *Arbeitswissenschaft* heißt es: „Eine Leistung ist das Ergebnis einer Arbeit, wenn es in Beziehung zum Arbeitsaufwand gesetzt wird, oder anders ausgedrückt: Leistung ist Arbeitsertrag in Beziehung zum Arbeitsaufwand." [17] Dabei kann sowohl die geistige wie die körperliche Tätigkeit gemeint sein.

Im Sinne der Arbeitswissenschaft ist jede Leistung abhängig von persönlichen, sachlichen und betrieblichen Voraussetzungen und wird durch die Betriebsstruktur (Sozialstruktur, Befehls- und Anordnungsbefugnisse, funktionelle Organisation, Betriebsführung und Management, Statussystem und Betriebsverfassung, Produktionsart und Marktgegebenheiten usw.) entscheidend mitbeeinflußt.[18]

Da sich inzwischen Definitionen der „Normalleistung" in der Industrie und der Arbeitswissenschaft durchgesetzt haben und besonders in Arbeitsstudienverfahren praktisch umgesetzt werden, soll eine Definition allgemeiner Art, wie sie jedoch häufig in Tarifverträgen vorzufinden ist, wiedergegeben werden.

1.1.2.2.1. Definition und Kommentierung der „Normalleistung" in Wirtschaft und Industrie

Der Begriff der „Normalleistung" fand deswegen in Tarifverträgen Aufnahme, weil er eine Schutzfunktion ausüben soll: er kennzeichnet ein Anstrengungsniveau, das in der Regel unterhalb mittlerer (durchschnittlicher) Werte menschlicher Anstrengung liegt.

Unter „Normalleistung" versteht man jene Sachleistung, „die von jedem *hinreichend* geeigneten Arbeiter nach *genügender* Übung, nach *ausreichender* Einarbeitung *ohne* Gesundheitsschädigung auf die Dauer erreicht und erwartet werden kann".[19]

Die einzelnen Bestimmungsmerkmale der Definition können folgendermaßen erklärt und kommentiert werden:

„1. Unter Eignung des Arbeitnehmers ist dessen körperliche und geistig-seelische Befähigung zur Übernahme und ständigen Durchführung einer bestimmten Tätigkeit (Arbeitsaufgabe) zu verstehen.

Hinreichende Eignung ist gegeben, wenn die notwendige Befähigung zur Übernahme und Durchführung einer bestimmten Tätigkeit überhaupt vorhanden ist.

2. Übung ist durch praktisches Arbeiten erworbene Fertigkeit in einer Tätigkeit. Üben ist das Aneignen der zu einer Tätigkeit notwendigen und vorgeschriebenen Bewegungsverläufe und die notwendige Einstellung der Sinne und Nerven und des Denkvermögens auf die in der Tätigkeit auftretenden Anforderungen durch wiederholte Ausführung.

Eine genügende Übung ist erreicht, wenn die Bewegungsverläufe sicher erfolgen und die Einstellung der Sinne und Nerven und des Denkvermögens auf die Einzelverrichtung (Arbeitsaufgabe) der Tätigkeit ohne Schwierigkeiten erfolgt.

3. Das Einarbeiten ist das Vertrautwerden mit einer Tätigkeit im Rahmen des gesamten Arbeitsprozesses, das sich mit ständiger Übung und Verrichtung der zu einer Tätigkeit gehörenden Einzelverrichtungen (Arbeitsaufgabe) nach einer bestimmten Dauer ergibt. Die Länge der Einarbeitungszeit hängt von der Person und der Tätigkeit ab. Einarbeiten ist nach Unterbrechungen der Tätigkeit immer wieder notwendig.

4. Der Begriff „auf die Dauer" soll bedeuten: Das abgeforderte Arbeitsergebnis muß so bemessen sein, daß der gesunde Arbeitnehmer vor Erreichen des normalen Rentenalters noch in der Lage ist, diese

Leistung ohne Gesundheitsschädigung zu vollbringen. Die Leistungsbemessung darf sich also nicht nach den Jahren der Höchstleistungsfähigkeit richten." [20]

Es wurde von der Schutzfunktion gesprochen, die insbesondere für ältere Arbeitnehmer von wesentlicher Bedeutung ist. Allerdings ist bekannt und wird real immer wieder erfahren, daß diese Schutzfunktion zugunsten wirtschaftlicher Überlegungen allzuoft preisgegeben wird. Sollen die Arbeitsplatzmeßmethoden und Arbeitsstudienverfahren (z. B. REFA, SAM) einerseits dieser Schutzfunktion dienen, so werden sie andererseits immer wieder als Druckmittel seitens der Arbeitgeber eingesetzt. Die konkreten Vorstellungen von einer solchen Schutzfunktion hängen u. a. von der allgemeinen Meinung, der jeweiligen Zeit, dem Interessenstandpunkt, vom Arbeitsmarkt und nicht zuletzt von dem Kräfteverhältnis zwischen den Tarifparteien ab.

Bei der „Normalleistung" wird von einem Arbeitnehmer durchschnittlicher Größe und Konstitution ausgegangen.

Der Verweis in der o. g. Definition auf hinreichende, genügende und ausreichende Voraussetzungen der Person bedeutet, daß man sich — bezogen auf die Notenstufen unseres Schulnotensystems — mit der Ziffer 4 („ausreichend") zufriedengibt, also mit einer weniger als „befriedigenden" Leistung.

Die „normale Leistung" wird durch das Internationale Arbeitsamt in Genf folgendermaßen definiert: „Normale Leistung: Stetige, bedächtige Arbeitsweise ohne Beeilung, wie sie ein nicht im Akkord beschäftigter, doch unter ordentlicher Aufsicht tätiger Arbeiter erbringt; sie erscheint langsam, doch wird die Zeit während der Beobachtung nicht absichtlich vergeudet." [21]

Außerdem wird ein Meßwert gegeben, der als Vergleichswert dienen soll: Es wird ein Arbeiter durchschnittlicher Größe und normaler Konstitution angenommen, der in einer geraden Linie auf ebener Oberfläche ohne Last und ohne Hindernis 3 Meilen/Std. (4,83 km/Std.) zurücklegt.

So offen wie die Definition der „Normalleistung" erscheint, so offen ist auch die Schutzfunktion, die durch sie ausgedrückt werden soll. Im Zweifel — so ist es wohl gemeint — sollte für den Arbeitnehmer entschieden werden. Doch läßt ein Blick auf die betriebliche Praxis rasch erkennen, daß gegen diesen Grundsatz allzu häufig verstoßen wird, teils aus Unkenntnis, größtenteils sicherlich jedoch aus wirtschaftlichen Überlegungen.

Die Scheinexaktheit, die mit dem Meßwert (3 Meilen/Std.) ausgedrückt wird, ist schwer auf nicht genau meßbare Arbeitsverfahren und -vorgänge zu übertragen, zudem geht in den Vorgang der Leistungsfestsetzung mit dem Begriff der menschlichen Normalleistung eine sozial-politische und sozialethische Orientierung mit ein.

In feudalen und frühkapitalistischen Verhältnissen war es selbstverständlicher Brauch, daß der Herr und Unternehmer bestimmte, was zu leisten war und welche Gegenleistung dafür gewährt wurde. Bei Zwangsarbeit wurden und werden Arbeitsergebnisse diktiert, die bedingungslos zu erfüllen sind. Auch heute noch ist es möglich, daß der Arbeitgeber ein bestimmtes Arbeitspensum einseitig festsetzt, ein bestimmtes Arbeitsergebnis also in einer bestimmten Zeit erwartet. Das ermöglicht ihm sein Weisungsrecht innerhalb des Betriebes. Doch die abgeforderten Leistungen müssen heute allgemein zumutbar sein und dürfen bestehende Rechtsvorschriften nicht verletzen.

Die „allgemeine Zumutbarkeit" ist allerdings ein sehr weiter Begriff, der nur im Einzelfall eindeutig geklärt werden kann. Kann der engste Umkreis des Arbeits-Alltags in der Fabrik gekennzeichnet werden durch den Wirkzusammenhang von Begriffen wie z. B. „die Genauigkeit, die Endgültigkeit, die Zeitbemessung, das Können (bzw. das Lernen), das Kommando, die betrieblichen Gewohnheiten und Anordnungen und die Unfallgefahr", dann muß jedoch hinzugefügt werden — um die „Druckkammer des Arbeitsplatzes" im innersten Kräftefeld beruflicher Anspannung und Unterschiedlichkeit deutlich zu machen —, daß die Genauigkeit nicht beklemmend wäre, „wenn sie nicht unter Zeitdruck geleistet werden müßte, der Zeitdruck wäre nicht so schlimm, wenn nicht Genauigkeit gefordert wäre, Unfallgefahr nicht so akut, wenn nicht der Zeitdruck herrschte".[22]

So muß die „allgemeine Zumutbarkeit" auf dem Hintergrund der jüngeren Entwicklung gesehen werden: Aus der Arbeitskalkulation wird „so viel wie möglich" herausgeholt, durch Diktat hat die Arbeitsgeschwindigkeit ständig zugenommen, die Produktion wird ständig strenger geplant.

Wenn einzelne Arbeitsstudienverfahren auch wohlklingende Formeln und Formulierungen für die Maßstäbe menschlicher Leistung haben, so muß doch gefragt werden, welche Interessen mit ihnen verfolgt werden. Dienen sie nur arbeitstechnischen „Sandkastenspielen" oder wollen sie dazu beitragen, vom offenen oder getarnten Diktat zu größerer sachlicher Transparenz und persönlicher kritischer Einsicht zu gelangen?

1.1.2.2.2. Zum Problem der „Leistungs-Bewertungsverfahren"

Die „Leistungs-Bewertungsverfahren" „sind keine neutralen Instrumente. In sie gehen stets soziale Werturteile ein. Sie können zugleich Mittel der betrieblichen Herrschaftsausübung sein und Mittel zur Durchsetzung wirtschaftlicher Interessen".[23]

In der Soziologie wurde dieses Thema besonders unter den Aspekten sozialer Zusammenhänge, insbesondere der Herrschaftsverhältnisse, soweit sie sich in einem Lohn-Leistungs-System manifestieren, behandelt.[24]

Es ist bisher nicht gelungen, auf der Grundlage objektivierender Leistungs-Bewertungsverfahren „den von allen erarbeiteten betrieblichen Gewinn auch auf alle (gemäß ihrem Leistungsanteil daran) zu verteilen. Die Tatsache, daß die Verfahren lediglich zur Bewertung von Arbeitnehmern der unteren und mittleren betrieblichen Positionen verwandt werden, spricht dagegen".[25]

Damit aber nicht genug: „Die Einstufung des einzelnen Arbeitnehmers in eine Lohngruppe erfolgt nicht unter dem Gesichtspunkt seiner Bedürfnisse, sondern dem seiner Wirksamkeit im Rahmen der Arbeitsorganisation. Die Bewertung einzelner Anforderungsarten erfolgt unter dem Gesichtspunkt ihres Verhältnisses zum Leistungsergebnis und nicht im Verhältnis zur persönlichen Belastung des einzelnen Arbeitnehmers." [26]

Bildung von Werturteilen, Machtausübung, Verabsolutierung abstrakter Handlungswirksamkeit und Auslassen individueller Bedürfnisse sowie Belastungen führen zu einer ideologischen Leistungsbewertung (wie auch im Kap. 1.1.2.4.1. noch auszuführen sein wird). „Es gibt manches Tun, dessen Ergebnis sich sehr genau feststellen, oft sogar messen läßt. Damit ist aber gar nichts ausgesagt über die menschliche, die innere Leistung, die Anstrengung, die zu den Ergebnissen führte." Dies außer acht lassend zählen „im Betriebsleben ... aber nur bedingt menschliche Leistungen — es zählt das Ergebnis. Darum wird menschliche Leistung nur sehr beschränkt gewürdigt".[27]

Lenk stellt zudem fest, daß „die berufliche und gesellschaftliche Leistung kaum mehr dem einzelnen allein zugeschrieben werden kann: Team, System und Konjunktur bilden gesamtgesellschaftliche Leistungsdeterminanten".[28]

Leistung ist nur quantifizierbar und vergleichbar, wo das „Was", das „Wie" und das „Womit" klar definiert sind. Die Vergleichbarkeit verschiedener Leistungen ist dagegen in erheblichem Maße eine Frage der Konvention.

Um das abschließend zu verdeutlichen: Im sozialen Bereich versucht man dieses Problem dadurch zu lösen, daß man den Geldwert (Lohn, Gehalt, Vergütung, Honorar) einer Tätigkeit zur Grundlage des Vergleichs macht. In diesem Falle aber wird die Argumentation tautologisch, da gerade die Unterschiede der Entlohnung durch die Unterschiede in den Leistungen begründet werden müßten. „Das Leistungsprinzip bietet aber keine Basis, von der man erklären könnte, warum ein Werbemann, ein gehobener Manager, ein Fußballstar oder ein Schlagersänger vier-, fünf-, zehn- oder zwanzigmal soviel verdient wie ein durchschnittlich entlohnter Arbeiter oder Angestellter." [29]

1.1.2.3. „Leistung" als psychologischer Terminus unter besonderer Berücksichtigung arbeitspsychologischer Aspekte

In der Psychologie versteht man unter „Leistung" vor allem die Menge der von einer Person in einer bestimmten Zeit richtig gelösten Aufgaben (z. B. bei standardisierten Tests) oder die Qualität der Antworten (z. B. bei projektiven Verfahren).

Es geht in der Psychologie also darum, aus vorliegenden Arbeitsergebnissen (schriftliche Lösungen, Schulergebnisse, Leistungsproben aus Eignungsuntersuchungen, Tests usw.) psychologisch begründete Schlüsse zu ziehen.

Auf das Problem der Leistungstests — und hier besonders der Schulleistungstests — muß noch an späterer Stelle Bezug genommen werden (vgl. Kap. 3.5.), doch sei hier schon festgestellt, daß objektive Aussagen über die Leistung eines Menschen nur partiell möglich sind: Leistungsvollzüge sind komplex und gleiche Leistungen interindividuell mehrdeutig. Außerdem ist die Testentwicklung noch kaum über den Bereich der Erfassung kognitiver Leistungen hinausgekommen.

Da sich die Psychologie mit den Eigenarten menschlichen Verhaltens beschäftigt, kommt sie nicht darum herum, die Vielfältigkeit der Ergebnisse menschlichen Verhaltens und Leistens und die Streuung der Ergebnisse menschlicher Bemühungen zu berücksichtigen. Wenn es der Psychologie auch darum geht, Vorgänge, die bei einer Handlung ablaufen, möglichst vollständig zu erfassen, so ist das Tun des Menschen jedoch ein so vielschichtiger physio-psychischer Vorgang, daß eine umfassende systematische Darstellung bisher unvollständig bleiben mußte.

Nur ansatzweise gelingt es, die Erlebnis-, Verhaltens-, Einfluß- und Ergebnisvariablen herauszufinden und übersichtlich darzustellen. Daubert zählt beispielsweise 64 Einflußgrößen auf, die er bei seinen arbeitspsychologischen Studien herausgefunden hat [30], und untergliedert sie in vier Bereiche und elf Zwischengruppen (siehe Tab. auf Seite 21).

Sicherlich ist diese Aufstellung alles andere als vollständig, führt doch schon die Kombination dieser 64 Faktoren zu einer weiteren Zahl von unterschiedlichen, in der Realität sinnvollen Möglichkeiten. Dabei ist freilich auch zu erwähnen, daß sich Daubert ausschließlich auf den arbeitenden Menschen in der Industrie bezieht, sein Kategoriengefüge also funktional ausgerichtet ist.

Um die ganze Breite des Spektrums in den Blick zu bekommen, muß man festhalten, daß die menschliche Leistung primär an die Eigenheiten des Einzelnen gebunden ist. Physische, biologische, physiologische Gegebenheiten spielen eine wesentliche Rolle; nicht zuletzt bleiben psychi-

Bereiche:	Zwischen-gruppen:	Einflußgrößen:
Leistungsfähig-keit	Fachwissen	Intelligenz, Schulbildung, Allgemeinbildung, Ausbildung, Aufgeschlossenheit, Erfahrung usw.
	Fachkönnen	Geschicklichkeit, Ausbildung, Unterweisung
	Erholung	Arbeitszeit, Pausengestaltung, Freizeit, Urlaub, Schlaf
	Gesundheit	Arbeitsbedingungen, Unfallver-hütung, Erholungszeiten, Werkarzt
	Ernährung	Allgemeine Ernährung, Werk-essen, Getränke usw.
Leistungsbereit-schaft	Stimmung	Farbdynamik, Arbeitsmusik, Anerkennung, Personalpolitik, Gruppensituation, Sicherheit des Arbeitsplatzes, Betriebs-verbundenheit usw.
	Vernunft	Einsicht, familiäre Ver-pflichtungen, finanzielle Ver-pflichtungen, Gewinnstreben
Leistungsanreiz	Geltungsstreben	Anerkennung, Gefühl der Un-entbehrlichkeit, Wettbewerb mit Kollegen, familiäre Bindungen usw.
	Lohnanreiz	Lohnhöhe, Leistungsgerechtig-keit, Chance zur Leistungs-steigerung usw.
Arbeits-bedingungen	Arbeitsplatz	Schwere der Arbeitsbewegun-gen, Richtung der Arbeitsbe-wegungen, Genauigkeit der Ar-beitsbewegung, Frequenz der Arbeitsbewegungen, Griff-gestaltung, Körperhaltung, Gestaltung des optischen Feldes
	Arbeitsklima	Beleuchtung, Belüftung, Temperatur, Staub, Nässe, Schmutz

sche Variable in ihrer individuellen Streuung unterschiedlich und widersetzen sich einer normierenden Festlegung.

Dieser Tatbestand muß berücksichtigt werden, wenn in der Arbeits- und Betriebspsychologie immer wieder der Versuch gemacht wurde und wird, menschliche Arbeit zu klassifizieren und zu allgemeingültigen Leistungsfestsetzungen zu kommen, die darüber hinaus auch noch vom Arbeitnehmer als zumutbar und angemessen empfunden werden sollen.

Auch G. Lehmann hat ein — wie er es nennt — „rohes Gerüst" als Schema entwickelt, um zu einem Verständnis menschlicher Leistung zu gelangen. Er unterscheidet „innere" und „äußere" Faktoren, wobei zu den „äußeren" Faktoren vor allem die technischen Voraussetzungen des Arbeitsplatzes und die Anreizmittel (z. B. Lohn) gehören, während zu den „inneren" Faktoren physische und psychische Merkmale gerechnet werden.[31]

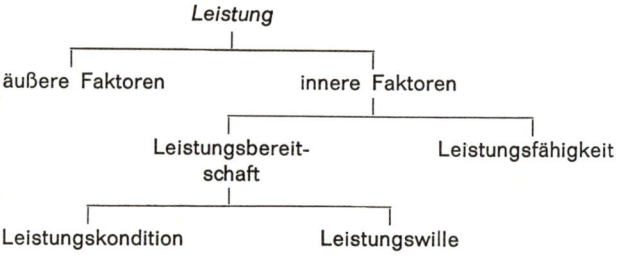

Das „Schema menschlicher Leistung" ist — wie Lehmann sagt — stark vereinfacht: viele andere und wichtige Zusammenhänge zwischen den einzelnen Faktoren und Größen müßten noch sichtbar gemacht werden. Aber auch die vereinfachte Betrachtungsweise Lehmanns zeigt die Unzulänglichkeit aller Versuche, das Zustandekommen menschlicher Leistung zu erfassen und zu beschreiben.

1.1.2.4. „Leistung" und soziale Bezüge

„Leistung" wird aber nicht nur als Prozeß und Ergebnis individueller Verhaltensweisen gesehen, sondern ebenso sehr muß sie auch als Resultat sozialer Beziehungen dargestellt werden. Diese Beziehungen finden innerhalb eines durch Herrschaftsverhältnisse gekennzeichneten Handlungsrahmens statt. Dabei müssen sowohl Entstehung von gesellschaftlich bedingten Leistungen als auch historische Voraussetzungen berücksichtigt werden:

a) Die Entwicklung von Feudal- zu bürgerlicher Stadtgesellschaft (Agrarwirtschaft, Handwerk, Handel) des 18. und 19. Jahrhunderts.

b) Die Vorstufe industrieller Gesellschaft (Manufaktur, Fabrik, expandierende Konsum- und Investitionsmärkte).

c) Die ständige Vergrößerung des Produktionsausstoßes wurde zum zentralen Ziel wirtschaftlichen Handelns (Ausdehnung der Märkte, intensive Ausbeute menschlicher Arbeitskraft durch Rationalisierung der Arbeitsprozesse).

d) Die Stufe des kapitalistischen Leistungsprinzips wird auf der Grundlage vergesellschafteter Arbeit und privat angeeigneter Gewinne zum Merkmal sozial-ökonomisch bestimmter Wertorientierung.

Das so entstandene neue Gesellschaftssystem besteht aus drei Elementen:

1. aus der geteilten Industriebevölkerung: Kapitalisten und Arbeiter / Besitzende von Produktionsmitteln und Besitzende reiner Arbeitskraft,

2. aus überwiegender Produktion in der Fabrik und

3. aus der Unterordnung der gesamten Wirtschaft unter Maximen des Gewinnstrebens.

Damit ist das System industriell determiniert und wird als gesellschaftliches Gebilde definiert, das seine „wesentlichen Züge vom Technisch-Wirtschaftlichen her, im besonderen von der maschinellen Güterproduktion und deren Auswirkungen auf den einzelnen Menschen und die menschliche Gemeinschaft, erhält".[32]

Das neue System hat mit seinen bedingenden Veränderungen (Industrielle Revolution, Automatisierung) nach wie vor auch Auswirkungen auf die Bewußtseinslage der Menschen: Während die Kapitalisten die Ergebnisse menschlicher Arbeit in zunehmendem Maße unter dem Aspekt materieller Gewinnmaximierung betrachten (Vergrößerung des Produktionsausstoßes, Intensivierung der Ausbeute menschlicher Arbeitskraft), wird vom Arbeiter erwartet, daß er sich in höchstem Maße an die gesetzten Leistungsnormen anpaßt.

Die Verwirklichung von Leistungsnormen ist bis heute durchgängig an verschiedene Formen sozialen Aufstiegs gebunden, während umgekehrt eine Nichterfüllung von Leistungsnormen sozialen Abstieg zur Folge hat.[33]

Damit wird der Zugang zum Begriff der „Leistungsgesellschaft" eröffnet, wenngleich gesagt werden muß, daß der Begriff der „Leistungsgesellschaft" insofern ein Fremdkörper in der sozialwissenschaftlichen Terminologie ist, „als er über seinen deskriptiven Gehalt hinaus mit normativen Vorstellungen belastet ist; wegen dieser Ambivalenz hat er sich der wissenschaftlichen Verwendung — jedenfalls in Deuschland — bisher entzogen".[34]

1.1.2.4.1. Die „Leistungsgesellschaft"

Die heutigen Industrienationen sind Leistungsgesellschaften, denn eine übereinstimmende Struktur dieses Gesellschaftstyps wird darin sichtbar, daß seine Mitglieder durch Leistungsnachweise innerhalb einer sozialen Statushierarchie aufsteigen können.[35]

Als McClelland und sein Team[36] begannen, die Leistungsmotivation systematisch zu erforschen, waren sie sich darüber im klaren, ein zentrales Motiv ausgewählt zu haben. Inzwischen hat sich gezeigt, daß die Leistungsmotivation nicht nur ein zentrales menschliches Anliegen ist, sondern sich heute längst zu einem entscheidenden Schlüsselbegriff entwickelt hat.

Man kann die Methoden zur Leistungsbestimmung grob systematisieren: Handlungsabläufe (primär: Handlungsergebnisse) werden in eine Rangfolge oder eine Ordnung gebracht. Nun läßt sich der jeweilige Platz innerhalb einer solchen Skala — wenn auch unvollkommen und begrenzt — quantitativ durch technische und numerische Bewertungssysteme, qualitativ auf der Basis von Werturteilen ermitteln.

„Leistung" ist in der Tat heute zu einem fest integrierten Bestandteil industriegesellschaftlichen Bewußtseins geworden, wie das der „Bundesverband der Deutschen Industrie" verdeutlicht hat:

„Eine leistungsfähige Wirtschaft ist eine entscheidende Voraussetzung sowohl für die innere Entwicklung der Bundesrepublik Deutschland als auch für ihre gegenwärtige und zukünftige politische Stellung in der Welt ... Fortschritte in Produktivität und Leistung sind im technischen Zeitalter Voraussetzungen für eine gerechtere und menschlichere Gesellschaft." [37]

Es wäre wohl kaum etwas gegen solche Argumente einzuwenden, wenn durch sie nicht verschwiegen würde, daß die postulierten Verbesserungen gesellschaftlicher Lebensbedingungen in erster Linie dem Interesse und dem Nutzen der kapitalbesitzenden, herrschenden Klasse dienen und erst danach der gehalts- und lohnabhängigen Klasse zugute kommen.[38] An dieser Stelle muß dann auch notwendigerweise auf die Aussagen Herbert Marcuses hingewiesen werden und auf seine Kritik der Leistungsgesellschaft.[39] Denn das Leistungsprinzip fungiert eben nicht nur als Norm, die Gleichheit gewährt, sondern ebensosehr als Legitimationsprinzip, das gesellschaftliche Ungleichheit rechtfertigt.

Indem das Leistungsprinzip den Anspruch auf soziale Gleichheit propagiert, engt es ihn ein. Es sanktioniert dann solche Formen von Ungleichheit, die durch individuelle Leistungen zustandegekommen sind.[40]

So ist nicht zuletzt von diesem Ansatz her die Frage nach dem gesamtgesellschaftlichen Nutzen von Leistungsergebnissen zu stellen, einem Nutzen, an dem alle Menschen gleichermaßen teilhaben sollen.

Bisher ist es jedoch immer noch so: Was Leistung ist, bestimmen die wirtschaftlichen und technischen „Bedürfnisse", die ihrerseits von Unternehmern im Teileinvernehmen (auf jeden Fall mit Unterstützung) mit den öffentlichen Instanzen bestimmt werden. Ob alle derartigen Leistungen erforderlich sind? Ob es nicht andere Leistungsziele gibt? Ob der Gesichtspunkt der Effektivität so entscheidend, ob die Anpassung des Menschen an die Mechanismen industriell bestimmter Technik und Gesellschaft unbedingt geboten ist? [41]

Eine realistische Antwort muß wohl berücksichtigen, daß auch in Zukunft gesellschaftliche Leistungen zu erbringen sein werden, weil die wachsenden gesamtgesellschaftlichen Bedürfnisse nur über den Weg höherer wirtschaftlicher Produktivität befriedigt werden können. Dabei stoßen wir aber an hochaktuelle Grenzen: „Während über manipulierte Bedürfniserweiterung und der daraus resultierenden Nachfragesteigerung wirtschaftliches Wachstum erzeugt wird, werden gleichzeitig durch zunehmende Umweltzerstörung biologisch-menschliche Existenzgrundlagen gefährdet." [42] Denn neben anderen Merkmalen wird auch das Wachstumsmerkmal (oder gar „Fortschrittsmerkmal") unreflektiert zum Grundsatz erhoben. Worin aber das geeignete Wachstum besteht, ob z. B. die zunehmende Autoproduktion und der expandierende Straßenbau tatsächlich nutzvolles Wachstum darstellen, ob die entstehenden Nebenkosten die Investitionskosten nicht bei weitem übersteigen — eine Beantwortung dieser Fragen wird bis heute hinausgezögert. Es muß aber festgestellt werden, „daß Wachstum nur dann Sinn hat, wenn es der zunehmenden Selbständigkeit der Menschen, ihrer Befreiung von Sorge und Angst dient". [43]

Auf die o. g. Fragestellung bezogen heißt dies, daß Leistungshandeln spätestens da begrenzt werden muß, wo es sich gegen die Menschen richtet. Welche Auswirkungen das Leistungshandeln haben kann und in welchem Zeitraum irreversible Schäden eintreten können, wenn nicht augenblicklich dagegen angegangen wird, hat ein Forschungsteam — an dem auch Wissenschaftler aus der Bundesrepublik beteiligt waren — kürzlich (jedenfalls teilweise) veröffentlicht. [44]

Ähnlich problematisch sieht Claus Offe den Unterschied zwischen Leistung und Einordnung: In komplexen Arbeitsorganisationen ist eine Beurteilung unterschiedlicher individueller Leistungsfertigkeit kaum noch durchführbar. An die Stelle personengebundener Leistungen treten „‚Techno-Strukturen' des bürokratisierten großbetrieblichen Entscheidungsprozesses". [45]

„Regulative Normen", die vom einzelnen Menschen verinnerlicht werden (normative „innere Kontrollen"), steuern um so rigider den betrieblichen Arbeitsablauf, „je mehr funktionale und skalare Organisation auseinanderfallen und je mehr die verwendete Arbeitstechnologie fortschreitet". [46]

In Arbeitsorganisationen werden immer häufiger vertikale Leistungs-skalen abgebaut und zunehmend durch funktionale, normative Leistungs-anforderungen ersetzt. Das ist unter anderem eine Folge der Zentrali-sierung und Rationalisierung verschiedener Arbeitsgänge innerhalb wachsender Betriebseinheiten und führt dazu, daß etwa ein Arbeiter an seinem Arbeitsplatz nicht mehr die Wahl hat, mehr oder weniger, son-dern nur noch die Möglichkeit, das Richtige oder Falsche zu tun.

Der industriell arbeitende Mensch — und das gilt sicherlich auch für den in der Verwaltung arbeitenden — ist nicht mehr autonomer Leistungs-träger. Er bestimmt den Leistungsprozeß inhaltlich nicht selbst, sondern übergeordnete Entscheidungsinstanzen übernehmen diese Aufgabe. Lei-stung verwandelt sich so in eine Form „entfremdeter" Arbeit.[47]

Leistung bedeutet dann freilich auch keine individuelle Handlungsqualität mehr, vielmehr wird „das Leistungsprinzip als präskriptive Norm selber sinnlos".[48]

Wie bereits gesagt wurde (vgl. Kap. 1.1.2.2.2.), läßt sich menschliches Handeln kaum noch auf das Kriterium der „Leistung" reduzieren. Wenn aber Leistung nicht mehr das ausdrückt, was der einzelne Mensch tat-sächlich vollbringt, dann ist „Leistung" zu einer Ideologie geworden.

1.1.3. Zusammenfassung und Überleitung

Das Problem der Leistung läßt sich weder von den semantischen Ur-sprüngen der Wörter „Leistung" und „leisten" her eindeutig klären, noch von den Definitionen einzelner Anwendungsfelder wesentlich erhellen. Vielmehr macht ein solcher Versuch die *Mehrdeutigkeit* des Begriffes klar.

Diese Mehrdeutigkeit kommt sprachlich in der Polarität zwischen der dynamisch-prozeßhaften und der statisch-ergebnishaften Wortbedeutung zum Ausdruck. Inhaltlich ist „Leistung" immer nur von spezifischen Le-bensbereichen her zu definieren. Dabei können nur wenige allgemeine Aussagen gemacht werden:

1. Leistung hat etwas mit Arbeit und Zeit zu tun.

2. Leistung meint Arbeitsvollzüge und -ergebnisse.

3. Leistung wird in Beziehung zur Ökonomie gesetzt und damit von scheinbar adäquaten Normen her beurteilt.

4. Allgemeingültige Maßstäbe zur Leistungsmessung und objektiven Leistungsbeurteilung fehlen. Leistung wird von einem „Normalfall" her definiert, den es realiter nicht gibt, so daß die Tatsache, daß sich bis heute menschliche Leistung in ihrer individuellen Eigenart und ihren vielschichtigen Beziehungen nicht annähernd umfassend meßbar machen läßt, vordergründig überdeckt wird.[49]

5. Leistung ist auch psychologisch kaum zu definieren (es sei denn in dem sehr engen Rahmen der Testpsychologie), da Erlebnis-, Verhaltens- und Einflußvariablen in individuell unterschiedlich (qualitativ und/oder quantitativ) gewichtetem Maße in Handlungsvollzüge und Produkte einfließen.

Mit entsprechenden Einschränkungen kann deshalb gesagt werden: Leistung darf als Optimierung der Möglichkeiten einer individuellen Umweltbewältigung angesehen werden.

6. Den Definitionen von „Leistung" liegen ungenannte sozialpolitische und sozialethische Orientierungshilfen und Maßstäbe zugrunde, die auf dem gesellschaftlichen Hintergrund zu sehen sind.

7. Leistung ist der bestimmende Bestandteil im Modell der fortgeschrittenen Industriegesellschaft. Sie ist damit von System- und Sachzwängen gekennzeichnet.

Wenn — wie wir gesehen haben — der Begriff der „Leistungsgesellschaft" normativ geladen und „Leistung" in unserer Gesellschaft ideologisch geprägt ist, dann lassen sich daraus zwei fundamentale Ansprüche formulieren:

1. Ideologien müssen dort als Ideologien entlarvt werden, wo sie als solche analysiert werden können.

2. Es müssen Bedingungen geschaffen werden, die es ermöglichen, den Menschen in immer größerem Maße als ein freies, schöpferisches, gesellschaftliches und rationales Wesen leben zu lassen.

Das sind entschiedene Ansprüche auf dem Weg einer radikalen Humanisierung. „Fruchtbare Lösungen sind die, die großen Widerstand hervorgerufen, diese Widerstände aber gebrochen haben, weil sie den wahren Möglichkeiten und den wahren menschlichen Bedürfnissen im Wege standen." [50]

Schließlich muß festgestellt werden, daß die reine Leistungsgesellschaft nicht mehr lange in dieser Form fortbestehen kann. Aufgrund ihrer Forschungsergebnisse sehen Meadows u. a. voraus, daß die Produktivität eines Tages ein Ausmaß erreicht haben wird, das zur massiven existentiellen Bedrohung des Menschen führen muß (Rohstoffverknappung, Umweltverschmutzung usw.).[51] Von daher ist es völlig unsinnig, „die materielle Produktion im selben Grade wie traditionell üblich zum gesellschaftlichen Handlungskriterium zu machen".[52]

Mehr und mehr zeichnet sich heute ab, daß Routineprozesse der Produktion dem Menschen in immer stärkerem Maße von der Maschine abgenommen werden können. Die eigentlichen Aufgaben zielen heute schon auf die Vorbereitungen von Veränderungen in Produktionsprozessen, so daß wir auch allgemein sagen können: Die benötigte menschliche Leistung wird nicht so sehr von der Größe des Produktionsvolumens her bestimmt, sondern vielmehr von qualitativen Veränderungen im sozialen, gesellschaftlichen Zusammenhang.

Niemand bezweifelt, daß in unserer Gesellschaft und in anderen Gesellschaften Leistungen erbracht werden müssen. Das Problem entsteht jedoch in dem Augenblick, in dem danach gefragt wird, um welche Leistungen es sich handelt, welchen Stellenwert sie haben, wie sinnvoll sie sind und welchem Zweck sie dienen.

1.2. ZUM PÄDAGOGISCHEN PROBLEM DER LEISTUNG

1.2.1. Allgemeine Vorbemerkungen

Die am Ende des Kapitels 1.1.3. genannten Fragen sind auch für das pädagogische Problem der Leistung relevant: Stellenwert, Sinn und Zweck von Schulleistungen lassen sich ebenso schwer eindeutig definieren, wie das auf anderen Gebieten offensichtlich der Fall ist.

Der Stellenwert richtet sich nach unterschiedlichen Prioritätsentscheidungen im Hinblick auf die Verwirklichung verschiedener Zielvorstellungen (z. B. Erziehung zum mündigen Menschen, Verwirklichung der Gleichheit der Bildungschancen, bestmögliche Ausbildung für jeden Bürger), und so verschieden die Zwecke sind, so heterogen ist auch der Leistungsbegriff in der Pädagogik.

Auf dem Hintergrund des bisher Gesagten müssen wir von der Tatsache ausgehen, daß die Schule in der Gegenwart zur „Leistungsschule" geworden ist. Der ihr von der Gesellschaft übertragene Ausleseauftrag rangiert mehr und mehr an erster Stelle und kann die gesamte Schulzeit eines Kindes zu einer Kette von Prüfungs- und Auslesesituationen machen, „dadurch ein unkindliches und freudloses Strebertum züchten und die Schule selbst in die Rolle eines ‚Tyrannen wider Willen' drängen".[53]

Die Kritik richtet sich generell dagegen, daß sich der pädagogische Leistungsbegriff nicht genügend gegen die betriebswirtschaftliche Version des Leistungsbegriffs absichert. Es sei dabei darauf hingewiesen, daß dies in der modernen Gesellschaft zu in höchstem Maße unverantwortlichen Konsequenzen führen muß, „denn ein abstrakter und formaler Leistungsbegriff werde in einem Staat, der massiv dazu neige, eine Vorherrschaft der Ökonomie anzuerkennen und menschliche Handlungen vor allem an ihren monetären Erträgen zu messen, leicht zu einem einseitigen inhaltlichen Entscheidungskriterium, das Bildung nur an ihrem produktiven Beitrag für das Wirtschaftswachstum messe".[54] Und Rolff warnt, denn die immanente Logik eines derart reduzierten Leistungsbegriffs bewirke leicht, alle Bildungsprozesse, deren ökonomischer Nutzen nicht unmittelbar einsichtig gemacht werden könne, unterzubewerten,

„also z. B. Formen des Kritikvermögens oder der Kreativität, die geradezu konstitutiv für Mündigkeit sind".[55]
In der Leistungsgesellschaft korrespondiert mit einem solchen Leistungsbegriff die rein rezeptive Lern- und Leistungsschule!

1.2.2. Schulische Aspekte des Leistungsbegriffs

Zu Beginn dieser Arbeit (vgl. Kap. 1.1.) mußte festgestellt werden, daß der Terminus „Leistung" erst relativ spät in die pädagoische Diskussion eingegangen ist. Mit der schulischen Bedeutung hat sich erstmals intensiv C.-L. Furck auseinandergesetzt.[56]
Er zählt vier Aspekte der Leistung in der Schule auf:

1. „Leistung als schulische Forderung an den Schüler",

2. „Leistung als Tätigkeit des Schülers",

3. „Leistung als Ergebnis der Tätigkeit des einzelnen innerhalb der verschiedenen Leistungsbereiche" und

4. „Leistung als besonderer Beitrag der Schule für Gesellschaft, Staat, Wirtschaft und Wissenschaft." [57]

Die schulische Leistung setzt sich also aus vier Komponenten zusammen, die jedoch nicht statisch, sondern dynamisch (als im ständigen Prozeß befindlich) aufgefaßt werden müssen: Anforderungen, Aneignung von Kenntnissen und Fertigkeiten, Ergebnis der Anstrengungen des Einzelnen oder der Gruppe und schließlich die „Leistung der Jugend innerhalb der Gesellschaft oder in der Schule oder im Betrieb".[58]

Diese vier Aspekte des pädagogischen Leistungsbegriffs machen die Mehrdeutigkeit des Terminus „Leistung" auch im schulischen Bereich deutlich. Diese Uneindeutigkeit wird erweitert, wenn festgestellt werden muß, daß die schulische Leistung eine Relationsgröße im schulischen Geschehen ist, „ohne daß damit zunächst etwas über ihren Stellenwert im Raum der pädagogischen Interaktionen ausgesagt oder gar das gesamte schulische Geschehen als Leistung . . . mißverstanden werden könnte".[59]

Als diese Größe ist Leistung in der Schule an drei Bezugssystemen orientiert:

1. Die subjektive Relation (der Schüler selbst),

2. die intersubjektive Relation (der Schüler im Verhältnis zu den Mitschülern, also der Gruppenbezug),

3. die objektive Relation (der Bezug zum Gegenstand, zur Sache selbst und zum Stoff).[60]

Wenn die semantische Unterscheidung aufgrund der dynamischen und statischen Bedeutungsgehalte möglich wurde, dann bietet sich bei den drei o. g. Bezugssystemen eine Anwendungsbasis dafür an: „Alle drei Relationen können ... rein formal in je zwei Bedeutungen definiert werden: als Prozeß (dynamisch) und als Resultat (statisch)." [61] Die Beschreibung der vier Ebenen (Furck), der drei Bezugssysteme (Teschner) und der zwei Arten (dynamisch/statisch) bleibt formal und sagt über die pädagogische Bedeutung der Leistung im schulischen Erziehungsprozeß ebensowenig aus wie das Schlagwort „Erziehung zur Leistung". Didaktische Entscheidungen — so C.-L. Furck in einem Handbuchbeitrag [62] — können von hier aus kaum getroffen werden. „Steigerung der Leistung" bezieht sich als Forderung meist auf die jeweilige Struktur der Schule auf dem Hintergrund gesellschaftlicher Normen, bezieht sich auf schulpädagogische Zielsetzungen, an denen die Leistung des Schülers gemessen wird.

Der Leistungsbegriff kann sich im Grunde genommen erst dann als *pädagogischer* Terminus erweisen, wenn es gelingt, die Spannung zwischen den objektiven Leistungsansprüchen (die Staat, Wirtschaft, Gesellschaft, Kirche und Interessenvertretungen verschiedener Art durch die Schule an das Kind stellen) und der jeweils individuell gegebenen Bildsamkeit anzufangen, indem aus der Sicht erzieherischer Verantwortung die Anforderungen umgewandelt werden in die pädagogische Frage, wie zur Leistung sinnvoll befähigt werden kann.

C.-L. Furck möchte deshalb — und er nimmt Bezug auf einen Aufsatz von Georg Geißler [63] — anstelle von „Leistungsforderung" von „Aufgabe" sprechen, ohne daß es sich einfach um eine beliebige Vertauschung von Begriffen handeln soll: „In beiden Worten ist der objektive Charakter der Forderung, die Unterstellung unter einen sachlichen Anspruch mitgemeint, aber jeweils in verschiedener Weise. Die Bewältigung von Aufgaben kann durchaus zu Leistungen führen, braucht es aber nicht. Während die Forderung, Leistungen zu vollbringen, wie die geschichtliche Untersuchung der Entstehung des Leistungsproblems und seiner Funktion in der Schule zeigt, fast ausschließlich unmittelbar auf ein außerpädagogisches, überindividuelles Ziel bezogen ist, von dem aus und um dessentwillen jeweils die Anforderungen an den Zögling bestimmt werden, ohne die konkreten personalen Voraussetzungen gebührend zu berücksichtigen, meint Aufgabe das *diesem* Schüler Aufgegebene, berücksichtigt also das pädagogisch so entscheidende individuelle Moment, ohne den objektiven Charakter der Forderung zu verleugnen." [64]

1.2.3. Abschließende Bemerkungen

Was bisher allgemein dargestellt werden konnte, muß nun präzisiert werden.

Wir wollten deutlich machen,

— daß die Ausgangslage (der sozio-kulturelle Hintergrund) des Kindes berücksichtigt werden muß. Denn Leistung und ihre Entwicklung, Förderung und Benachteiligung von Schülern mit verschiedenen Merkmalen und entwicklungsbedingten Eigenschaften sind abhängig von verschiedenen Faktoren.[65]

— daß Lern- und Leistungsverhalten von Kindern sich eben nicht nur rein quantitativ als objektiver Zahlenwert darstellen läßt, weil qualitative und subjektiv unterschiedliche Prozesse eine ungeheuer große, entscheidende Rolle spielen.

— daß jede objektive Leistung stets vom Subjekt abhängig ist, gerade dort nämlich, wo Einfallsreichtum, kritisches Urteilsvermögen und Phantasie wesentlich die Leistung bestimmen und über einzelne abrufbare und zählbare Fakten hinausgehen.

— daß die „Leistungsschule mit ihren Merkmalen der
a) Normierung der schulischen Anforderungen,
b) Entstehung des Berechtigungswesens,
c) Jahrgangsklassen,
d) Orientierung an der Wirtschaft usw.
dem Anspruch nach individueller Förderung nur in äußerst geringem Maße gerecht zu werden vermag.

— daß deshalb das einseitige Vorherrschen des Leistungsprinzips in der Schule „nicht nur die erzieherisch sinnvollen Leistungsforderungen und Leistungen, sondern auch den Charakter und die Funktion der Aufgabe in der Schule weithin verfälscht".[66]

— daß die Leistungsgesellschaft zwar nicht von der Schule her zu heilen ist, aber die Schule vermeiden kann, „daß sie an der Verabsolutierung des Leistungsprinzips mitschuldig wird".[67]

— daß Schulleistung kaum global und undifferenziert behandelt werden kann. Denn der Weg, von sozialwissenschaftlich eben auch nur ungenügend definierten Erfordernissen und industriegesellschaftlichen Notwendigkeiten her Schulleistung zu definieren, kann nur zu groben, also auf die Schulwirklichkeit übertragen, unbefriedigenden Ergebnissen führen.

— daß die bisherige pauschale Einteilung in „gute" und „schlechte" Schüler eine globale Wertung ist, die vom Schüler und dessen Eltern kaum als nur beschränkt auf die konkrete und begrenzte Schul- und Lernsituation angesehen wird. Vielmehr werden Leistungsurteile „persönlich" genommen, obwohl Schulleistungen nur einen kleinen Ausschnitt einer sich ständig wandelnden Persönlichkeit zeigen.

— daß die Bedingungsvariablen [68] der individuell unterschiedlichen Schülerleistung benannt, intensiv untersucht und näher bestimmt werden müssen.

Von diesen Ansätzen her muß immer wieder der Versuch unternommen werden, den Rahmen von Schulleistungen abzustecken.

1.2.3.1. Einige resultierende Feststellungen und Forderungen

Aus dem eben Genannten ergeben sich Forderungen:

a) an die *Gesellschaft*, der Schule größeren Spielraum für die „Erziehung zur Entscheidung" zu lassen und ihr deshalb vor allem die Last zu nehmen, „soziale Dirigierungsstelle für Rang, Stellung und Lebens-Chancen des einzelnen" [69] sein zu müssen, und der Schule mit weniger „Systemzwang" (v. Hentig) zu begegnen.

b) an die *Schule*, die soziale Chancenungleichheit, „der die Schule immer noch unwissentlich Nachdruck verleiht, nicht wissentlich weiter zu vermehren" [70], sondern ihr zu begegnen und dadurch mehr „Selbstbestimmung" (v. Hentig) zu ermöglichen.

c) an die *Erziehungswissenschaft*, die zentralen Fragen der Didaktik im Zuge curricularer Entwicklungen anzugehen, damit im Zentrum der schulischen Bemühungen nicht mehr die Auslese steht, sondern die Förderung der Schüler, nicht mehr das Lehrverfahren von genormten Pensen bestimmt wird, sondern Flexibilität durch permanente Curriculumrevision und die Sicherung zielerreichenden Lernens Eingang finden. Erst dann wird es möglich sein, das globale, die Persönlichkeit des Schülers umfassende Urteil über seine Leistungsfähigkeit zu relativieren als *Schulleistung*, der im Rahmen des Unterrichts eine besondere Funktion zukommt. Schulleistung wird so reduziert auf Bemühung und Ergebnis in vorgeplanten, zielbestimmten Unterrichtsprozessen. Individuelle Unterschiede bei Lernenden müssen strategisch eindeutig überlegt und auf den Lehr- und Lernprozeß bezogen werden. Denn der Begriff „Curriculum" meint den Zusammenhang von Lernzielen, Lerninhalten und Lehr- und Lernmethoden.[71]

d) an die *Lehrer*, den Raum zwischen

— der Spielfreiheit des Kindes und dem Ernstcharakter der Leistungsanforderungen im Erwachsenenleben,

— dem Eigenrecht des Kindes (bzw. der Eigenbedeutung der Jugendzeit) und den Ansprüchen der Erwachsenenwelt,

— der Rücksichtnahme auf die Individualität des Schülers (der Schülerleistung) und dem rücksichtslosen Leistungsstreben der Umwelt (der Erwachsenenleistung),

— dem Recht und dem Willen zur freien Selbstbestimmung (der Suche nach persönlichem Glück) und den objektiven Anforderungen mit dem Zwang, diesen Anforderungen nachzukommen,

einerseits zu sichern gegen beherrschende und fremde Ansprüche, ihn aber gleichzeitig als Zeitraum realer Spannungen bewußt zu machen.

Denn es wäre sicherlich falsch, „aus der Kritik des Leistungsprinzips den romantischen Schluß zu ziehen, das Leistungsprinzip ... zu verdammen und eine spannungslose, ökonomiefreie Oase uneingeschränkten Glücks zu propagieren".[72] Das hieße nämlich, die Schule aus den Bezügen zur Wirklichkeit zu lösen und aus ihr eine „Pädagogische Provinz" ohne gesellschaftsimmanente Problematik zu machen.

Wir müssen unterstreichen, daß der Begriff der Leistung — wie Klafki feststellte — erst dadurch zu einer Kategorie wird, „die uns pädagogische Zusammenhänge aufzuschließen vermag und uns gültiges Richtmaß pädagogischen Handelns ... zu werden vermag, daß wir ihn als Inbegriff individuellen Könnens interpretieren", wobei es eben gilt, „die Dialektik von objektiver Leistungsforderung und individueller Leistungsbereitschaft"[73] zu erfassen. Wenn das gelingt, wird es auch möglich, Leistung als das „objektive Maß eines individuellen Könnens"[74] zu verstehen.

An dieser Stelle muß auch auf den Strukturzusammenhang von individueller Begabung und Schulerfolg hingewiesen werden. Wenn wir mit Heinrich Roth den Begabungsprozeß aktivisch als ein „Jemanden Begaben" verstehen, dann wird auch deutlich, daß der Schulerfolg entscheidend abhängig ist von dem Prozeß der bewußt angeregten Begabungsentfaltung. Aber Erziehung zur Begabung[75] wird immer erst möglich durch den „pädagogischen Bezug" (H. Nohl) und „die Erfahrung der Gegenseite" (M. Buber), also durch die ständige Auseinandersetzung mit Personen, den Kontakt zwischen Erzieher und Zögling, Lehrer und Schüler.

2. Darstellung der allgemeinen Problematik

2.1. GESCHICHTLICHE ENTWICKLUNG VON ZEUGNIS UND ZENSUR

2.1.1. Vorbemerkungen und Einführung

Wer über Zensuren sprechen möchte, muß gleichzeitig über das Zeugnis reden, da beide in enger Verknüpfung zueinander wirksam werden.

„Unter Zensuren verstehen wir nach dem herrschenden Sprachgebrauch die Beurteilung einzelner Schülerleistungen. Die Zeugnisse fassen die Zensuren eines größeren Zeitabschnittes zusammen." [76]

Das Zeugnis ist ursprünglich die Aussage eines Zeugen über einen Sachverhalt, den er aus eigener Anschauung kennt. Zensieren bedeutet: begutachten, prüfen, raten bzw. schätzen, umfaßt also ein breites Spektrum von beurteilendem Tätigsein.

Das Amt der Vermögenseinschätzung wurde im alten Rom „censura" genannt und von hochangesehenen Magistratspersonen, den Zensoren, die für fünf Jahre gewählt wurden, ausgeübt. Diese hatten nicht nur die Oberaufsicht in Polizeiangelegenheiten, sondern auch das Recht, „über die öffentliche und private Lebensführung der Bürger zu wachen und Verschwender und Schuldenmacher aus dem Senat auszustoßen".[77]

Der Begriff „censere" (den Wert schätzen, begutachten) wurde später allgemein für das Begutachten und Beurteilen eines Menschen und seiner Handlungsweise benutzt. Daraus wurde dann das „Zensieren", also die Handlungsweise, die schulisches Verhalten und Schulleistungen feststellt und einordnet.

Mit dem Einzug der Kulturtechniken lag es nahe, dem Zeugnis schriftliche Form zu geben: damit wird es unabhängig vom persönlichen Auftreten des Zeugen, der es ja bereits schriftlich fixierte und mit seiner Unterschrift legitimierte.

Kleinert berichtet, daß er auf die erste Zensurengebung beim Studium der sächsischen Schulordnung (1530) gestoßen sei. Diese sah vor, daß „alle halbe Jahre ein Examen der Knaben in den Schulen in Beisein des Pfarrers, desgleichen des Bürgermeisters ... gehalten werden soll". Den Schülern, „die in den Examina mehr denn andere löblich respondieret und sich das vergangene halbe Jahr merklich gebessert haben", wurden „Semmeln oder dergleichen ... zur Verehrung ausgeteilt".[78]

Die Schulordnung von Württemberg (1559) enthält eine Aufnahmebestimmung für Klosterschulen: „Angenommen können nur werden, die ire gutte und gnugsame Gezeugnisse antae actae vitae wohlverhaltens ... von unsern Pfarrherrn, Amptleuten, Gerichten und Schulmeistern fürzulegen wissen." [79]

Die „Gezeugnisse" waren zu dieser Zeit noch weniger Leistungsnachweis als vielmehr Teil einer Bewerbung um Freiplätze, Freitische und Stipendien von Schülern mitteloser Eltern oder vaterlosen Kindern. So hatten diese Zeugnisse auch mehr den Charakter eines „Sittenspiegels" des Bewerbers als den eines „Leistungsspiegels". „Für die Kinder bemittelter Eltern ist kein Zeugnis erforderlich, nicht einmal zum Übergang auf die Universität." [80] Das gleiche gilt auch für Kinder, die einen bemittelten Vater haben.

Das „Benefizienzeugnis" drückt also eine fürsorgliche Empfehlung aus, sagt etwas über bisher gezeigten Fleiß und über die allgemeine Führung. Es wendet sich in meist positiven, in lateinische Sprache gekleideten Formulierungen an unbestimmte Dritte. Die Chance zur Erlangung eines „Beneficiums" soll mit dem Schreiben gegeben werden.

Erst später wurde das Zeugnis zu einer Bestätigung für den Schüler über seinen Leistungsstand und das allgemein gezeigte Verhalten, ohne daß hierbei die Zensur schon eine wesentliche Rolle spielte. Vielmehr handelte es sich um beschreibende Aussagen. Ein solches Zeugnis für einen Landschullehrer im badischen Amt Winterburg war das folgende Dokument aus dem Jahre 1785:

„Das Buchstabieren hat er gut inne und weiß es zu zeigen, warum man so und nicht anderst buchstabiren muß.

Schreibt eine gute Handschrift und auch orthographisch. Hat das Christentum wohl inne und weiß selbiges auch anzuwenden.

Zergliedert nach erlernten Regeln ordentlich, leicht und deutlich.

Singt alle Lieder des hiesigen Gesangbuches fertig. Spielt auch einen mittelmäßigen Choral.

Rechnet die Regeldetrie mit und ohne Brüche fertig. In der Geometrie hat er die vorgetragenen 11 Kapitel von Malers Lehrbuch ordentlich inne.

Was Consonans, Vocalis, Nomen, Substantionen und Adjektionen seyn, weiß er anzugeben und kann auch auf jede Frage den gehörigen Casum setzen.

Macht einen ordentlichen Bericht oder Aufsatz, doch muß Übung hierin noch mehrere Vollkommenheit bringen.

Aus der Naturlehre hat er das nöthigste gut erfaßt. In Sitten und Fleiß ist er recht zu loben." [81]

Auch später noch, als die Ziffernnote bereits formelhafte Grundlage der Zeugnisse geworden war, hat es immer wieder den Versuch gegeben, an Stelle der mit der Benotung verbundenen Nachteile die möglichst individuelle Beschreibung der Person treten zu lassen oder das Zeugnis zumindest beschreibend zu ergänzen. In diesem Zusammenhang sind die vorbildlichen Berichte Herbarts an Herrn von Steiger über dessen Söhne beispielhaft zu nennen.[82] Auch von Pestalozzi ist eine große Anzahl von Berichten an Zöglingseltern erhalten geblieben.[83] Hier müssen auch die „objektiven" (für den inneren Schulgebrauch bestimmten) und die „subjektiven" (unter pädagogischen Gesichtspunkten für Schüler und Eltern verfaßten) Berichte Peter Petersens [84] und die „Charakteristiken" Kurt Hahns [85] genannt werden. Schließlich reichen diese Wurzeln bis in unsere Zeit (z. B. Waldorfschulen, Odenwaldschule), in der „Wortzeugnisse" gefordert werden oder Charakteristiken und Gutachten eine erweiternde Funktion in der Schule erhalten sollen.

Zusammenfassend können wir sagen: Anfangs also eine relativ formlose Beurteilung, geht die Bestrebung nach und nach dahin, das „Benefizienzeugnis" zu einem Zeugnis mit amtlichem Charakter zu gestalten. So darf nur noch eine Dienstperson (z. B. Rektor oder Pfarrer) das Papier unterschreiben, muß es versiegelt werden und wird es auch formal aufwendiger gestaltet. Zeugnisabschriften werden hinterlegt, um Fälschungen entlarven zu können.

Von dem privaten Empfehlungsschreiben entwickelt sich das Papier langsam aber stetig zu einem „amtlichen Schulzeugnis mit sozialer Funktion".[86]

2.1.2. Geschichtliche Entwicklung der Zeugnisse

2.1.2.1. Das Reifezeugnis

Die Entwicklung des Zeugnisses zu einem amtlich beglaubigten Dokument wurde dadurch hervorgerufen, daß sich die Bildungsmöglichkeiten vergrößerten und immer mehr Menschen dieses Angebot wahrnahmen.

So entwickelte sich das Reifezeugnis (später auch das Realschulzeugnis) zwar aus dem Benefizienzeugnis, kommt aber mehr der Tendenz, ein allgemeingültiges Zeugnis zu sein, nach und weniger jener, sozialfürsorgliche Funktionen erfüllen zu müssen.

Das Reifezeugnis bekam Mitte des 19. Jahrhunderts den allgemeinen Berechtigungscharakter, den es heute noch besitzt.

Es ist in diesem Zusammenhang aufschlußreich, die etwa zwanzig Jahre dauernde Diskussion zu verfolgen, die 1787 begann, als sich das preußische Oberschulkollegium mit dem Problem einer Prüfung der allgemeinen Bildung für die Zulassung zum Universitätsstudium befaßte.[87]

Viele kritische Stimmen wurden laut und äußerten sich zu den angeschnittenen Fragen:

Ironisch wurde von Konsistorialrat Fink angemerkt, daß ein solcherart angestrebtes Examen sich zum Zweck, die allgemeine Bildung und Reife festzustellen, wie „die Gerichtshöfe zur Beförderung der eigentlichen Tugend" verhalte, denn Bildung sei nicht prüfbar, und eine Prüfung bringe die Gefahr mit sich, jede „echte Bildungsarbeit der Schulen zu ersticken" und ein mechanisches Einpauken von Prüfungswissen herbeizuführen.[88]

Der Präsident des Oberschulkollegiums, von Irwing, betonte das Elternrecht und meinte in seinem Gutachten, daß „die natürliche Freiheit" der Eltern und der Schüler durch eine Zulassungsprüfung zum Studium „zu sehr eingeschränkt" werde und daß die Lehrer in ein „unangenehmes Gedränge" kämen, wenn sie wirklich streng auslesen wollten.[89]

Snethlage vertrat damals — seitens der hinzugezogenen pädagogischen Experten — die Forderung, es müsse jedem freistehen, „sich zu bilden, wo er will".[90]

Im Dezember 1788 entschied man sich dann in der „Ersten Verordnung über die Einführung des Abiturientenexamens", diese Reifeprüfung als Abgangsprüfung am Gymnasium und nur als eine Prüfung *ohne* Berechtigungsfolgen durchzuführen. Drei Gesichtspunkte waren für diese Entscheidung ausschlaggebend:

1. der Respekt vor der Freiheit, sich auf eigene Kosten zu bilden, wo immer man wolle,

2. die von den preußischen Universitätsprofessoren[91] mehrfach erklärte Unmöglichkeit, die allgemeine Reife für das Studium in objektivierter Form festzustellen, und

3. die Verlegenheit und die Scheu, sich gegen die Elternwünsche und den Elterndruck glaubhaft durchsetzen zu müssen.

Mit dieser ersten Verordnung war der Grundstein für das Abitur gelegt, wenngleich in einer noch sehr liberalen Form.

Nun tauchte allerdings die Frage auf, wie „geistige Reife", „allgemeine Bildung" und „Eignung zum Studium" geprüft werden sollten.

Auf der einen Seite wurde festgestellt (Hofprediger Sack, 1789), „diese Reife sei nicht bloß aus ‚Schul- und Sprachkenntnissen' zu bestimmen, weil dabei Dinge wie die Charakterfertigkeit nicht erfaßt würden", auf der anderen Seite beschränkte man sich darauf — um aus dem Teufelskreis subjektiver, unsicherer, schwer dokumentierbarer und unvergleichbarer Urteilsfindung herauszukommen —, nur noch reine Kenntnisse (z. B. das Pensum des letzten halben Schuljahres) abzufragen. Damit drohte jedoch die ganze Prüfung, die doch die allgemeine Reife zum Studium nachweisen sollte, äußerst fragwürdig zu werden.[92]

Diesem Dilemma versuchte man damals — eine folgenschwere und bis heute wirksame Verlegenheitslösung! — dadurch zu entkommen, daß man gewisse Fachkenntnisse als in besonderem Maße zur allgemeinen Bildung gehörig erklärte, sie zum Gegenstand der Prüfung machte und zeugnismäßig bescheinigte. Dohmen sagt, daß hier „wohl der Ursprung für den modernen verwässerten Begriff der ‚Allgemeinbildung' als eines allgemeinen Wissens" liege.[93]

Hierdurch wurden die ursprünglich relativ offenen Bedingungen immer mehr verengt, so daß schließlich häufig eine mechanische Paukerei umfangreicher Stoffmassen der Prüfung vorausging.

Bessere Vergleichs- und Beurteilungsmöglichkeiten sollte die Tatsache ergeben, daß alle Schüler zur selben Zeit die gleichen Fragen schriftlich beantworten mußten. Darüber hinaus mußten sämtliche schriftlichen Prüfungsarbeiten an die Provinzialschulkollegien und die Arbeiten je eines als gut und eines als unreif beurteilten Schülers zur Überprüfung an das Oberschulkollegium geschickt werden. Dadurch sollte mit der Zeit ein landeseinheitlicher Beurteilungsmaßstab gefunden werden.

Ehe die Schlacht bei Jena (1806) der ganzen Diskussion ein Ende setzte, versuchten Hecker und Niemeyer Auswege aus der inzwischen äußerst verengten Situation aufzuzeigen. Hecker wehrte sich gegen das bloße Prüfen von Kenntnissen und betonte, daß es vielmehr darauf ankäme festzustellen, was jemand mit seinen Kenntnissen konkret leisten könne.[94] Und Niemeyer versuchte in dem Sinne einzuwirken, daß die Strenge der Prüfungen nicht weiter gesteigert werden dürfe und man die Freiheit erhalten müsse, auch ohne Examen zu studieren.[95]

Am Schluß dieser Diskussion stand also die bis heute aktuelle Problematik: die Subjektivität des persönlichen Beurteilungsmaßstabes im Verhältnis zum objektiven Charakter des ausgestellten Zeugnisses.

Ist das Reifezeugnis auch zum Prüfungszeugnis geworden, so hat es seinen ursprünglichen Zweck in Österreich bis 1913 gewahrt: als einfache Bescheinigung über die bestandene Prüfung, die — ohne Zensuren für einzelne Fächer oder für das Betragen — zum Besuch einer Universität berechtigte.

Im Zuge der Berechtigungsfunktion des Reifezeugnisses versuchen die anderen Schularten ebenfalls spezielle (möglichst gleichberechtigte) Funktionen zu erhalten. Als Kompromiß in diesem Konkurrenzkampf muß z. B. die eingeschränkte Berechtigung zum Hochschulstudium, die an Wirtschaftsoberschulen erreicht werden konnte, angesehen werden.

Dieser Kampf wird solange anhalten, wie es ein dreigliedriges Schulwesen gibt. Erst durch die Ablösung des vertikal gegliederten Schulwesens durch eine differenzierte, integrierte, horizontale Gliederung wird auch die Frage der Qualität einer neuen Übergangslösung von der Schule zur Hochschule wieder inhaltlich aufgegriffen werden müssen.

Wir fassen zusammen: Während das Reifezeugnis in Anlehnung an das Benefizienzeugnis im Sinne eines Empfehlungsschreibens nur das Gute und Unterstützende ausdrückte und damit auch sozial und standesmäßig Benachteiligten den Weg zur Hochschule eröffnete, während das Gefühl für Lernfreiheit und Elternrecht sich früher gegen eine zu strenge Reglementierung im Bildungswesen auswirkte, setzte sich im Zuge der Verstaatlichung des Schulwesens in wachsendem Maße das Leistungsprinzip durch.

Damit bekommen Zeugnisse ausschließenden oder eröffnenden Charakter bis hin zu der These Schelskys, daß die Schule als „entscheidende zentrale soziale Dirigierungsstelle" und als „bürokratische Zuteilungsapparatur von Lebenschancen" betrachtet werden muß.[96]

Zu den Bestandteilen der Reifeprüfung in Deutschland gehörten:

1. Die geforderte Leistung als Voraussetzung für die Ausstellung des Zeugnisses,

2. die Form der Ermittlung dieser Leistung (nämlich durch eine Prüfung, das Abitur) und

3. der Kreis der Beurteiler des Leistungsstandes (mit besonderem Gewicht des Vertreters der Schulbehörde).

Diese drei Faktoren haben bis heute die inhaltliche und formale Entwicklung des Reifezeugnisses wesentlich beeinflußt.

2.1.2.2. Das Realschulzeugnis

Während das Reifezeugnis auf das engste mit der Berechtigung zum Hochschulstudium verknüpft ist, erhielt das Realschulzeugnis seine Begründung aus dem Militärwesen: die einjährige Militärdienstzeit und Zugangsmöglichkeiten zum Offizierscorps waren an dieses Zeugnis gebunden. Im Begriff „das Einjährige" schwingt diese — weniger schulisch-bildungsmäßige als vielmehr militärische — Begründung mit.

Mit der Einführung der Reichswehr (1919) und der damit verbundenen Abschaffung des einjährig-freiwilligen Militärdienstes wurde das Realschulzeugnis in seiner autonomen militärischen Bedeutung überflüssig. An seine Stelle rückte einerseits die hierarchische Eingruppierung als „Obersekundareife" (1920) in das von dem Gymnasium bestimmte Klassensystem, andererseits die praktische Legitimation als „Mittlere Reife" (1927/28) für den mittleren Verwaltungsdienst.

Durch Erlaß vom 03. 03. 38 wird der Begriff „Mittlere Reife" abgeschafft: die Schulen stellen bis heute nur noch „Abschlußzeugnisse" aus. Diese Abschlußzeugnisse der Realschulen haben innerhalb des Bildungswesens und im Hinblick auf eine erweiterte Berufswahlmöglichkeit spezifische Bedeutung.

2.1.2.3. Das Volksschulzeugnis

Ebenso wie an den Gymnasien und Realschulen spielen Zensuren und Zeugnisse in den Volksschulen eine Rolle. Jedoch liegt es an der regional höchst unterschiedlichen Entwicklung der Volksschule und an ihren verschiedenen Ansätzen (Wilhelm Flitner spricht von den „Quellen"), daß das Zeugnis- und Zensurenproblem nicht die Bedeutung erlangte, die es bei den zuerst genannten beiden Schultypen hat.

„Fast durchgehend zeigte sich nach 1945 — gefördert durch die Kritik aus Wirtschaftskreisen und den Wunsch vieler Eltern, ihre Kinder auf ‚weiterführende' Schulen übergehen zu lassen — das Bemühen, einen hohen Leistungsstand zu erreichen." [97]

Diesen Leistungsstand dokumentiert das Volksschulzeugnis entweder als *Abschlußzeugnis* (als Bescheinigung des ordnungsgemäßen Durchlaufens sämtlicher Volksschulklassen) oder als *Abgangszeugnis* (als Bescheinigung der erfüllten allgemeinen Schulpflicht, ohne daß sämtliche Schulklassen durchlaufen sein müssen). Das Abschlußzeugnis soll nachweisen, daß eine relativ breite Grundbildung entsprechend dem Fächerkanon der Volksschule vermittelt wurde und damit der Weg zu verschiedenen Berufsausbildungen geebnet wurde.

2.1.3. Geschichtliche Entwicklung der Zensuren

Der Begriff der „Zensur" ist erst spät auf die Schule ausgedehnt worden. Ursprünglich bezeichnete er ein staatspolitisches Amt (vgl. Kap. 2.1.1.): der Censor hatte die römischen Bürger entsprechend ihrer Geburt, ihrem Vermögen und ihrer sittlichen Haltung auf die Stände des Bürgers, Ritters oder Senats zu verteilen.

Schulisch gesehen wird mit dem Begriff „Zensur" die Ziffernnote verknüpft. Das hat einen historischen Grund: „Der Rangplatz ist zunächst eine Wurzelform der eigentlichen Zensur." [98] Die Schüler wurden nach ihrem Vermögen, einen gelernten Stoff besser oder schlechter wiederzugeben, in eine Rangfolge gebracht. Aus dieser Rangfolge ergab sich der Rangplatz innerhalb der Schulklasse, der auch die Sitzordnung bestimmte.

So stammt der Ausdruck „Versetzung" aus der Zeit der Lokation, als die Schüler tatsächlich entsprechend der Klassenrangleistung ihre Sitzplätze wechselten. Jeder Sitzplatz hatte nämlich einen Rangwert, der der Einstufung der schulischen Leistungen durch den Lehrer entsprach. Bei der Suche nach möglichst festen Maßstäben für die Beurteilung der Schülerleistung verfiel man auf die Zahl.

Aber die Beurteilung fand nicht nur ihren Niederschlag in der Lokation („Primus", „Ehrenplatz", „Arme-Sünder-Bank" usw.), sondern sie wurde auch schriftlich mitgeteilt.

Zensuren traten als „Reihenzensuren" in linearer und punktueller Stufung auf (z. B. entsprechend der Klassenstärke von 1 bis X) oder als „Zonenzensur" (z. B. durch die Verknüpfung von einer bestimmten Anzahl von Rangplätzen mit einer Zensur), die zur Zeugniszensur und damit zum wesentlichen Bestandteil des Schulzeugnisses wurde.

Bereits im 16. Jahrhundert wurden in den „Regulae communes professoribus classium inferiorum" sechs Stufen in die Zensurenskala aufgenommen, die auch durch Ziffern wiedergegeben werden konnten [99]:

1 = optimus
2 = bonus
3 = mediocris
4 = dubius
5 = retinendus
6 = rejiciendus

Die geschichtliche Entwicklung zeigt, daß sich die Ziffernzensur durchsetzte, wenn auch die Zahl der Stufen variierte:

So gab es um 1850 die dreistufige Skala [100]:

1 = über dem Mittelmaß
2 = Mittelmaß
3 = unter dem Mittelmaß

In der zweiten Hälfte des 19. Jahrhunderts herrschte dann die vierstufige Skala vor:

1 = recht gut
2 = gut
3 = ziemlich gut
4 = schlecht

Etwas später setzte sich die fünfstufige Notenfolge in der Schule durch, wobei es sich eigentlich um eine erweiterte dreistufige Skala handelte:

I, II a, II, II b, III

Regionale Unterschiede prägten das allgemeine Bild. So wurde 1893 in Hamburg folgende Prädikatsverteilung für Schulleistungen eingeführt:

I = sehr gut
II = gut
III = genügend
IV = mangelhaft
V = nicht genügend

Diese Aneinanderreihung und Auswahl kann nur einen groben Überblick vermitteln. Deshalb soll nun der Versuch unternommen werden, exemplarisch auf Sinn, Zweck und Form der Zeugniserteilung und Ziffernbewertung hinzuweisen, insofern also das bisher Gesagte zu vertiefen.

Nach der „Enzyklopädie des gesamten Erziehungs- und Unterrichtswesens" von Schwader (1887) eignet sich die *Zensur* als „das Ergebnis sorgsamer Erwägung und Beratung" dazu, „den von sich eingenommenen Schüler zu enttäuschen und zu einem richtigen Urteil über sich selbst, seine Fähigkeiten und Leistungen anzuleiten". Sie sei „ein Mahnzeichen, entweder der erworbenen Anerkennung sich auch fernerhin würdig zu zeigen oder den verdienten Tadel durch doppelte Anstrengung oder sittliche Besserung auszutilgen und vergessen zu machen". — Die zum *Zeugnis* zusammengefaßten Zensuren wurden dann zu einer „feierlichen und versichernden Aussage" und zu einer „zusammenfassenden und abschließenden Beurteilung". Der Wert des Zeugnisses zeigte sich darin, daß dem Schüler „erstlich sein Platz in der Schule, sein Verhältnis zu seinen Mitschülern, seine Gesamtstellung in der Schulgemeinde angewiesen und klar gemacht, zweitens ein umfassendes, sorgsam abgewogenes und genau bestimmtes Urteil über ihn selbst, über seine Leistungen gegenständlich vorgehalten und bleibend übergeben wird".[101]

Nach der Jahrhundertwende kamen in einigen Ländern Varianten der Notenfolge zum Tragen. So weist Bader in einem Aufsatz auf die Verordnung des Königlich Bayrischen Staatsministeriums des Inneren für Kirchen- und Schulangelegenheiten vom 26. Oktober 1911 hin[102], die eine ziffernmäßige Zweigliederung (Kopfzensuren — Leistungszensuren) vorschrieb:

Einer vierstufigen Zensurskala für „Betragen"

I = sehr lobenswert
II = lobenswürdig
III = nicht tadelfrei
IV = sehr unbefriedigend

stand eine siebenstufige Skala für alle Schulfächer gegenüber.

Diese Zweigliederung sollte den starken Kontrast zwischen der Zensierung der Haltungs- und der Leistungsfächer mildern.

Auch wurde der Versuch unternommen, die Ziffernfolge zu differenzieren und das Spektrum der Notenfolge zu vergrößern:

In Leipzig wurden 1926/27 zehn Notenstufen verwendet[103]:

I, I b, II a, II, II b, III a, III, III b, IV, V.

In Dresden 1913 neun Notenstufen[104]:

I, I b, II a, II, II b, III a, III, III b, IV.

Nach 1933 machten sich nationalsozialistische Einflüsse geltend. Bedeutsam wurde nun die „körperliche, charakterliche, geistige und völkische Gesamteignung", für deren Feststellung anfangs vier Leistungsstufen als ausreichend erschienen und einheitlich für das ganze Reich angeordnet wurden (1935) [105]:

1 = sehr gut
2 = gut
3 = genügend
4 = nicht genügend

Trute plädierte in seinem Aufsatz sogar dafür, daß „die individualistische, meist phrasenhafte Charakteristik wie auch die stark differenzierende Beurteilung ... zu verwerfen und statt dessen die einfache, natürliche und volkstümliche Wertung nach drei Gruppen anzuwenden" sei. Dabei ging er von der „kleinen Gruppe der wahren Führer", der „großen Mittelgruppe der treuen Gefolgschaft" und der „kleinen Gruppe der ewig Unzufriedenen" aus und sagte: „Je mehr Differenzierungsmöglichkeit aber gegeben ist, desto mehr Gruppen entstehen — und umso geringer ist der Gemeinschaftsgeist." [106]

Die bei Trute offenbar werdenden Einflüsse nationalsozialistischer Ideologie konnten jedoch nicht die Erkenntnis verhindern, daß zwei Mängel bei der vierstufigen Skala bewußt wurden:

1. Die Note „genügend" umfaßte einen zu weiten Raum (fast gute und fast nicht genügende Leistungen wurden durch sie fixiert).

2. Die Note „nicht genügend" differenzierte zu wenig (mangelhaftes, nicht voll ausreichendes Wissen und völlig unzureichende Leistungen wurden hier zusammengefaßt).

So wurden 1938 für die Schulen des Reichsgebietes sechs Leistungsstufen gültig:

1 = Sehr gut   (Weit über gut hinausgehend)
2 = Gut   (Wesentlich über dem Durchschnitt stehend)
3 = Befriedigend (Vollwertige Normalleistungen ohne Einschränkung)
4 = Ausreichend   (Ausreichende Leistungen, wenn auch nicht ohne Schwächen)
5 = Mangelhaft   (Nicht ausreichende Leistungen, jedoch bei Vorhandensein wesentlicher Grundlagen mit der Möglichkeit eines baldigen Ausgleichs)
6 = Ungenügend   (Völlig unzureichende Leistungen, ohne sichere Grundlagen, Ausgleich nur schwer und erst nach längerer Zeit möglich) [107]

Nach dem II. Weltkrieg und bedingt durch den Kulturföderalismus bedurfte es eines Beschlusses der Kultusminister, um für das gesamte Bundesgebiet wieder zu einer einheitlichen Notenskala zu gelangen.[108] Nach dem Beschluß der Kultusminister (1954) kann die Zensierung nach verschiedenen Gesichtspunkten erfolgen. Der amtliche Kommentar zu den einzelnen Notenstufen sei hier zusammenfassend wiedergegeben [109]:

Die Note *sehr gut* ist eine ganz besondere Auszeichnung, die nur für hervorragende Leistungen, die erheblich über gute Leistungen hinausragen, vergeben werden soll.

Die Note *gut* ist anzuwenden für gute Leistungen, die noch merklich über dem Durchschnitt stehen und den Anforderungen der Lehrpläne und der Schule voll entsprechen. Die mit *gut* bewerteten Leistungen müssen außerdem größere Selbständigkeit des Denkens erkennen lassen.

Die Note *befriedigend* bringt Zufriedenheit mit der Leistung und eine gewisse Anerkennung zum Ausdruck. Es muß sich um tüchtige Leistungen des guten Durchschnitts handeln, die frei von gröberen Fehlern sind.

Die Note *ausreichend* enthält weder Lob noch Tadel. Leistungen, die als *ausreichend* bewertet werden, müssen im Ganzen den Anforderungen entsprechen, die ein hinreichend begabter Schüler erfüllen muß, um dem Unterricht in der Schule folgen zu können.

Die Note *mangelhaft* bringt zum Ausdruck, daß zwar Mängel vorhanden sind, aber damit gerechnet werden kann, daß sie in absehbarer Zeit behoben werden können.

Die Note *ungenügend* wird dann erteilt, wenn die Leistungen so schlecht und die Grundlagen für diese Leistungen so unsicher sind, daß es erst längerer Zeit und gründlicher Arbeit bedarf, um die Lücken auszufüllen.

In Hamburg wurde 1961 bestimmt, „bei der Bewertung der Leistungen ... von dem Leistungsdurchschnitt der Klassenstufe auszugehen", wobei dieser Durchschnitt mit der Note „befriedigend" zu bezeichnen war.[110]

Die Durchschnittsleistung war also sowohl in den Kultusministerbeschlüssen als auch in den Erlassen und Bestimmungen über die Erteilung von Zeugnissen einzelner Bundesländer der begründende und betonte Terminus, obwohl es keine verbindlich festgelegte Interpretation des Begriffs „Durchschnittsleistung" gab. Es fehlte sogar in den meisten Fällen ein Hinweis, auf welchen Rahmen sich der Begriff beziehen sollte. Eine wichtige formale Verbesserung brachte die Vereinbarung der Kultusminister über die Bedeutung der Notenstufen vom 03. 10. 68 [111]:

„Den Noten werden folgende Definitionen zugrunde gelegt:

1. sehr gut (1)
   Die Note „*sehr gut*" soll erteilt werden, wenn die Leistung den Anforderungen in besonderem Maße entspricht.
2. gut (2)
   Die Note „*gut*" soll erteilt werden, wenn die Leistung den Anforderungen voll entspricht.

3. befriedigend (3)

   Die Note „befriedigend" soll erteilt werden, wenn die Leistung im allgemeinen den Anforderungen entspricht.

4. ausreichend (4)

   Die Note „ausreichend" soll erteilt werden, wenn die Leistung zwar Mängel aufweist, aber im ganzen den Anforderungen noch entspricht.

5. mangelhaft (5)

   Die Note „mangelhaft" soll erteilt werden, wenn die Leistung den Anforderungen nicht entspricht, jedoch erkennen läßt, daß die notwendigen Grundkenntnisse vorhanden sind und die Mängel in absehbarer Zeit behoben werden können.

6. ungenügend (6)

   Die Note „ungenügend" soll erteilt werden, wenn die Leistung den Anforderungen nicht entspricht und selbst die Grundkenntnisse so lückenhaft sind, daß die Mängel in absehbarer Zeit nicht behoben werden könnten."

Nach dieser Vereinbarung werden in allen Bundesländern alle Zensuren einheitlich von den Anforderungen des Unterrichts her interpretiert. — Der Begriff „Durchschnittsleistung" wurde damit fallengelassen.

Außerdem — so der letzte Absatz des II. Abschnittes der Vereinbarung — soll bei der Beurteilung von Schülerleistungen der Schulgattung oder der Schulart, der Eigenart des Faches und dem Alter der Schüler Rechnung getragen werden.

Der Begriff „Anforderungen" wird folgendermaßen definiert: „Der Begriff ‚Anforderungen' in den Definitionen bezieht sich auf den Umfang sowie auf die selbständige und richtige Anwendung der Kenntnis und auf die Art der Darstellung."

Diese formale Verbesserung darf jedoch nicht darüber hinwegtäuschen, daß sich in der Praxis dadurch kaum etwas geändert hat. In keinem Bundesland ist bisher der Begriff „Anforderungen" durch genaue Lernziele amtlicherseits konkret bestimmt worden. Da also ein verbindlicher Bezugspunkt, an dem Leistungen gemessen werden können, fehlt, ist der einzelne Lehrer in der Regel nach wie vor darauf angewiesen, sich weiterhin am klasseninternen und möglicherweise schulinternen Maßstab zu orientieren.

Abschließend wird festgestellt: Die Ziffer hat sich also bis heute als Mittel der Zensierung und der Zeugniserteilung erhalten. Zwar hat es nie an kritischen Stimmen gefehlt, die auf Unzulänglichkeiten des auf Ziffern beruhenden Beurteilungssystems hingewiesen haben. Je mehr sich pädagogische und psychologische Erkenntnisse durchsetzten, desto fragwürdiger erschien eine Beurteilung des Schülers und seiner Schulleistungen in mathematisch knappster Form.

Über die Fragwürdigkeit der Notenziffer als „Eindrucksqualität der Sachlichkeit" (K. Ingenkamp) wird noch zu berichten sein (vgl. Kap. 2.5.5.).

2.2. ZENSURENSKALEN IM INTERNATIONALEN VERGLEICH

Die im Ausland praktizierte Notengebung bei Zeugnissen kann den Blick für Unterschiede in der Skalierung von Leistungsbeurteilungen schärfen. Wir wollen deshalb einige Zensierungsmodelle schematisch nebeneinanderstellen.[112] Dabei fällt die enge Verknüpfung zwischen Gesellschaftsform und Skalierung auf.

Die Feindifferenzierung (im Sinne von vielen zur Verfügung stehenden Notenstufen) tritt dort besonders in Erscheinung, wo freiheitliche und individualistische Strömungen gesellschaftsrelevant sind. Wo zentralistisch regiert wird und individuelle Entfaltung ideologisch eingeschränkt oder begrenzt wird, finden meist nur geringe Leistungsstufen Anwendung.

Wo nur fünf- oder sechsstufige Notenskalen bestehen, sind in der Regel Zwischenzensuren möglich und erlaubt.

Im Vergleich mit vielen Modellen schneidet das in der Bundesrepublik Deutschland gültige Benotungssystem als relativ starr ungünstig ab. Nicht nur, daß die Ziffernbezeichnungen dem, was sie bezeichnen sollen, kaum noch gerecht werden können, auch das Fehlen von Zwischennoten engt den Rahmen des Zensierungsspielraumes wesentlich ein, ganz davon zu schweigen, daß unsere freiheitliche Grundstimmung in der Gesellschaft wohl nicht mehr derjenigen entspricht, die in diesem Skalenbild widergespiegelt wird.

Auch hieraus ergibt sich die Notwendigkeit, unser schulisches Beurteilungssystem neu zu durchdenken und neu zu formulieren.[113]

2.2.1. Bewertungssysteme in den Vereinigten Staaten von Amerika

Aufgrund der dezentralisierten Schul- und Kulturverwaltungen in den USA ist die Beurteilungsskalierung äußerst vielgestaltig und uneinheitlich. Über 100 Notensysteme sind in Gebrauch. Verbreitet sind Systeme mit Buchstabenfolge (z. B. A bis G) oder Prozentbezeichnungen.

Bereits J. Sost[114] berichtete 1926 von der umfangreichen Notenskala, die zwar die Bewertung komplizierter mache, gleichzeitig aber exaktere Leistungsbeschreibungen zulasse.

Dagegen wird heute z. T. in den großen Schulsystemen einzelner Bundesstaaten bzw. Gemeinden mit stark differenzierten und individualisierten Lern- und Ausbildungsgängen auf Ziffernnoten völlig verzichtet.

An die Stelle von Klassenarbeiten sind häufig Tests getreten, die lediglich über Erreichen oder Nichterreichen eines Kurszieles Aussagen zulassen.

Beratungslehrer — meist Psychologen — gehen mit dem Schüler den Studien- und Unterrichtsgang im Gespräch durch, versuchen für die beste Lernsituation zu sorgen und einen sinnvollen Kursplan mit dem Schüler gemeinsam auszuarbeiten. Die Konsultation dieser Beratungslehrer ist fester Bestandteil des Stundenplanes eines Schülers.

Am Ende eines Schuljahres werden häufig heute schon Zertifikate in Form von „Trendmeldungen" für die einzelnen Fächer gegeben. Solche Diagnosen enthalten keine Ziffernnoten mehr, sondern zeigen mittels Leistungskurven Anstieg und/oder Abfall der Schulerfolge für einzelne Fächer, Fächergruppen oder Interessengebiete.

2.2.2. Bewertungssysteme in der Schweiz

Die Beurteilungspraxis ist in der Schweiz von Kanton zu Kanton unterschiedlich.

Im Kanton Bern werden z. B. an den Primarschulen seit 1932 schriftliche Kurzbeurteilungen an Stelle von Ziffernzeugnissen gegeben. Auch in anderen Kantonen wird an Primarschulen ähnlich verfahren. Einige erteilen gar keine Zeugnisse und zeichnen sich dennoch in Leistungs- und Schulvergleichen aus.

Hinsichtlich gradueller Feindifferenzierung ist größter Spielraum vorhanden. So gibt es Zwischenzensuren, Plus- und Minuszeichen oder wird die Skala auf 1—10 oder 1—20 erweitert. Häufig liegen die Zensierungsmaßnahmen in der alleinigen Verantwortung der Lehrer oder der Kollegien.

Die Lehrerseminare im Kanton Bern haben an Stelle von Zeugnissen oder Scheinen regelmäßige Aussprachen zwischen Dozenten und Studenten gesetzt.

2.2.3. Bewertungssystem in Dänemark

In Dänemark dürfen nur Semester- oder Examenszensuren erteilt werden. Die tägliche Bewertung ist dem Lehrer untersagt.

Das Punktsystem mutet sehr kompliziert an, da es auch Bruchzahlen kennt:

ug	15	ausgezeichnet
ug—	$14^2/_3$	
mg+	$14^1/_3$	
mg	14	sehr gut
mg—	$13^1/_3$	
g+	$12^2/_3$	
g	12	gut
g—	$10^2/_3$	
tg+	$9^1/_3$	
tg	8	befriedigend
tg—	$5^1/_3$	
mdl+	$2^2/_3$	
mdl	0	mangelhaft
slet	—16	ungenügend

2.2.4. Bewertungssystem in Holland

In den Niederlanden reicht die Skala von 1—10, wobei die Ziffer 10 die beste, die Ziffer 1 die schlechteste Note ist. Auffallend an diesem System ist, daß besonders die schlechten Leistungen stark gegliedert werden können:

10 = ausgezeichnet
9 = sehr gut
8 = gut
7 = reichlich genügend
6 = genügend
5 = fast genügend
4 = ungenügend
3 = sehr ungenügend
2 = schlecht
1 = sehr schlecht

In der Schulpraxis ist es darüber hinaus auch gestattet (nicht jedoch bei Examen!), die Anzahl der Zensurengrade durch Zwischennoten zu steigern.

In jüngster Zeit hat sich Adrian D. de Groot kritisch mit der holländischen Zensurenpraxis auseinandergesetzt [115] und (ähnlich wie K. Ingenkamp [116]) die Fragwürdigkeit der Zensurengebung festgestellt.

2.2.5. Bewertungssystem in Schweden

In Schweden werden Buchstaben im Zeugnis in der Regel den Ziffern vorgezogen.

48

Die Skala von C—A (0—3) wird durch Zwischenstufen auf sieben Zensuren erweitert:

A	= 3	ausgezeichnet
a	= 2,5	sehr gut
AB	= 2	gut
Ba	= 1,5	befriedigend / genügend
B	= 1	ausreichend
Bc	= 0,5	nicht völlig ausreichend
C	= 0	völlig ungenügend

Der Struktur nach handelt es sich um ein Proportionalsystem, bei dem sich um die mittlere Leistungsnorm (Ba) je drei Noten nach oben und unten gruppieren.

2.2.6. Bewertungssystem in Norwegen

Norwegen kennt unterschiedliche Beurteilungsweisen für mündliche und schriftliche Leistungen.

Zur Bewertung *mündlicher* Leistungen werden vier Notenstufen verwendet:

3	=	sehr gut
2	=	gut
1	=	genügend
—3	=	ungenügend

Zwischennoten werden häufig erteilt.

Bei der Bewertung *schriftlicher* Leistungen sind nachfolgende Zensuren vorgeschrieben:

4	=	ausgezeichnet
3	=	sehr zufriedenstellend
2	=	zufriedenstellend
1	=	einigermaßen zufriedenstellend
—2	=	mangelhaft
—3	=	ungenügend

2.2.7. Bewertungssystem in Frankreich

Frankreich gilt als das klassische Land der Auslese durch Prüfung und Leistungszensur.

Ein Punktsystem von 0—20 findet Anwendung:

20 — 17	=	sehr gut
16 — 13	=	gut
12 — 9	=	befriedigend
8 — 5	=	ausreichend
4 — 0	=	mangelhaft

2.2.8. Bewertungssystem in Österreich

In Österreich gelten seit 1946[117] folgende Bestimmungen für die Benotung von Leistungsfächern, wobei auffällt, daß die Definitionen der Notenstufen von den Anforderungen des Unterrichts her erklärt werden (Lehrstofforientierung), andererseits aber auch von der „Durchschnittsleistung" gesprochen wird:

1 Als *sehr gut* sind die Leistungen anzusehen, die aufweisen, daß ein Schüler den Sinn einer Aufgabe vollkommen und mit deutlich erkennbarer Selbständigkeit erfaßt hat oder den durchgenommenen Lehrstoff ganz und sicher beherrscht.

2 Als *gut* wird eine Leistung bezeichnet, wenn ein Schüler — abgesehen von unwesentlichen Fehlern — eine Aufgabe zweckentsprechend durchführen kann oder das zur Erfassung des Lehrstoffes nötige Wissen und Können besitzt.

3 Die Zensur *befriedigend* drückt aus, daß ein Schüler das Wesentliche einer Aufgabe erfaßt und das Wichtige des durchgenommenen Lehrstoffes sich angeeignet hat (Durchschnittsleistung!).

4 Die Note *genügend* besagt, daß ein Schüler das Wesentliche einer Aufgabe oder das Wichtige des durchgenommenen Lehrstoffes zwar mangelhaft, aber immerhin dermaßen besitzt, daß ein weiteres Fortschreiten des Schülers im Lehrstoff und bei der Arbeit in der Klasse erwartet werden kann.

5 *Nicht genügend* heißt die Leistung, die besagt, daß ein Schüler bei der Lösung einer Aufgabe ganz versagt hat oder ein solches Nichtwissen des Wichtigsten des durchgenommenen Lehrstoffes aufweist, daß ein Fortschreiten des Schülers im Fach nicht gewährleistet werden kann.

Rudolf Weiss merkt an: „Die Anmerkung ‚Durchschnittsleistung' zeigt, daß das fünfstufige österreichische Notensystem auf der Note ‚befriedigend' aufbaut."[118]

Das neue, Ende der sechziger Jahre erarbeitete und inzwischen auch verabschiedete „Schulunterrichtsgesetz" wurde hier nicht mehr berücksichtigt, da es zwar eine Neufassung ist, „kaum aber eine tiefer greifende Änderung der Bestimmungen über die Klassifizierung bringt".[119]

2.2.9. Bewertungssystem in der Sowjetunion

In der Sowjetunion erfolgt die Zensierung in der Schule nach einem relativ einfachen und einheitlichen Notensystem. Fünf nicht weiter modifizierte Stufen stehen zur Verfügung, wobei die brauchbaren Leistungen grob differenziert, die Minderleistungen pauschal verworfen werden:

V = ausgezeichnet
IV = gut
III = genügend
II = ungenügend
I = schlecht

Oskar Anweiler stellt kritisch fest, daß ein „überwiegend mechanisiertes Prüfungs- und Kontrollverfahren, das sich allerdings kaum an objektiven Leistungskriterien orientiert, sondern eher traditionell arbeitet", das gesamte Bildungswesen der Sowjetunion wie ein Gitter durchziehe. Und er meint, daß hier ein Ansatzpunkt für radikale pädagogische Kritik liege, „die sich jedoch bisher kaum artikuliert. Das administrative System der Schulzensuren und Zwischenprüfungen scheint fest etabliert und bei aller individuellen Kritik gesellschaftlich nicht in Frage gestellt zu werden".[120]

2.3. FUNKTIONEN DER ZENSUR UND DES ZEUGNISSES

Wie bereits berichtet wurde (vgl. Kap. 2.1.3.), ist die Grundfunktion (die Ordnungsfunktion) aus der Lokation hervorgegangen. Auch heute noch geht es um eine rangmäßige und einstufende Beurteilung, wenngleich sich auch das Ergebnis des Bewertungsvorganges nicht mehr in der Sitzordnung der Schüler widerspiegelt. Darüber hinaus werden freilich nicht nur Fachleistungen zensiert, sondern nach wie vor „erfolgt letztlich mit Hilfe der Zensur eine *personale* Einstufung des Schülers selbst".[121]

Im Begriff des „schlechten" Schülers kommt eine negative Gesamtbeurteilung (oder -verurteilung) der Person zum Ausdruck.

Deshalb soll gefragt werden, welche Funktionen die Zensuren und das resultierende Zeugnis tatsächlich haben.

Allerdings sei schon jetzt festgestellt, daß es sich bei der Abgrenzung einzelner Funktionen der Zensur lediglich um den Versuch handelt, Ordnungskriterien zu finden, die ausgewählte inhaltliche Aspekte verdeutlichen; eine eindeutige Abgrenzung gibt es nicht, so daß formale Kategorien immer wieder gesprengt werden.

Walter Dohse sieht fünf Hauptfunktionen der Zensur[122]:

1. Die Kontrollfunktion
2. Die rechtliche Funktion
3. Die Anreizfunktion
4. Die Zuchtfunktion
5. Die Orientierungsfunktion

In Abwandlung dieses Begriffsgefüges werden wir lediglich von den folgenden drei Funktionen sprechen, weil in ihnen Dohses Aussagen inhaltlich zusammengefaßt werden und einer Weiterentwicklung — entsprechend neuerer erziehungswissenschaftlicher Ansätze — zugänglich gemacht werden:

1. Die Orientierungs- und Berichtsfunktion,
2. die pädagogische Funktion und
3. die Auslese-, Rangierungs- und Berechtigungsfunktion.

2.3.1. Orientierungs- und Berichtsfunktion

Daß Zensuren und Zeugnisse in erster Linie die Aufgabe haben, dem Schüler Orientierung zu ermöglichen und hauptsächlich den Eltern gegenüber einen Bericht abzugeben, wurde schon früh erkannt. Diese Berichtsfunktion hatte bereits das Benefizienzeugnis, wenn es sich auch weniger an die Eltern richtete, sondern mehr an die aufnehmenden Ausbildungsinstitutionen.

Später hat auch Sost auf den orientierenden Charakter der Zensur und des Zeugnisses sowohl für den Schüler, dessen Eltern, die Schule selbst und für Außenstehende (z. B. Lehrherren, Arbeitgeber) hingewiesen.[123]

Auch Zielinski spricht von der Zensur als einem „Leistungsnachweis und Leistungsausweis."[124]

In der Berichtsfunktion ist das Moment der Kontrolle enthalten, denn in der Zensur stellt sich das Ergebnis von erbrachten Fächerleistungen und von gezeigtem schulischen Verhalten dar. Diese Kontrollfunktion ist vielschichtig begründet, da es sich um Kontrolle für Schulaufsicht, Lehrer, Schüler und Eltern handeln kann.

Die Zensur ist einerseits das Ergebnis von Prüfungen und Beobachtungen, andererseits das Mittel, diese Ergebnisse mitzuteilen und weiterzugeben. Kontrolliert (sprich: festgehalten und registriert) werden sowohl Wissensleistungen als auch das soziale Verhalten der Schüler.

Zensuren — so Zielinski — „geben eine leicht faßliche Übersicht über den Leistungsquerschnitt in einem bestimmten Zeitraum und, aneinandergereiht, eine vergleichbare Übersicht im Längsschnitt der Entwicklung".[125]

Kontrolle und Bericht hängen also funktional zusammen und gehen in unserem Zusammenhang ein dialogisches Verhältnis ein.

Nun muß aber gefragt werden, ob die Ziffernzensur so aussagekräftig ist, daß sie ihre Funktionen als Kontrolle und Bericht ausüben kann. Sagt die Ziffernfolge als solche im Grunde genommen nicht sehr wenig aus, da die Vergleichswerte in der Regel (besonders den Eltern) unbekannt bleiben? Wird dadurch die Berichtsfunktion nicht reduziert auf Aussagen, die lediglich von Lehrern und Schülern erschlossen werden können, nicht aber von Dritten?

Nur die Extremwerte („sehr gut" und „ungenügend") scheinen eindeutig zu sein; die übrigen Zensuren sagen nichts darüber aus, wie weit der Schüler in den verschiedenen Disziplinen über oder unter dem Durchschnitt im Verhältnis zu seinen Klassenkameraden, zu anderen Klassen oder anderen Schulen steht oder ob eine deutliche Tendenz zur Konstanz, Verbesserung oder Verschlechterung zu erkennen ist. Die bloßen Zensuren sagen auch nichts darüber aus, in welchem Maße die angestrebten Lernziele erreicht wurden; sie sind bloße Symbole!

Nachfolgend sollen die Möglichkeiten und Grenzen der Orientierungsfunktion konkretisiert werden.

2.3.1.1. *Die Bedeutung für den Schüler*

Die Zensur ist eine Mitteilung besonderer Art für den Schüler. Sie informiert ihn, wie erfolgreich er in den Augen des Lehrers seine Lernbemühungen innerhalb eines bestimmten Zeitraumes gestalten konnte. Die Note stellt also einerseits den Leistungsstand fest, will aber nicht „nur rein konstatierend wirken, nicht nur die statische irreversible Vergabe von Wertmarken darstellen, sondern ... (will auch) ... eine dynamische Funktion im Lernprozeß des Kindes repräsentieren".[126]

Die Information durch die Note soll in besonderer Weise Rückkoppelungsfunktion für den Schüler haben, ihn zu verstärkten Anstrengungen oder zum Beibehalten seiner Lernleistungen anspornen.

Der Schüler sieht also zunächst sich selbst als Adressat des Zeugnisses. Diese Sichtweise ist entwicklungsbedingt unterschiedlich, da psychische Reife und innere Einstellung zu Zeugnis und Zensur eng miteinander zusammenhängen. Während der Grundschüler das Zeugnis weniger als Resultat seiner Schulleistungen, sondern mehr als „Liebes- bzw. Sympathiebeweis" oder auch als „Liebesentzug" seines Lehrers sieht, gewinnt die schulische Leistungsbeurteilung zwischen dem 9. und 13. Lebensjahr im Zuge der „objektivierenden" Persönlichkeitsentwicklung erhöhte Bedeutung, um dann nach dem 13. Lebensjahr (und besonders während der Pubertät) mehr und mehr als adäquater Maßstab zur Beurteilung der Leistungen abgelehnt zu werden.[127]

Die subjektive Einstellung den Zensuren gegenüber ist höchst ambivalent: Angst und Aufregung, Freudlosigkeit und Bedrängung, Abneigung, Lethargie und Depressionen stehen der Erleichterung und dem Gefühl des Erfolghabens gegenüber. Diese Spannungen sind pädagogisch höchst fragwürdig besonders dort, wo Lob und Tadel überbetont werden und damit der gesamte Erziehungsvorgang abstrahiert wird.

Entwicklungspsychologisch muß weiter folgendes beachtet werden: Der Schüler vergleicht in der Regel auf der Suche nach seiner realistischen Selbsteinschätzung und Identität seine Noten mit denen seiner Klassenkameraden. Während er etwa zwischen dem 9. und 13. Lebensjahr die

Note als objektive Leistungsaussage anerkennt (verbunden mit einem meist ungetrübten Glauben an die Autorität des zensierenden Lehrers), geht dieser Glaube aufgrund subjektiver Selbsterfahrung und Selbstbeobachtung während der Pubertät verloren. Das pubertäre Empfinden des Sich-Einzigartig-Fühlens (verbunden mit dem daraus resultierenden Gefühl des Unverstanden-Seins) wehrt sich häufig gegen das enge und die Fähigkeit nicht wirklichkeitsnah erfassende und metrisch ausgedrückte Notensystem. Das ist besonders dort der Fall, wo der Schüler Lehrer erlebt, welche die Leistungsbeurteilung fast ausschließlich als Zucht- und Anreizmittel betreiben und kaum nach Objektivierung und wertender Besprechung suchen. Diese Schüler lernen Zensierung meist als manipulatives Machtmittel, nicht aber als brauchbares Mittel zu Aussprache und Hilfestellung kennen.

Hier tritt dann ein Streben nach guten Noten und zuvor nach Sympathie des Lehrers ein. Ein Teufelskreis für denjenigen, dem es um gewissenhafte Praktikabilität von Leistungsbeurteilung in der Schule geht.

Wir können also feststellen, daß die Zensur im Denken des Schülers eine große Rolle spielt, daß sie im schulischen Leben jedoch mit der Persönlichkeitsentwicklung des Schülers einem Wandel in der Wertschätzung unterworfen ist.

2.3.1.2. Die Bedeutung für die Eltern

Ebenso wie für den Schüler selbst ist die Zensur auch für die Eltern bzw. für die Erziehungsberechtigten eine Information besonderer Art. Eltern haben Anspruch auf periodische Auskunft über Verhalten und Leistung ihres Kindes. Sie gewinnen dadurch die Möglichkeit zur Konkretisierung des Einsatzes von Erziehungsmaßnahmen. Schulnoten und Zeugnis können daher als wichtiges Bindemittel zwischen Elternhaus und Schule angesprochen werden. Das Vergleichen von Noten über einen gewissen Zeitraum ermöglicht den Eltern Aufschluß über die schulische Entwicklung ihres Kindes.

Leistungsbeurteilung darf also als ein wichtiges Medium der Kommunikation Schule — Elternhaus angesehen werden.

Eltern haben jedoch eine naturgemäß subjektive Einstellung zu den Leistungen ihrer Kinder. Oft ist das Vermögen ihrer Kinder im Zuge der grenzenlosen Identifizierung auch *ihr* Vermögen. „Liebe, Wunschdenken, Ehrgeiz lassen aber leicht die Erwartungen der Eltern zu hoch steigen."[128]

Bleiben Zensur und Zeugnis hinter den Erwartungen der Eltern zurück, kann einerseits dem Lehrer Verschulden unterstellt werden, andererseits aber wird der Lohn-Strafe-Mechanismus in Gang gesetzt, der sich häufig genug gegen das Kind richtet. So verführen Zensuren Eltern häufig zu unangemessenen Erziehungsmaßnahmen, zu destruktiven Akten

(Schimpfen, Schlägen usw.) oder zu Methoden übersteigerter Verwöhnung (Geldgeschenke, Sondervergünstigungen usw.), weil sie zu den Zensuren kaum sachlich Stellung nehmen können.

„Eine alltägliche Beobachtung lehrt uns, daß Eltern, statt durch Zensuren und Zeugnisse als Erzieher aktiviert zu werden, sich in ihren Prestigevorstellungen angesprochen fühlen und die Zensuren zur Ehrensache der Familie machen." [129]

Tatsächlich haben Zensur und Zeugnis für die Eltern nur abstrakte Bedeutung, sagen doch Ziffern weniger aus, als es eine differenzierende Persönlichkeits- und Entwicklungsbeschreibung darlegen könnte.

Wenn zu Zensur und Zeugnis keine weiteren Informationen seitens der Schule und der Lehrer treten, wird das gezeichnete Bild anspruchslos, besonders auch deshalb, weil den Eltern der Vergleich mit anderen Schülern fehlt.

Wie wenig die globale Ziffer in ihrer Orientierungsfunktion und in ihrer Berichtsfunktion hergibt, kann anhand der Note „befriedigend" aufgewiesen werden: „Diese Note kennzeichnet gleichermaßen einen hochbegabten Nichtstuer, einen fleißigen Durchschnittskopf, einen guten Denker, der aber flüchtig arbeitet, einen unselbständigen Routinier und noch vieles andere." [130]

Wir stellen also fest, daß die Bedeutung von Zensur und Zeugnis für die Eltern subjektiv unterschiedlich ist, jedoch Noten *alleine* wenig differenzierte Aussagen sind, solange der Kommentar durch den Lehrer im klärenden Gespräch fehlt, sowie besondere Hinweise auf mögliche und notwendige Lernhilfen durch die Eltern.

2.3.1.3. *Die Bedeutung für den Lehrer*

Während sich dem Schüler die Zensur als Mitteilung über sich selbst darstellt und die Eltern die Leistungsbeurteilung als schulisches Vermögen oder Unvermögen ihres Kindes hinnehmen müssen, ist die Bedeutung für den Lehrer weniger zweidimensional (hier: Schülerleistung — dort: Zensur), sondern vielschichtiger und eine gute Möglichkeit, selbstkritisch zur geleisteten Unterrichtsarbeit Stellung zu nehmen. Denn der Lehrer sieht in der Zensur auch ein Ergebnis seiner Arbeit.

Lehrmethode, Lehrstoffauswahl und Unterrichtsmotivation beeinflussen stark die Lernanstrengungen und Lernleistungen der Schüler. Die Beurteilung der Schülerleistung ist immer zugleich auch Resultat des Lehrerverhaltens. „Wie Lernen und Lehren zwei Aspekte eines Prozesses sind, so spiegelt sich in der Lernleistung auch die didaktische Leistung des Lehrers wider." [131]

Die Auswahl des Stoffes, die Transformation in Unterrichtsgehalte und in einzelne Lernschritte sind gleichzeitig Vorentscheidungen und Ausgangslage für spätere Lernkontrollen und Wissensprüfungen, die ihrerseits zu Zensuren führen können.

Hinzu kommt als weitere Dimension der Reflexion des Lehrers, daß er um die Fragwürdigkeit der Zensierung in der Schule unter den gegenwärtigen Bedingungen weiß oder zumindest wissen sollte. Seine pädagogischen Studien in dieser Hinsicht können jedoch zu sehr unterschiedlichen Ergebnissen führen, die im Spektrum von strikter Ablehnung der Ziffernzensierung bis zur strengen Beurteilung fast jeder Schülerantwort liegen.

Zumindest ist die Verunsicherung im Zensierungsprozeß heute sehr verbreitet. Die Kritik der Erziehungswissenschaft, der Psychologie und auch der Soziologie muß von der Lehrerschaft zur Kenntnis genommen werden. Solange nämlich brauchbare und anwendbare Beurteilungsvorschläge fehlen, wird das Zensieren für den Lehrer weiterhin eine schwierige und diffizile Aufgabe bleiben, der er sich stellen muß. Denn der informierte Lehrer weiß, daß die Ziffernnote in ihrer scheinbaren Exaktheit eine trügerische Zuverlässigkeit besitzt. Das macht das Unbehagen in seiner beurteilenden Tätigkeit aus.

Die Spannungen, in denen sich der Lehrer zwischen Ansprüchen verschiedener Art und unterschiedlicher Absender (Kinder, Eltern, Kollegen, Schulverwaltung, Wirtschaft, Gesellschaft usw.) befindet, sind — wie wir wissen — nicht gering. Von daher wird die Aussagekraft, werden Orientierungs- und Berichtfunktion von Zensur und Zeugnis wesentlich eingegrenzt und relativiert.

2.3.2. Pädagogische Funktion

Was in den vorausgegangenen Kapiteln bereits anklang, wird hier präzisiert: Die Zensur hat auch pädagogische Funktion.

Da meist nur gute Zensuren auf den Schüler verstärkend wirken, es in der Schulwirklichkeit aber auch um die psychische Umsetzung von schlechten Noten geht, gewinnt die pädagogische Begründung der erteilten Note und der „Übersetzung" im Sinne von zu schaffenden neuen Lernanreizen besondere Bedeutung.

Bei dem Versuch, die Lernmotivation zu steigern, kommt die Anreizfunktion der Zensur zum Tragen. Aus dem festgestellten Leistungsvermögen kann der Schüler neue „Verstärkungen" erhalten, die ihn zu neuen Anstrengungen herausfordern können. In diesem Falle richten sich das Motiv und die Zielvorstellung auf die pädagogisch sinnvolle Einflußnahme auf den Schüler. „Durch den ermahnenden, aufmunternden und anspornenden Charakter wird die Schulzensur zum ‚pädagogischen', zum erziehenden Urteil." [132]

Sicherlich motiviert die Ziffernnote besonders den guten Schüler. Die Zensur kann gewiß auch die sachliche Motivation erhöhen und fördern. Nichts motiviert mehr als der Erfolg, der z. B. durch gute Noten ausgedrückt wird.

Wie steht es aber um den sogenannten „schlechten" Schüler?

„Eine gelegentliche ‚Entgleisung' eines an sich guten Schülers vermag ihn aufzurütteln, treibt ihn an. Schwerere oder gehäufte Mißerfolge stören die Lernfreude, senken die Ansprüche an sich selbst, lassen den Schüler an seinen Fähigkeiten zweifeln, hemmen sein Vertrauen in die eigene Kraft. Aus diesem Grunde dürften schwächere Schüler, die der Motivation und der Stärkung ihres Selbstvertrauens in besonders hohem Maße bedürfen, durch die Ziffernnote am wenigsten gefördert werden." [133]

In diesem Zusammenhang muß auf die grundsätzlichen Untersuchungsergebnisse von E. Höhn [134], L. Kemmler [135] und E. Fokken [136] hingewiesen werden:

Elfriede Höhn wies auf das Phänomen des „Halo-Effektes" im Zusammenhang mit dem schlechten Schüler hin und machte dadurch deutlich, daß die Urteilsfähigkeit des Lehrers durch Wahrnehmungsnivellierung und -stereotypisierung (wie auch Maria Zillig [137] schon festgestellt hatte) eingeengt wird. „Das Bild, das viele Lehrer vom schlechten Schüler haben, ist kein sorgfältiges Abwägen positiver und negativer Seiten, sondern ein abwertendes Pauschalurteil ... Der schlechte Schüler erregt den Lehrer, er berührt ihn nicht nur rational." [138]

Damit werden emotionale Wertigkeiten seitens des Lehrers angesprochen, die dort, wo die Zensur als „Zucht- und Anreizmittel" verstanden wird, zur Geltung kommen. Wenn es geschieht, ist darüber hinaus der Raum zwischen erzieherischen und manipulativen Elementen in der Gefahr, äußerst eng zu werden.

Die Erfahrung hat gezeigt, daß Lehrer durch fragwürdige Gründe verführt wurden, Leistungsbeurteilung als Machtmittel zu mißbrauchen. Das hat häufig zur Folge: „mehr Interesse an guten Noten als an der Sache, Buhlen um die Gunst des Lehrers, Pfuschen, ein seichtes Konkurrenzklima." [139]

Fritz Gülland wies in diesem Zusammenhang ebenfalls scharf auf die Fragwürdigkeit der Zensuren als pädagogisches Mittel hin und sprach von ihnen als der „Geißel der Schule": Ihretwegen werde „gelogen, betrogen, geschoben, verbogen und geklatscht. Sie sind die Wurzeln aller Unmoral im Schulbetrieb. Sie lösen die Arbeitsgemeinschaft auf in eine Konkurrenzhetze. Manchem Schüler winkt für jede Zwei zu Hause eine Mark. Die Bildungsarbeit wird zum Geschäft gemacht".[140]

Lilly Kemmler zeigte, daß sich gute und schwache Schüler nicht nur in Zensuren und Leistungen, sondern auch in Bezug auf eine Anzahl weiterer Dimensionen — laut Lehrerurteil — signifikant unterscheiden: Tätigkeit, Kontaktfähigkeit, Anpassungsbereitschaft, Arbeitsverhalten usw. Das deutet auf eine gewisse Stereotypie des Lehrerurteils hin.[141]

Eva Fokken kam bei ihren Untersuchungen zu folgenden Ergebnissen: Das Anspruchsniveau erhöht sich nach Erfolg und senkt sich nach Mißerfolg. Der Fleiß ist nach Mißerfolg größer, die Leistungsanstrengung ist nach Mißerfolgserlebnissen höher. *Dauernder* Mißerfolg dagegen senkt das Anspruchsniveau; hinzu kommt, daß der Fleiß nachläßt und sich dadurch die Leistung noch weiter verschlechtert.[142]

Diese Befunde werden durch die Untersuchungen von E. B. Hurlock unterstützt und erweitert. Er fand heraus, daß sich *einmaliger Tadel* und *einmaliges Lob* positiv auf die Leistungen eines Schülers auswirken. *Ständiger Tadel* führt zum rapiden Absinken der Leistungen, dagegen *ständiges Lob* in der Regel nicht zu weiterem Anstieg der Leistung.[143]

Daraus können wir die Hauptprobleme, die in der pädagogisch akzentuierten Zensierung stecken, zusammenfassend benennen:

1. Bezogen auf den guten wie auf den schlechten Schüler müßten weitere Aufschlüsse gewonnen werden im Hinblick

   a) auf die Motivationslage (intrinsisch/extrinsisch),

   b) auf die Dauer und Härte von Mißerfolgen und

   c) auf Lob und Tadel (positive/negative Verstärkungen).

2. Bezogen auf den Lehrer müßten neue Fragen gestellt werden im Hinblick

   a) auf die Stereotypisierung des Urteils (z. B. Wahrnehmungsnivellierung, Manifestation von Vorurteilen),

   b) auf die verschieden geartete und gewichtete Affektbeteiligung bzw. Emotionsbestimmtheit.

Wie groß die Mehrdeutigkeit der Zensur in erzieherischer Hinsicht ist, verdeutlicht Andreas Flitner. Er faßt die verschiedenen Aspekte der „pädagogischen Funktion" des Zeugnisses zusammen, ohne allerdings anzugeben, wie dieses Soll realisiert werden könnte:

„Das Zeugnis soll Belohnung und Bestätigung für die Guten, Ermunterung und Ansporn für die Schwachen und Lässigen, Warnung für die Gefährdeten sein. Es soll den Ehrgeiz in Bewegung setzen und den Wetteifer zwischen den Schülern auslösen. Es soll ferner die Schüler mit dem Prinzip der Leistungsgraduierung vertraut machen, das auch im sonstigen Leben gilt und Erfolg und Mißerfolg weithin bestimmt."[144]

Sicherlich ist nicht zu bestreiten, daß man durch Zensur und Zeugnis ein Stück der Härte des Lebensalltags erfährt, wobei Flitner aber selbst einschränkt, wenn er sagt, „daß erst die rechte Dosierung und Verbindung solcher ernsten Erfahrungen irgendwelche Maßnahmen als erzieherische ausweisen".[145]

Die übrigen Argumente (Belohnung, Ansporn, Warnung usw.) müssen heute wohl — auf dem Hintergrund der bisher vorliegenden, empirisch abgesicherten Untersuchungsergebnisse — eingeschränkt werden (vgl. Kap. 2.5.).

Sieht man nun aber von dem „Abhärtungseffekt" ab, so wird die Zweischneidigkeit der pädagogischen Wirkung von Zensur und Zeugnis deutlich: Gegenüber dem Schüler gilt, „daß ein primitives Instrumentarium nur primitive Wirkungen hervorbringen kann".[146] Zensur und Zeugnis können meist nur auf Stimmung, Haltung, Selbsteinschätzung des Schülers einwirken. Wichtiger wäre allerdings, „ihn an den Stellen zu bestätigen, wo er etwas kann, und ihn dort zu mahnen und zu korrigieren, wo es hapert und wo er an sich arbeiten muß".[147]

Das kann aber unser nur schwach gegliedertes Notensystem nicht leisten. Dazu wäre nur eine hochdifferenzierte Beurteilungsform mit entsprechend großen Möglichkeiten umfassender Aussagen und Leistungsbeschreibung in der Lage. Deshalb muß auf die Aussage, daß die Zensur als pädagogische Funktion der schulischen Leistungsbeurteilung angesehen und verstanden werden kann, wohl verzichtet werden.

Günter Schreiner deutet den Weg an, der eingeschlagen werden muß, wenn die pädagogische Aufgabe der Leistungsbeurteilung in der Schule neu erkannt und einer Lösung zugeführt werden soll. Es gelte, „den inter- und intraindividuellen, den querschnittlichen und längsschnittlichen, den psychometrischen und biografischen Aspekt zu verknüpfen und ohne Einseitigkeit dem Schüler zu vermitteln".[148]

Damit sind wir bei der Fragestellung angelangt, die bis heute ungelöst und Anlaß jahrzehnte- und jahrhundertealter Auseinandersetzung ist: Ist die Zensur eine Beurteilung subjektiver Art oder eine objektive Leistungsaussage? — Und bis heute steht die pädagogische Funktion von Zensur und Zeugnis im Schnittpunkt dieser von zwei so unterschiedlichen Ebenen aus geführten Diskussion.

2.3.3. Auslese-, Rangierungs- und Berechtigungsfunktion

Im Rahmen von Schule und Gesellschaft zielen die „Dienstfunktionen" (W. Dohse) der Zensur und des Zeugnisses auf die konkreten Gegebenheiten. Diese Funktionen werden vom Staat und wurden — historisch gesehen — von Staat und Kirche gemeinsam interpretiert, so daß heute festgestellt werden kann, „daß das Schulzeugnis in seiner Grundkonzeption gar kein ursprüngliches Hilfsmittel der *Schule* ist, sondern primär ein solches einer bürokratisierten, nationalstaatlich organisierten Gesellschaft im Dienste der *Auslese* des Nachwuchses auf der Grundlage des *Leistungsprinzips*. Das Schulzeugnis ist der Schule von der Gesellschaft auferlegt worden und wendet sich an einen Dritten außerhalb des pädagogischen Bereiches".[149]

Dieser Dritte ist im weitesten Sinne der Staat selbst, in engerem Sinne die nächste Institution auf der hierarchisch gegliederten Ausbildungsleiter:

— So wird das Abschlußzeugnis der 4. Klasse zum Ausweis für den Übergang zu weiterführenden Schulen oder für das Versagen des Zuganges zu diesen,

— so ist das Volksschulabschlußzeugnis der Nachweis der abgeschlossenen Volksschulzeit, die Erfüllung der gesetzlich vorgeschriebenen Schulpflicht und eine Voraussetzung für den Eintritt in das Berufsleben,

— so ermöglicht das Abschlußzeugnis der Realschule den Eintritt in höher qualifizierende Ausbildungsstätten und Berufe,

— so eröffnet das Reifezeugnis in der Regel die Studienmöglichkeiten an Hochschulen und Universitäten,

— so erschließt das Staatsexamen spezifische berufliche Laufbahnen,

— so erlauben akademische Abschlüsse das Führen von Titeln und gelten als wissenschaftliche Qualifikationen.

Alle Zeugnisse sind in unserer gegenwärtigen Gesellschaft Unterlagen für Aufstiegsmöglichkeiten und wahren oder verringern die Chance des Weiterkommens.

Ebenfalls historischen Ursprungs sind die Durchsetzung des Berechtigungswesens, die staatliche Prägung der Zensurengebung und die Herausbildung des Jahrgangsklassensystems, die dem Interesse der bestehenden Herrschaftsordnung dienen. Ingenkamp hat sogar als primär und als unentbehrliche Voraussetzung für den Ausbau des Berechtigungswesens das Jahrgangsklassensystem erkannt, das um 1840 für die höheren Schulen in Preußen ministeriell angeordnet wurde.[150]

Trotz vieler Widerstände bildeten sich folgende wichtige Merkmale dieses Schulsystems heraus:

1. die jahrgangsweise Einschulung,
2. die jährliche Versetzung nach dem Leistungsstand in allen Fächern,
3. der verbindliche Fächerkanon und die Stoffverteilung und
4. die festgelegte Wochenstundenzahl.

Nur in diesem vorgeprägten und relativ starren Rahmen mit den nur geringfügig veränderbaren Merkmalen konnte man darauf kommen, daß Zensuren allgemein vergleichbar seien und als Basis eines daraus hervorgehenden Berechtigungswesens dienen könnten.

Ingenkamp hält es für völlig unwahrscheinlich, daß sich diese Wertung und Anschauung auch bei einem Schulsystem „mit (z. T. fakultativen) Fachleistungskursen oder einer non-graded school mit sehr stark individualisierenden Lehrgängen" herauskristallisiert hätte.[151]

Historisch korrespondierte das Jahrgangsklassensystem mit einheitlichen Regelungen zur verwaltungsmäßigen Vereinfachung und einer strengen Schulaufsicht (durch Staat und/oder Kirche) mit dem Wunsch und dem Ziel, die heranwachsenden Staatsbürger zu disziplinieren.

Noch heute wird das Schulsystem weitgehend von der Auslesefunktion her bestimmt und verfügt — wie A. Flitner sagt — „über kein anderes Instrumentarium als die überlieferten Beurteilungsziffern. Man hat sie durch Worte ergänzt und den Geltungsbereich dieser Worte durch ministerielle Erlasse festgelegt".[152]

Wenn an Zensuren und Zeugnisse Erwartungen seitens der Eltern und Schüler geknüpft werden, wenn von ihnen Studienzulassungen, Stipendien, sozialer Aufstieg, Statusanhebung und in der Folge auch materieller Gewinn abhängen, dann wird deutlich, daß nicht allein die pädagogische Funktion wichtig ist, sondern daß das Zeugnis in juristischen und sozialpolitischen Bezügen steht, die nachhaltig seine Bedeutung bestimmen.

„Der Wert der Note erweise sich" — so Zielinski bei dem Versuch, pro und contra gegeneinander abzuwägen — „vor allem in ihrer Funktion als Auslesefaktor, hier sei die Note zweckdienlich und unersetzbar. Die großen Schülerzahlen in den heutigen Schulen würden sich gar nicht im Sinne einer Begabungs- und Talentsteuerung und schon gar nicht im Sinne einer Elitenbildung ordnen und bewältigen lassen, wenn nicht das Mittel der Zahl eine schnelle und handliche, zudem relativ ‚gerechte' Abfertigung gewährleistete. Wie sollten Industrie und Handel, Handwerk und Behörde ihre Nachwuchsplanung versehen können, wenn ihnen die Schule nicht durch die Note und das Zeugnis vernünftig und objektiv vorarbeitete?"[153]

Dagegen erheben sich folgende Einwände: Wegen der großen Tragweite der Entscheidungen muß für die Berechtigungsfunktion des Zeugnisses vor allem Zuverlässigkeit der Beurteilungen gefordert werden. Daß Ziffernzensuren nur scheinbar zuverlässig sind, wird noch ausgeführt werden müssen (vgl. Kap. 2.5.5.). Dabei wird deutlich werden, daß Objektivität und Zuverlässigkeit in der Regel nur über *Meßwerte* hergestellt werden können. Die Zensurenskala ist jedoch eine *Schätzskala* (vgl. Kap. 2.4.). Dennoch ist gerade die statistisch-mathematische Natur der Zensur die ausschlaggebende Grundlage für Schülerauslese, Rangierungsmechanismen der Gesellschaft und das Aussprechen von Berechtigungen. „Begünstigt durch die vorwiegende Verwendung von Ziffernzensuren, erlangt die Grenz- und Auslesefunktion der Zensuren im Rahmen des Schulzeugnisses geradezu mathematisches Gepräge."[154]

Im Zusammenhang mit der Auslesefunktion wird auch die *rechtliche* Funktion als sichernde staatliche Maßnahme deutlich.

Rechtlich gesehen ist das Zeugnis ein Schriftstück, das Erklärungen einer Schule über die Leistungen und den Erfolg eines Schülers enthält und diesem als Nachweis in seiner weiteren Ausbildung und im Berufsleben dient. Darüber hinaus besitzt ein Zeugnis den besonderen Rechtscharakter der öffentlichen Urkunde, „da es durch eine öffentliche Behörde innerhalb ihrer Amtsbefugnisse und zum öffentlichen Glauben für und gegen jedermann ausgestellt wird".[155] Fälschungen und Täuschungen gelten daher als Urkundenfälschungen.

Zeugnisse müssen von den berechtigten und durch entsprechende Verwaltungsvorschriften verpflichteten Vertretern der Schule, die das Zeugnis erteilt, unterschrieben werden.

Was für das Zeugnis gilt, trifft dagegen nicht für die Einzelzensur zu. Der Rechtscharakter der Zensur ist kein unmittelbarer, da Noten primär unter pädagogischer Verantwortung erteilt werden.

Einzelne Zensuren und einfache Zeugnisse werden nicht als Ausdruck von Verwaltungsakten angesehen, sondern gelten lediglich als Bewertungshilfsmittel im Unterrichtsbetrieb. Als solche sind sie Mittel zur Vorbereitung von Entscheidungen mit rechtlichen Auswirkungen. Dazu stellt Pöttgen — gestützt auf Urteile verschiedener Oberverwaltungsgerichte — fest: „Die Anfechtung einzelner Zensuren ist grundsätzlich nicht möglich, da sie keine unmittelbaren Rechtswirkungen haben. Sie können jedoch im Rahmen einer Gesamtentscheidung eine Bedeutung als wesentliche Elemente für das Endergebnis erhalten und insoweit auch angegriffen und überprüft werden. Die Aufsichtsbehörde ist ohnehin in der Lage, im Rahmen einer Dienstaufsichtsbeschwerde Einzelzensuren zu überprüfen." [156]

Dagegen haben Prüfungs-, Versetzungs- und Abgangszeugnisse den Charakter von echten Verwaltungsakten.

Zum Schutze des Schülers kann — wenn die Streitfrage in den Zuständigkeitsbereich der Verwaltungsgerichtsbarkeit fällt — eine rechtliche Klärung herbeigeführt werden. „Dies ist dann möglich, wenn die Zensurengebung einen ‚Verwaltungsakt' darstellt, d. h. ein hoheitliches Handeln der Verwaltung auf dem Gebiet des öffentlichen Rechts mit verbindlicher Rechtswirkung nach außen, wie dies bei Prüfungs- und Versetzungsentscheidungen der Fall ist." [157]

Prüfungs- und Versetzungsentscheidungen sind also vor dem Verwaltungsgericht anfechtbar. Die bisherige Rechtsprechung geht allerdings rein formal vor und läßt die in der Zensur ausgedrückte pädagogische Verantwortung als eigengesetzliches Phänomen unangetastet.

Hochstetter, Seipp und Weismann stellen fest, daß es rein quantitativ zu relativ wenigen Prozessen vor Verwaltungsgerichten kommt und daß die

Rechtsprechung nur einen kleinen Kreis von schulischen Maßnahmen und Entscheidungen als Verwaltungsakte bezeichnet. Dazu zählen Entscheidungen zu folgenden Gebieten, die aufgrund von Verfahrensmängeln oder Rechtsverletzungen seitens der Schule gerichtlich getroffen werden müssen:

„1. Entscheidungen über Nichtzulassung zu einer weiterführenden Schule,

2. Zuweisung zu einer Hilfs- oder Sonderschule,

3. Versagen der Versetzung,

4. Prüfungsentscheidungen,

5. die Versagung der Aufnahme in eine Schule, wenn die Aufnahme ohne sachliche Gründe abgelehnt wird,

6. Verweisung und Ausschluß von der Schule." [158]

Die Auslesefunktion und das Berechtigungswesen müssen auch in *verfassungsrechtlichem* Zusammenhang gesehen werden. Tent kennzeichnete die rechtliche Situation in seiner Untersuchung und sagte, daß in den Länderverfassungen der Bundesrepublik Deutschland teilweise wörtlich Bezug auf den Artikel 146 der Weimarer Verfassung [159] genommen werde und daß in jedem Falle für die Teilhabe an der höheren Bildung Neigung, innere Berufung, Begabung, Eignung, Anlage, Leistungen und Fähigkeiten ausschlaggebend seien; nur die Verfassungen der Länder Hamburg, Berlin und Niedersachsen enthalten keine entsprechenden Regelungen.

2.3.4. Zusammenfassung und Überleitung

Die Funktionen von Zensur und Zeugnis haben immer schon im Dienste von Staat und Gesellschaft gestanden. Neue Forderungen der Gesellschaft an die Qualität der Ausbildung führten nicht dazu, geeignete schulische Hilfsmittel zu erproben und bereitzustellen, sondern viel eher dazu, der Zensur einfach neue Funktionen zuzuordnen. So zeigt sich heute, daß sich die z.T. erheblich widersprechenden Tendenzen im schulischen Beurteilungsmechanismus nur schwer zum Ausgleich bringen lassen. Daß dabei ganz besonders pädagogische Bezüge verloren gingen, sollte deutlich geworden sein.

Die Vielfalt der Funktionen und die Unterschiedlichkeiten machen es heute möglich, daß Mängel in einem Bereich mit dem Hinweis auf die Unentbehrlichkeit in anderen Funktionsbereichen entschuldigt werden.

Zwei Fragen sind es, die hochaktuell im Mittelpunkt der augenblicklichen Diskussion stehen müßten und dann sicherlich auch beantwortet werden könnten:

1. Warum blieb die demokratische Schule in der Bundesrepublik auf das primitive Instrumentarium der Zensurengebung angewiesen, das „sich unter ganz anderen Verhältnissen und mit anderen Zielen entwickelt hatte"? [160]

2. Warum klingt unter den genannten Funktionen nur versteckt die Aufgabe an, „eine Angabe über den Ausprägungsgrad eines individuellen Verhaltens (z. B. den individuellen Lernerfolg) zu liefern"? [161]

Die eine Frage zielt auf politische Diskussion, die nur gesellschaftskritisch zu führen ist, die andere macht deutlich, wo „der Ausgangspunkt der Diagnostik, auf dem alle anderen Interpretationen, Bewertungen und Berichte aufzubauen haben", liegen muß.[162]

Nicht nur die Vielschichtigkeit und Mehrdeutigkeit der Funktionen macht das Zensuren- und Zeugnisproblem heute zu einer brisanten Aufgabe durchgreifender Reformen, die Ziffer selbst und mögliche Manipulationen mit ihr sind es, die uns die Fragwürdigkeit der Beurteilung von Schülern mit dem Mittel der Notengebung verdeutlichen.

2.4. PROBLEME DER NOTENSKALA UND DER ZIFFERNZENSUR

Je höher die Ansprüche sind, die der Einzelne und die verschiedenen Institutionen der Gesellschaft an schulische Beurteilungsergebnisse stellen, desto objektiver und unabhängiger gegenüber sachfremden und subjektiven Einflüssen muß das Bewertungsinstrumentarium sein. Es ist also zu fordern, daß ein Urteil desto unanfälliger gegen subjektive Willkür sein muß, je bedeutsamer die Entscheidungen sind, die auf Grund des Urteils gefällt werden.

Wie bedeutsam gerade im Hinblick auf die Auslese-, Rangierungs- und Berechtigungsfunktion Zensur und Zeugnis für den Lebensweg und die Nutzung von Lebenschancen sind, wurde bereits gesagt (vgl. Kap. 2.3.3.). Zu untersuchen wäre nun, ob unsere Notenskala und die Ziffernzensur diesen Ansprüchen überhaupt gerecht zu werden vermögen. Das wird uns helfen, die Grenzen quantitativer Aussagen, die mit Hilfe der Ziffern getroffen werden sollen, zu sehen.

2.4.1. Allgemeine Bemerkungen zum Problem der Schulnotenskala

Wir haben erkannt (vgl. Kap. 2.2.), daß andere Staaten andere Notensysteme haben, und wir mußten feststellen, daß es möglicherweise Parallelen zwischen enger Notenstufung und starrem gesellschaftlichem Bewußtsein und umgekehrt zwischen weiter Notenstufung und liberalem gesellschaftlichem Bewußtsein zu geben scheint.

Im Zuge einer Demokratisierung der Gesellschaft der Bundesrepublik mit den entsprechend freier zutage tretenden Ausdruckstendenzen der Bürger wurde auch der Wunsch nach Öffnung der sechsstufigen Notenskala wach.

Wenn man bedenkt, daß die Leistungen der Kinder ungeheuer differenziert und verschiedenartig sind, so kann man sagen, daß sie einer engen metrischen Einteilung kaum zugänglich sind: Leistungen sind kontinuierlich zu- oder abnehmend, wohl kaum nur und starr stufenmäßig. Daher muß unser sechsstufiges Bewertungssystem kritisch hinterfragt werden. Die schwach differenzierte Skala war — wie wir im geschichtlichen Rückblick gesehen haben (vgl. Kap. 2.1.3.) — schon die Ausgangsbasis im Zensierungsprozeß Preußens. Noch heute sind wir eng an die Polarität „gut" — „schlecht" gebunden, da unsere Zensurenskala in eine positive und negative Leistungszone gegliedert ist. Das kommt auch in der Notenstufendefinition der Kultusministerkonferenz zum Ausdruck (vgl. Kap. 2.1.3., S.44 f).

Außer diesen mehr historisch gewachsenen Gegebenheiten bereitet das Fehlen einer konkreten Skalenmitte Schwierigkeiten. A. Huth, der in der Normalverteilung von der Skalenmitte aus die gerechte Lösung des Benotungsproblems sieht, lehnt alle geradzahligen Skalen ab, weil bei ihnen gerade die Mitte als konkrete Notenstufe fehlt.[163] In der Tat müßte bei einer Streuung nach der Gauss'schen Normalverteilung die Mittelnote der Skala am stärksten frequentiert sein.

Bei der sechsstufigen Skala fehlt eine notenmäßig festlegbare Mitte, da keine Zwischennoten erteilt werden dürfen. So müssen tatsächlich durchschnittliche Schüler entweder der Notenstufe „befriedigend" oder der Notenstufe „ausreichend" zugeteilt werden, was häufig von den Schülern als ungerecht angesehen wird. Gerade da, wo strenge und milde Zensierung aufeinandertreffen, ist der Unterschied zwischen der Note „befriedigend" und der Note „ausreichend" bedeutsam.

Die Grobmaschigkeit der Notenskala wird noch erheblicher, wenn man davon ausgeht, daß Extremnoten („sehr gut" und „ungenügend") selten erteilt werden. Fast alle Noten drängen sich in der Regel auf vier Stufen zusammen, wodurch der Streuungsbereich stark begrenzt ist. Die Note „ungenügend" wird z.B. so selten erteilt, daß sie letztlich als Notenstufe bedeutungslos wird.

Auch die Tendenz zur vorsichtigen und zurückhaltenden Beurteilung, sei es in den Kopfnoten oder im Hinblick auf die Berechtigungsfunktion (z.B. Sitzenbleiben, Ausgleich, Abgang), drängt das Spektrum der sechsstufigen Skala weiter zusammen. Lehrer geben in solchen Fällen lieber die Note „ausreichend" als die Konsequenz „verschulden" zu müssen, die mit der Note „mangelhaft" eintreten würde.

Bei einer feiner differenzierten Skala wäre der Unterschied zwischen zwei Notenstufen im Verhältnis zur gesamten Skala nicht so groß wie bei einer gröber differenzierten. Verzerrungen und Ungerechtigkeiten sind mit einer grobmaschigen Skalierung allgemein enger verbunden.

Weil es in der Schule als einem pädagogisch akzentuierten Feld aber gerade um Transparenz und Gerechtigkeit gehen soll, bekommt Dohses Satz Aussagekraft: „Die Tendenz zur Feindifferenzierung entspringt einem pädagogischen Bedürfnis." [164]

Sowohl die lange wie die kurze Wertungsreihe haben in Deutschland Anhänger und Gegner. „Man schätzt an der langen Reihe die Möglichkeit, den vielen individuellen Leistungsstufungen der Kinder, also der Wirklichkeit, annähernd zu entsprechen; man schätzt an der kurzen Reihe die Möglichkeit, verwandte Leistungen zu gruppieren und überhaupt die Leistungen vergleichbar zu machen ... Die Anhänger der kurzen Reihe rühmen ... den Zwang zur Entschiedenheit des Urteils. Sie beachten aber nicht, daß Entschiedenheit hier auch Vergröberung und Ungenauigkeit bedeuten kann, vorausgesetzt also, daß die Anhänger der langen Reihe überhaupt in der Lage sind, so genau zu urteilen, daß etwa vierzig Kinder auf zwanzig Leistungsstufen verteilt werden können." [165]

2.4.1.1. Spezielle Bemerkungen zur Schulnotenskala

Schon Jakob Sost hat darauf hingewiesen, daß es sich beim Zensieren in der Schule in der Regel um einen bloßen Vergleich von Schülerleistungen miteinander handelt, bei dem sich lediglich ein Mehr oder Weniger an Leistungen der einzelnen Schüler angeben läßt. „Die so festgestellten Ziffernzensuren sind keine Grundzahlen, sondern Ordnungszahlen ...", denen „starke relative Momente anhaften". [166]

In der psychologischen Meßtheorie besteht das Messen im Zuordnen von Zahlen zu Objekten, so daß bestimmte Relationen zwischen den Zahlen analoge Relationen zwischen den Objekten wiedergeben.

Um das Messen näher zu beschreiben, unterscheiden wir heute zwischen vier Skalen-Typen:

1. Die Nominal-Skala,
2. die Rang- oder Ordinal-Skala,
3. die Intervall-Skala und
4. die Verhältnis- oder absolute Skala.

Die *Nominal-Skala* meint kein „Messen", sondern das Determinieren, Klassifizieren, Unterbringen eines „Falles" oder einer Kategorie in einem System nach bestimmten Merkmalen oder Eigenschaften. Man gibt also dem „Fall" einen Namen oder eine Kennziffer, die aber auf keinerlei Weise als Angabe über die Stärke oder Größe der gemessenen Eigenschaft interpretiert werden darf.

Die *Rang-* oder *Ordinal-Skala* ist eine Rangordnung. Mit ihrer Hilfe werden Ordnungen hergestellt, werden z. B. Städte nach der Größe, Sportler nach der erreichten Punktzahl geordnet. Die Zahlen, die bei Messungen in der Ordinal-Skala verwendet werden, sind Rangzahlen. Wir können aus Zahlen in der ordinalen Skala nichts über die Größe der Unterschiede oder die Abstände sagen. „Die Sachverhalte, die einer Ordinal-Skala zugänglich sind, gleichen einander im Hinblick auf das betrachtete Merkmal, sie unterscheiden sich jedoch voneinander bezüglich der Merkmalsausprägung (Größe, Stärke, Intensität). Es bleibt undefiniert, wie stark die Differenzen zwischen verschiedenen Objekten sind." [167]

Bei der *Intervall-Skala* (z. B. Thermometer, Maßstock) haben wir es mit einem Meßinstrument zu tun, bei dem die Intervalle gleichgroß sind. Mit Angaben, die auf einer Intervall-Skala beruhen, kann man gewisse Rechenoperationen durchführen (z. B. Errechnung von Durchschnitttswerten, Streuungen).

Bei der *Verhältnis-Skala* ist das Messen in der strengen Bedeutung von „Messen von Mengen" zu verstehen. Von einem feststehenden Nullpunkt aus kann die Maßeinheit prinzipiell willkürlich festgelegt werden: Die Zeit kann sowohl in Sekunden als auch in Stunden gemessen werden; gewogen werden kann in Gramm, Pfund oder Kilogramm usw. Es kann also das Verhältnis zwischen mehreren Größen dargestellt werden.

Nach dieser Darstellung kommen wir — bezogen auf die Zensurenskala — zu folgendem Ergebnis: Die Schulnotenskala ist also keine Intervall-Skala, bei der die Abstände zwischen den Skalenwerten gleich sind, sondern eine Ordinal-Skala, bei der lediglich Größer-Kleiner-Relationen sinnvoll ausgedrückt werden können.

Da die Zensuren nur den Informationsgehalt von Rangplätzen vermitteln, dürften sich eigentlich nahezu alle statistischen Verfahren (Mittelwertberechnungen, Streuungen, Signifikanzprüfungen durch parametrische Verfahren usw.) von selbst ausschließen.

„Die Zensurenskala wäre nur dann eine Intervall-Skala, wenn gewährleistet werden könnte, daß

a) gleiche Leistungen zu gleichen Noten führen (Objektivität) und

b) die Abstände zwischen den Zensurengraden gleich groß sind (Intervallkonstanz." [168]

Wir werden anhand von empirisch abgesicherten Forschungsergebnissen noch nachweisen (vgl. Kap. 2.5.), daß beide Voraussetzungen meist nicht erfüllt werden. Gerade in der empirischen Forschung auf diesem Gebiet fällt jedoch auf, daß man sich in der Praxis über die o. g. Bedenken hinwegsetzt und Zensuren als Meßwerte behandelt werden. Ingenkamp bezeichnet diesen Vorgang als einen „verfehlten Ansatz", bei dem „ungenaue und unzuverlässige Meßdaten mit mathematischen Operationen ‚veredelt'" werden sollen.[169]

Dennoch wird es gemacht und häufig mit dem Hinweis begründet, daß die Ergebnisse nur beschreibend benutzt werden sollen. Diese Beschreibungsgrundlagen waren und sind notwendig, um das Material und die Daten für eine stichhaltige Kritik an der bisher praktizierten Notengebung liefern zu können.

Darüber hinaus gibt es aber auch jenes Argument, das sich auf Lehrer und Schüler bezieht: für den Lehrer ist — faßt er die Ziffernfolge als Intervall-Skala auf — der Zensierungsvorgang leichter zu handhaben, für den Schüler dann durchsichtiger und verständlicher. Eine ordinale Auffassung von Schulzensuren führt dazu, daß nur eine grobe Schulleistungsbeurteilung möglich wird; Schüler werden in ihrer Selbsteinschätzung verunsichert. Ein Lehrer jedoch, der sagt, wie er die Zensur abwägt und bewertet, ermöglicht es auch seinen Schülern, zumindest ungefähr abschätzen zu können, wie sie „stehen".

2.4.1.2. Spezielle Bemerkungen zur Häufigkeitsverteilung der Schulnoten

So wie Aussagen, die im vorausgehenden Kapitel gemacht wurden, diejenigen des Kapitels 2.4. einschränkten, werden auch die nun folgenden weiter relativierend wirken.

Von einer *Normalverteilung* kann man sprechen, wenn in einer Mannigfaltigkeit (von Messungen, Individuen usw.) die Abweichungen vom Mittelwert so streuen, daß geringere Abweichungen häufiger, größere Abweichungen seltener und extreme Abweichungen sehr selten sind.

Theoretisch müßten sich auch die Schulleistungen „normal" verteilen: der größte Teil der Schüler zeigt durchschnittliche Leistungen, ein kleiner Teil bessere bzw. schlechtere und ein ganz kleiner Teil überragende bzw. sehr schlechte Leistungen.

„Mathematisch ist die Normalverteilung dadurch charakterisiert, daß sie systematisch ist, d. h.

— daß sich die Häufigkeiten gleichmäßig (abnehmend) nach links und rechts um einen häufigsten Wert scharen, der zugleich der arithmetische Mittelwert der Verteilung ist,

— daß sie immer die genau gleiche Form erhält, wenn man auf der Abszisse die Standardabweichung als Einheit aufträgt,

— daß sich die Kurvenenden der Abszisse nähern, ohne sie aber im Endlichen zu berühren,

— daß also die Kurve symmetrisch verläuft." [170]

Ausgehend von dieser Normalverteilung wurde Kritik an der sechsstufigen Notenskala geübt, da sie — wie alle geradzahligen Skalen — z. B. eine Schulklasse von vornherein in eine „gute" und eine „schlechte" Hälfte zerschneidet. Da die Mittelleistungen zwischen den Noten „befriedigend" und „ausreichend" liegen, Zwischenzensuren aber nicht erteilt werden dürfen, fehlt also die konkrete Mitte.

So wurden verschiedene Formen der Zuordnung von prozentualen Häufigkeiten zu den verschiedenen Werten der Notenskala analog der Normalverteilung entwickelt, wobei man von unserem sechs-stufigen Notensystem ausging:

Note 1 = 5 %
2 = 15 %
3 = 30 %
4 = 30 %
5 = 15 %
6 = 5 %   (Bartel, 1961) [171]

Note 1 = 2 %
2 = 14 %
3 = 34 %
4 = 34 %
5 = 14 %
6 = 2 %   (Weingardt, 1964) [172]

Andere Modelle ließen erkennen, daß die sechsstufige Notenskala aus den o. g. Erwägungen heraus verworfen worden war. Hier wurde das Zensurenspektrum erweitert (verbunden mit Zwischenwerten oder einem Punktsystem) oder reduziert:

Note 1 (sehr gut) = 3 % (90—100 Punkte)
1/2 (fast sehr gut, recht gut) = 7 % (79— 89 Punkte)
2 (gut) = 10 % (67— 78 Punkte)
2/3 (fast gut) = 15 % (56— 66 Punkte)
3 (befriedigend, mittel, durchschnittlich) = 30 % (45— 55 Punkte)
3/4 (fast mangelhaft, mäßig) = 15 % (34— 44 Punkte)
4 (mangelhaft, schlecht) = 10 % (22— 33 Punkte)
4/5 (fast ungenügend, recht schlecht) = 7 % (11— 21 Punkte)
5 (ungenügend, sehr schlecht) = 3 % (0— 10 Punkte)
(Huth, 1954) [173]

Note 1 = 10 %
2 = 20 %
3 = 40 %
4 = 20 %
5 = 10 %   (Hauser, 1953) [174]

Note 1 = 3 %
2 = 24 %
3 = 46 %
4 = 24 %
5 = 3 %   (Riebesell, 1911—20) [175]

Bei solchen Konstruktionen, die gewöhnlich ohne Berücksichtigung der Erfahrungen für die Schule entwickelt wurden, verwundert es kaum, wenn verschiedene Autoren zu verschiedenen Verteilungen kamen.

Andreas Flitner stellt grundsätzlich fest, nachdem er die Frage gestellt hat, ob von der Normalverteilung überhaupt ausgegangen werden sollte, daß „die Noten diskrete Größen sind, die eigentlich Kurven gar nicht bilden können" und daß „ihr Abstand, ihre Definition, ihre Vergabe einem solchen Verteilungsmodus nicht entsprechen" können.[176]

In der Diskussion um die Normalverteilung der Zensuren in der Schule wurde der Unterschied zwischen der „Gauss'schen Idealverteilung" und der „Realverteilung" deutlich:

So rät Huth — ausgehend von der *Idealverteilung:*

„1. Beim Abschätzen von Noten gebe der Lehrer ungefähr ebensoviele Einsen wie Sechsen, ebensoviele Zweien wie Fünfen und ebensoviele Dreien wie Vieren.

2. Bei normaler Verteilung der Begabungen sollten ungefähr dreimal soviel Zweien und Fünfen gegeben werden wie Einsen und Sechsen. Die Zahl der Dreien und Vieren sollte ungefähr das Doppelte der Zahl der Zweien und Fünfen betragen." [177]

Gegen diese Art der Notengebung lassen sich nun eine ganze Reihe berechtigter Einwände vorbringen; zwei wichtige sind:

a) Die Noten können nicht schematisiert werden, sondern müssen sich nach den real vorliegenden Leistungen richten.

b) Bei derartiger Zensierung ist eine Bindung an Lehr- und Lernziele nicht zu erkennen.

Die Kernfrage aber, ob denn tatsächlich in jeder Klasse die Schulleistungen der Kinder im statistischen Sinne normalverteilt sind, führt uns zur *Realverteilung.*

Wir werden bei der Darstellung der empirischen Ergebnisse der Zensurenforschung noch aufzeigen, welche unterschiedlichen und sachfremden Faktoren bei der Notenerteilung real eine Rolle spielen (vgl. Kap. 2.5.). Aber bereits jetzt können wir im Hinblick auf die Normalverteilung unterstützen, was Ingenkamp sagt: „Es ist ein verfehlter Ansatz, ungenaue und unzuverlässige Meßdaten mit mathematischen Operationen zu ‚veredeln'. Man muß früher ansetzen und bereits die Erfassung des Verhaltens objektiver, gültiger und zuverlässiger gestalten." [178]

2.4.2. Zum Problem der Ziffernzensur

Die vorausgehenden Bemerkungen zur Schulnotenskala und zur Häufigkeitsverteilung der Schulnoten schlossen die Kritik an der Ziffernzensur mit ein. Die Darstellung einiger empirischer Forschungsergebnisse wird das Gesagte konkretisieren und erweitern.

So soll hier nur die grundsätzliche Problematik verdeutlicht werden.

Bereits Schreiber hat sich 1899 sehr vehement gegen ständige Prüfungen und die Zensierung in der Schule ausgesprochen und hat sie als „alte Übel, die sich von der Blütezeit der Jesuiten fortschleppen bis in unsere Gegenwart" bezeichnet.[179] Gleichzeitig wußte Schreiber, daß es ein langer Kampf werden würde, denn er sagte: „Wenn man diese (Zensierung und Prüfungen, der Verf.) freilich mit strengem, kritischem Auge in ihrem Kern und Wesen anschaut, wenn man daran denkt, wie wenig heute starke Individualität gilt, wie man am liebsten über die Menschen auch in geistiger Beziehung einen Eichmeister setzen möchte, dann sagt man sich, daß die Prüferei und Notenjägerei nicht über Nacht aus der Welt geschafft wird." [180]

Grundsätzliche Kritik äußerte auch Zeidler, als er 1928 zur Frage der Zeugnisgestaltung Stellung nahm:

„Dem Ziffernzeugnis liegt eine Auffassung vom Wesen der Bildung und des Unterrichts zugrunde, die man als mittelalterliche Geisteshaltung bezeichnen kann: ein dem Inhalte nach unbestrittener und unbestreitbarer Lehrgehalt wird durch gedächtnismäßige Aneignung übertragen, und der Grad der Bildung und Gelehrsamkeit ist direkt meßbar an der Quantität des auf dem Wege des Memorierens Erworbenen. Das Messen nach Qualitäten kommt nicht in Frage, da der Gehalt bei allen der gleiche ist, und Menschenwert und -wertschätzung hängt nicht ab von der Beschaffenheit, sondern von der Menge des geistigen Inhaltes. So folgen die Menschen in ihren Wertigkeiten skalenmäßig aufeinander, und die Einteilung in wertvolle, minder wertvolle und geringwertige Individuen vollzieht sich nach den einfachsten Gesichtspunkten. Dabei ist für diese ganze Betrachtungsweise charakteristisch, daß jede Minderleistung als eine Art Verschulden, für das man den Menschen verantwortlich macht, empfunden wird, als eine Undankbarkeit angesichts der Gnade, Mensch sein zu dürfen (das geistige Gut liegt ja auf der Hand; man braucht es nur sich einzuverleiben). So ergibt sich eine sehr bezeichnende Annäherung oder Identifizierung der Begriffe „wissend" und „gut", „unwissend" und „schlecht". Je komplizierter und differenzierter die geistige Lage sich gestaltet, um so mehr bequemte man sich, in der einen Beziehung der Entwicklung sich anzupassen, daß man den Menschen in eine Anzahl verschiedener Vermögen aufspaltete, die aber beziehungslos nebeneinander standen und in deren jedem, alter Gewohnheit gemäß, die gekennzeichnete Skalenhypothese weiterhin in Gültigkeit blieb." [181]

Schließlich sei auch Martin Wagenschein erwähnt, der mit seinem Beitrag aus dem Jahre 1954 die Nachkriegsdiskussion wesentlich beeinflußte: „Wir sind Noten gewohnt. — Aber wir werden so sehr in Gewohnheiten hineingeboren, daß wir recht alt werden müssen, um zu merken, worüber wir uns zu wundern haben. So über die Wahnidee, alles müsse sich in Zahlen einfangen lassen. Gerade wer naturwissenschaftlich arbeitet, wird damit besonders vorsichtig sein. Denn wir wissen zunehmend, daß es Dinge gibt, die sich der Zahl entziehen." [182] Und den komplexen seelischen Bereich hält Wagenschein für unmeßbar. Diese Kritik richtet sich gegen die Schule als gesellschaftliche Institution und gegen die für sie Verantwortlichen, wenn Wagenschein fortfährt: „Ein Verfahren wird nicht dadurch ‚exakter', daß es Zahlen anwendet, wo sie nicht hingehören. Die Anwendung eines exakten Verfahrens kann denkbar unexakt sein. — Wir haben es mit einer ‚terrible simplification' zu tun.

Man könnte einwenden: sei sie auch ‚terrible', so könne sie doch nützlich, ja erzieherisch wirken. Aber: brauchen wir die Note als Stimulans des Ehrgeizes, um die ‚Leistung' zu ‚erzielen'?

Die Notwendigkeit dieses Stimulans ist reine Verleumdung! Schon in der Schule sagt man etwa: Kinder wollen nicht lernen, also müssen sie dazu angeregt werden. In Wahrheit verleiden wir ihnen durch Überfüllung des Raumes mit Kindern und der Kinder mit Lehrstoff erst die ihnen angeborene Lernleidenschaft und bauen dann charakterschädigende Stimulantia ein." [183]

Die referierten und zitierten drei Beiträge sollten deutlich machen, daß diese Diskussion gegen die Anwendung der Ziffer als Maßstab schulischer Leistungsbeurteilung seit vielen Jahren engagiert geführt wird und daß diesem Instrumentarium kaum positive, eher negative Auswirkungen auf den Schüler und seine individuell unterschiedliche Lernbereitschaft und sein persönlichkeitsabhängiges Leistungsvermögen zugeschrieben werden.

Die grobe Vereinfachung-, mit der die Ziffernzensur Aussagen macht, wurde auch von anderen Wissenschaftlern erkannt. So war 1927 bereits ein amerikanisches Untersuchungsergebnis [184] im deutschsprachigen Raum bekannt geworden und wurde von Lietzmann in drei einfachen, klaren, aber niederschmetternden Sätzen publiziert:

„Dieselben Schüler erhalten verschiedene Noten in verschiedenen Schulen.

Verschiedene Lehrer geben gleichen Arbeiten verschiedene Noten.

Derselbe Lehrer gibt zu verschiedenen Zeiten der gleichen Arbeit verschiedene Noten." [185]

So wie Flitner die abstrakte Bedeutung der Zensur und den geringen Informationswert am Beispiel der Note „befriedigend" herausarbeiten konnte (vgl. Kap. 2.3.1.2., S. 55), hat auch Simoneit die Mehrdeutigkeit der Note „gut" exemplarisch belegt. Er schilderte, was diese Zensur im Fach „Geschichte" alles bewerten kann:

1. die tatsächliche Leistung im letzten Zensierungsabschnitt,

2. den gegenwärtigen Wissensstand,

3. die Veranlagung für das zensierte Fach als Grundlage der Bildbarkeit und

4. je nach der Auffassung des Lehrers

   a) das chronologische Wissen,

   b) das chronologische Denken,

   c) den Sinn für historische Persönlichkeiten,

   d) das Verständnis der kulturellen Entwicklung,

   e) das politische Interesse usw.[186]

Und an anderer Stelle fügte er hinzu, daß bei der Ziffernbenotung nur das mathematische Symbol klar, exakt und eindeutig sei; als Leistungsbewertung bleibe die Zensur unklar, verschwommen und vieldeutig.[187]

Sicherlich haben diese Aussagen wesentlich dazu beigetragen, daß die empirische Forschung sich diesem Gebiet in stärkerem Maße zuwandte. Doch ist diese Forschung noch relativ jung, so daß es kaum verwunderlich ist, wenn man ihren Ergebnissen nach wie vor mit großer Zurückhaltung — gerade in der Schulpraxis — begegnet.

Ehe wir uns den Forschungsergebnissen zuwenden, die bis heute vorliegen und themenrelevant sind, soll der Versuch gemacht werden, Gründe, die möglicherweise *für* die Ziffernzensur sprechen könnten, zu nennen, auch wenn sich später herausstellen wird, daß diese Argumente (hier thesenartig verdichtet) in der Regel einer nachfragenden Kritik nicht standhalten können.

2.4.2.1. *Einige Gründe, die für die Ziffernzensur als schulisches Bewertungsmittel sprechen (6 Thesen)*

1. Die Ziffernzensur ist der einfachste und bequemste Ausdruck für den Wert einer Leistung im Verhältnis zu anderen Leistungen. Sie hält nüchtern und rationell verdichtete Tatbestände fest. Sie ist allgemein verständlich und eine konzentrierte Form der schulischen Beurteilung.

2. Der Wert der Note erweist sich besonders in seiner zweckdienlichen Eigenschaft als Berechtigungs- und Auslesefaktor. Das Mittel der Zahl gilt hierbei als relativ schnell, handlich und gerecht.

3. Die Note ist informativ und daher ein geeignetes Mittel der Benachrichtigung. Sie schafft feste Anhaltspunkte für Schüler, Eltern, Lehrer und außerschulische Institutionen.

4. Durch den Zensurenzwang ist der Lehrer genötigt, seine Schulkinder eingehend und intensiv zu beobachten und zu vergleichen. Noten haben für ihn gleichzeitig Schutzfunktion gegenüber Beschwerden seitens der Schüler, Eltern und Schulaufsicht.

5. Die Zensur ist ein adäquates Erziehungsmittel. Die Note weckt im Schüler Selbstvertrauen, gibt ihm Selbstbestätigung, dient ihm als Ansporn, fordert ihn zur intensiven Arbeit heraus und ist ein wichtiges Mittel der Leistungssteigerung.

6. Zensur und Zeugnis sind unersetzlich. Es gibt kein anderes Instrument, das als eindeutige Bescheinigung in geschriebener Form und von amtlichem Charakter gesellschaftlich anerkannt würde.

2.5. ZUSAMMENFASSUNG EINIGER WICHTIGER EMPIRISCHER FORSCHUNGSERGEBNISSE

Bereits 1899 hat Schreiber[188] von Untersuchungen eines russischen Arztes berichtet, der an Schülern während der Prüfungszeiten folgende Feststellungen treffen konnte:

79 % der beobachteten Schüler verloren an Körpergewicht zwischen $3^{1/2}$ und 5 Pfund.

11 % blieben sich im Gewicht gleich und

10 % zeigten unbedeutende Gewichtszunahmen.

Damit war ein erster Nachweis erbracht, daß schulischer Leistungsanspruch in der besonderen Stressituation von Prüfungen bei den betroffenen Schülern zu physischen Veränderungen führen kann.

Weitere Forschungsberichte von Medizinern bleiben in der einschlägigen erziehungswissenschaftlichen Literatur zu diesem Thema unerwähnt. Das mag einerseits an der Kluft zwischen Pädagogik und Medizin liegen, die fast ausschließlich auf dem Gebiet der Sonderpädagogik und der Leibeserziehung überbrückt wird, allgemein jedoch besteht, — andererseits daran, daß in stärkerem Maße psychologische und pädagogische Untersuchungen durchgeführt wurden, die in ihren Ergebnissen für die Schulwirklichkeit von erheblicher Bedeutung waren.

In diesem Kapitel werden einige wichtige Forschungsergebnisse ausgewählt und unter verschiedenen Gesichtspunkten dargestellt.

2.5.1. Fachspezifische Probleme, Klassen-, Schulstufen- und Schulartenzusammenhänge

2.5.1.1. *Einleitung*

Wenn nach den fachspezifischen Problemen des Zensierens gefragt wird, werden Bedeutsamkeit und Wertigkeit der Schulfächer auf dem Hintergrund der historischen Entwicklung, der Bildungskonzeption der gegenwärtigen Schule und des Bewußtseins der Lehrer analysiert. Dabei müssen wir erkennen, daß die Schulfächer nicht gleichwertig nebeneinander stehen, sondern unterschiedlich gewichtet werden, so daß Heinrich Roth von der „Aristokratie bestimmter Fächer" sprechen konnte und Wolf den „historischen Prestigekampf der Fächer", der sich in der unterschiedlichen Zensierungsstrenge auch heute noch zeigt, anprangert.[189]

Diese „Aristokratie" spiegelt sich wider in der Unterscheidung von Haupt- und Nebenfächern, von altsprachlichen und naturwissenschaftlichen und musischen Fächern und in der amtlicherseits vorgeschriebenen Wochenstundenzahl für die einzelnen Schulfächer. Sie wird bereits in der Grundschule wirksam, extrem bedeutungsvoll aber erst im Gymnasium.

Wir haben zu diesem Komplex vor kurzem eine empirische Untersuchung durchführen können. Ein erster Untersuchungsbericht wurde in diese Arbeit mit aufgenommen (vgl. Kap. 2.6.), weil unsere Ergebnisse mit den hier referierten eine sehr enge Verbindung eingehen. In diesem Zusammenhang verweisen wir besonders auf den Kommentar zur fachspezifischen Problematik (vgl. Kap. 2.6.5.1.).

2.5.1.2. *Fachspezifische Probleme*

Die Frage nach der unterschiedlich strengen Zensierung in verschiedenen Fächern hat die Erziehungswissenschaft besonders der Nachkriegszeit in Deutschland außerordentlich interessiert, so daß zu diesem Bereich eine große Anzahl empirisch abgesicherter Befunde vorliegt.

Julie Sander untersuchte die Frage nach der Gesetzmäßigkeit von Noten. Anhand des Zensurenmaterials eines Mädchengymnasiums in einer Großstadt kam sie zu folgender Rangfolge der Fächer aufgrund der Mittelwert- und Streuungsberechnungen:

I. Sprachen (Englisch, Französisch, Latein) und Mathematik wurden am strengsten beurteilt (Durchschnittsnote zwischen 3,20 und 3,49)

II. Deutsch (Durchschnittsnote 3,02)

III. Die Fächer Geschichte, Sozialkunde, Erdkunde, Physik, Chemie, Biologie wurden relativ milde benotet (Durchschnittsnoten zwischen 2,63 und 3,02)

IV. Die Fächer Kunst, Musik, Leibesübungen, Nadelarbeit, Religion wurden ausgesprochen milde beurteilt (Durchschnittsnoten zwischen 2,16 und 2,49) [190]

Rudolf Weiss konnte die Ergebnisse Sanders stützen. Er stellte in einem ersten Untersuchungsbericht fest, daß die unterschiedliche Bewertung der Fächer mit ihrer schulischen Gewichtung (Haupt-, Nebenfächer, Stundentafel usw.) in drei Gruppen wiederzufinden ist:

I. Deutsch, Mathematik und Sprachen
II. Geschichte, Erdkunde, Biologie, Geometrie
III. Zeichnen, Musik, Sport, Handarbeit

Bezogen auf die österreichischen Schulrichtlinien bedeutet das: „Die erste Gruppe umfaßt Gegenstände, aus denen Schularbeiten vorgeschrieben sind. — Die zweite Gruppe umfaßt Gegenstände, aus denen eine ungenügende Leistung eine Nachprüfung bzw. die Nichtversetzung zur Folge hat. — In die dritte Gruppe fallen Gegenstände, bei denen eine ungenügende Leistung keinerlei schulische Folgen nach sich zieht." [191]

In einem zweiten, sehr ausführlichen Forschungsbericht konnte Weiss nach der Strenge der Benotung nun folgende fünf Fächergruppen unterscheiden, wobei das Schulsystem in Österreich zu berücksichtigen ist und Weiss die Reihenfolge vertauschte:

„1. Leibesübungen, Religion, Handarbeit, Hauswirtschaft und Musik.

2. Bildnerische Erziehung, Schreiben, Äußere Form.

3. Naturgeschichte, Geographie, Geschichte, Geometr. Zeichnen, Physik, Chemie und Kurzschrift.

4. Deutsch, Mathematik und Englisch.

(5. Französisch, Latein und Griechisch bei Mittelschulen)." [192]

Entsprechend der Einteilung Julie Sanders, die an anderer Stelle ihrer Arbeit Fächer mit ähnlichen Zensurentendenzen in drei Gruppen zusammenfaßte[193], ordnete Weiss seine Fächergruppen folgendermaßen:

a) „Leistungsfächer" = Gruppen vier und fünf,

b) „Beteiligungsfächer" = Gruppe drei,

c) „Gestaltungsfächer" = Gruppen eins und zwei.[194]

Auch Hopp und Lienert [195] stellten die Häufigkeitsverteilungen von Gymnasialzensuren für die einzelnen Schulfächer fest und analysierten diese im Hinblick auf ihre fachspezifische Gewichtung. Ihre drei wichtigsten Ergebnisse:

1. Am mildesten wird das Fach Religion bewertet, am strengsten das Fach Latein.

2. Drei Gruppen lassen sich bilden:

I. Die *musischen Fächer* mit einer verhältnismäßig milden Durchschnittsbeurteilung.

II. Die *Nebenfächer*.

III. Die *Hauptfächer* (in der Reihenfolge: Deutsch, Mathematik, (Französisch), Englisch, Latein.

3. Von der Verteilung her ergibt sich:

   a) eine *linksschiefe* Verteilung (mehr gute als schlechte Zensuren) in den Fächern: Religion, Kunst, Turnen, Musik und Biologie,

   b) eine *rechtsschiefe* Verteilung (mehr schlechte als gute Zensuren) in den Fächern: Latein, Englisch, (Französisch), Mathematik und

   c) einer *Normalverteilung* am ehesten angeglichen sind die Fächer: Erdkunde, Physik, Geschichte.

Exemplarisch sei auch auf Untersuchungen hingewiesen, die sich mit der fachimmanenten Struktur der Zensierung in der Schule auseinandergesetzt haben.

Hans Bartel suchte Gesetzmäßigkeiten in der Zensierung des Faches *Mathematik* an Gymnasien für Jungen herauszufinden und kam zu folgenden Ergebnissen:

1. „Die Note sechs wird kaum gegeben, so daß wir eigentlich doch ein fünfstufiges System mit drei positiven, einer wertneutralen Durchschnittsnote und nur einer negativen Note haben."

2. „Die Note eins wird verhältnismäßig selten gegeben. Sie wird in allen Klassen mit einem wesentlich geringeren Prozentsatz gegeben, als es nach der Gauss'schen Verteilung sein müßte."

3. „Die Note zwei wird im allgemeinen zwei- bis dreimal so häufig gegeben wie die Note fünf."

4. „Die Note vier kommt fast durchweg häufiger vor als die Note drei." — Nach dem Notenerlaß soll die Note vier eigentlich wertneutral sein („Weder Lob noch Tadel"). — „Man darf aber nicht übersehen, daß sich die Note vier allmählich doch zu einer Art schwachem Durchschnitt ... zu entwickeln scheint." [196]

Der Österreicher Holzinger machte darauf aufmerksam, daß in der Mathematik Extremwerte, d. h. die sehr guten und die genügenden Leistungen am eindeutigsten erfaßt würden. Dagegen gelänge die Abgrenzung der Noten „gut" und „befriedigend" nur unzureichend, „weil ein Teil der Lehrer Leistungen, die an und für sich durchschnittlich sind, mit der Note ‚gut' beurteilt". [197]

Auch R. Falk konnte 1962 diese Feststellungen erhärten: „Die Lehrer sind ... bei extremen Schülerleistungen am besten in der Lage, ein den tatsächlichen Leistungen adäquates, d. h. ein objektives Urteil abzugeben. Der Grad der Objektivität nimmt dagegen auf mittlere Bereiche hin zusehends ab. Im Falle der Urteile mit der Bewertungskategorie 3 ist schließlich ein Stand erreicht, in dem kaum noch von objektiver Beurteilung gesprochen werden kann." [198]

In diesem Zusammenhang muß auch auf eine frühere Untersuchung hingewiesen werden, die im Ergebnis allgemein deutlich macht, daß Rangordnungsbemühungen zu unterschiedlicher Treffsicherheit gelangen: Der Finne Koskenniemi ließ eine Liste mit ebensoviel Rangplätzen, wie es Schüler in seiner Klasse gab, ausfüllen. Die Berechnung des durchschnittlichen Rangplatzes eines jeden Schülers ergab ein eindeutiges Resultat: „Besonders die Verteilung der allerersten und -letzten Plätze zeigt weitaus größere Treffsicherheit." [199] Eine Versuchswiederholung nach vielen Wochen zeigte, daß Rangplatzwechsel von Versuch eins zu Versuch zwei nur bei Schülern aus der breiten Mittelzone beobachtet werden konnten, während Anfangs- und Endplätze der Rangskala „im großen und ganzen unverändert geblieben" waren.[200]

2.5.1.2.1. Begründungsversuch für die unterschiedlich strenge Schulfachzensierung

„Es gibt zunächst Fächer, denen die Ziffernbenotung in besonderem Ausmaß inadäquat ist. Dazu gehören Religion und Fächer, in denen jede echte Leistung auch eine gute Leistung ist (Bildnerische Erziehung), sowie Fächer, in denen es mehr auf das freudige Mittun ankommt (Musik und evtl. auch Leibesübungen)." [201] In diesen Unterrichtsfächern läßt der Lehrer in der Regel die Notenskala auf vier oder sogar drei Notenstufen zusammenschrumpfen.

Da sich Unterschiede in der Handhabung des Benotungsmaßstabes zwischen den *relativ* streng bewerteten Fächern (Erdkunde, Biologie und Geschichte) und den *äußerst* streng benoteten (Mathematik, Deutsch und Sprachen) nicht erklären lassen, vermutet Weiss: „Vielleicht steht die Strenge des Benotungsmaßstabes in Zusammenhang mit der vermeintlich größeren Exaktheit der Erfassung der Schülerleistungen in diesen Fächern." [202] Jedenfalls läßt sich die Tendenz nachweisen, „daß die Fächer um so strenger zensiert werden, je mehr die Leistungen in schriftlichen Arbeiten überprüft werden, je mehr die Leistung quantifizierbar ist und/oder je stärker die verbalen Anforderungen hervortreten".[203] Und mit Weiss fügen wir hinzu: „Rot eingezeichnet sind Fehler zählbar, und dadurch gewinnt die Beurteilung in diesen Fächern einen Nimbus von Exaktheit, der den Fächern, in denen die Beurteilung von mündlichen Prüfungen abhängt, mangelt." [204]

Diese unterschiedlichen Beurteilungsmaßstäbe sind sachlich nicht einsehbar, denn es gibt keinen objektiven Maßstab zur Messung der Schweregrade von Schulfächern, so daß die These, es gäbe tatsächlich Unterschiede dieser Art, nicht zu beweisen ist.

„Was man auch immer für Gründe heranziehen mag, die sehr unterschiedlichen Maßstäbe in den Fächern lassen sich weder von den Lehrplänen noch von der Bedeutung der Disziplinen bei der rationalen Analyse der modernen Welt her befriedigend begründen." [205]

Zum Schluß muß noch auf einen besonders eklatanten Widerspruch hingewiesen werden, der mit dem bereits erörterten Problem der „Auslesefunktion" von Zensur und Zeugnis in Zusammenhang steht (vgl. Kap. 2.3.3.), wobei es auch um die Frage nach dem Verhältnis zwischen den schulischen Anforderungen und der Leistungsfähigkeit der Schüler geht. Es konnte festgestellt werden, daß während der Gymnasialzeit eine permanente und keineswegs zahlenmäßig geringe Selektion aller derjenigen Schüler stattfindet, die als leistungsmäßig schwach und „schuluntüchtig" in Erscheinung treten. Dieser Vorgang müßte — so sollte man annehmen — zu einem langsamen, aber ständigen Anstieg der Durchschnittszensuren aller übrigen Schüler führen, da jeweils die „schlechten" Schüler nicht das Klassenziel erreichen. In der Praxis tritt diese Entwicklung, wie wir gesehen haben, nicht ein. So bleibt eigentlich nur eine Antwort übrig, nämlich, „daß die Anforderungen in den Hauptfächern übermäßig ansteigen und die pädagogisch angemessene Relation zwischen Anforderungen und Leistungsfähigkeit durch ständige Maßstabsverschärfung verschlechtert wird".[206] — Ein Vorgang, der auch auf dem Hintergrund einer proklamierten Chancengleichheit nachdenklich stimmen sollte.

2.5.1.3. Klassenzusammenhänge

Die Basis für Aussagen über Klassenzusammenhänge oder -unterschiede in Verbindung mit der Zensierungsproblematik ist — empirisch gesehen — schmal.

Ernsthafte Zweifel wurden an der Vergleichbarkeit der Zensuren geäußert. Es gibt aber nur wenige Untersuchungen im deutschsprachigen Raum, die bei kleinen Stichproben jedoch erhebliche Zensurenunterschiede in verschiedenen Klassen bei gleicher Leistung feststellten.[207]

Ingenkamp ging dieser Frage nach und kam zu folgenden statistisch abgesicherten Ergebnissen:

1. „Die Lehrer orientieren sich bei der Zensurenvergabe am Leistungsniveau der jeweils unterrichteten Klasse. Notendefinitionen oder die Erinnerung an vorher unterrichtete Klassen reichen nicht aus, um einen klassenübergreifenden Maßstab zu sichern."

2. „Innerhalb *einer* Klasse werden die Schüler durch Lehrer und Tests in eine relativ übereinstimmende Rangordnung gebracht."

3. „In *verschiedenen* Klassen der gleichen Klassenstufe entsprechen der gleichen objektiv erfaßbaren Leistung aber ganz unterschiedliche Zensuren."

4. „Die Zensuren haben über den Rahmen einer Klasse hinaus überhaupt keinen Vergleichswert." [208]

Ingenkamp zeigt damit die Unterschiede der Beurteilungsmaßstäbe in
Parallelklassen auf (Nicht-Versetzung in der einen, Versetzung mit rela-
tiv guten Prädikaten in der anderen Klasse) und folgert daraus, „daß für
unser gesamtes schulisches Berechtigungswesen" — das ja von der
Vergleichbarkeit der Zensuren schlechthin ausgeht — „keine sachliche
Rechtfertigung besteht." [209]

2.5.1.4. *Schulstufenzusammenhänge*

Übereinstimmend werden in allen Schulstufen und Klassen sowohl in
den Kopfzensuren wie in den Fächern Religion, Musik, Leibesübungen
die durchschnittlich mildesten Zensuren erteilt. Dagegen ergeben sich
Schulstufenunterschiede in den Leistungs- und Hauptfächern. In der
Grundschule werden Rechnen und Muttersprachliche Bildung (unter besonderer Berücksichtigung der Rechtschreibleistungen), in der Sekun-
darstufe die Fremdsprachen, Mathematik und Deutsch fast immer am
strengsten bewertet.

Bei ihrer Untersuchung über die fachspezifischen Unterschiede der Zensierung in der Schule stellten Hopp und Lienert auch Unterschiede zwischen den Gymnasialzensuren der Unter- und Oberstufe fest.

Die Mittelstufe wurde einmal wegen der besonderen psychischen Kon-
stellation (Pubertät) der Schülerinnen und Schüler ausgeklammert, zum
anderen, um die Unterschiede deutlicher herausarbeiten zu können.

Im Vergleich zwischen Unter- und Oberstufe zeigten sich zwei gegen-
sätzliche Tendenzen:

a) Günstiger als in der Unterstufe — wenn auch nur geringfügig — fallen die Zensuren in der Oberstufe in folgenden Fächern aus: Religion,
musische Fächer, Erdkunde, Deutsch, Latein.

b) Genau umgekehrt ist das in den Fächern Sozialkunde, Biologie,
Physik, Mathematik und Englisch.[210]

Weiss kam längsschnittmäßig gesehen im Gegensatz zu Hopp und Lienert zu folgenden anderslautenden Ergebnissen, wobei offenbar regionale Unterschiede und ein anderes Schulsystem eine Rolle spielten:

Von der ersten bis zur vierten Schulstufe findet eine erhebliche Verschärfung des Zensurenmaßstabs statt.

Von der fünften bis zur achten Schulstufe sind die Veränderungen je
nach den Schultypen unterschiedlich:

a) In den *Volksschulen* wird fortlaufend milder zensiert.

b) In den *Hauptschulen* ist eine zunehmende Strenge des Maßstabs in
der sechsten bis siebten Schulstufe festzustellen, gefolgt von einer
deutlich milderen Benotung in der achten Schulstufe.

c) Eine fortlaufende Verschärfung der Maßstäbe muß in den österreichischen *Mittelschulen* festgestellt werden.[211]

2.5.1.5. Schulartenzusammenhänge

Es gibt nur wenige Untersuchungen, die sich mit den Zusammenhängen zwischen Zensurenniveau und Schultyp auseinandergesetzt haben.

Weiss wies nach, daß Zensuren in den verschiedenen Schultypen mit unterschiedlicher Strenge erteilt werden, so daß er sagen konnte: „Noten aus verschiedenen Schultypen sind daher nicht unmittelbar vergleichbar." [212]

Bei den Volksschuloberstufen ist eine Dreistufung zu erkennen:

a) Am mildesten wird in Volksschulen zensiert, die einzige Schule am Ort sind.

b) Strenger wird in städtischen Volksschulen zensiert, in denen es auch zweizügige Hauptschulen gibt.

c) Eine Mittelstellung nehmen die Hauptschulen ein. Hier wird im I. Zug teilweise milder als in der Volksschule, im II. Zug aber schärfer als in allen anderen Schulformen zensiert, so daß vom „Kontrasteffekt" gesprochen werden kann.[213]

Die Ergebnisse von Weiss, daß nämlich in Schularten mit geringeren Anforderungen strenger zensiert wird als in Schularten mit hohen Anforderungen, stehen im Widerspruch zu deutschen Untersuchungsbefunden. „Hier sind beim Übergang von der Grundschule zu verschiedenen Sekundarschultypen die sogenannten ‚Notenknicke' festgestellt worden, d. h. die Zensuren der auf das Gymnasium übergehenden Schüler verschlechtern sich, während die Hauptschüler gleiche oder bessere Zensuren erhalten." [214]

Dazu liegt ein Untersuchungsergebnis jüngsten Datums von Anton Faust vor, durch das nachgewiesen wird, daß nur wenige ehemalige Grundschüler nach nur einem halben Jahr Unterricht am Gymnasium ihre mitgebrachten Noten bestätigen können. Sehr viele Schüler „müssen einen Notensprung um eine oder sogar mehrere Stufen nach unten in Kauf nehmen, und nur eine verschwindende Anzahl kann sich in der weiterführenden Schule ... verbessern. ... Für die meisten Schüler und ihre Eltern sind also Notensprünge nach unten eine erste negative und meist deprimierende Erfahrung mit der neuen Schule".[215]

Schließlich gibt es begründete Hinweise auf ein „Nord-Süd-Gefälle" in der Strenge der Benotung von Abiturleistungen in den Bundesländern der Bundesrepublik Deutschland.[216]

2.5.2. Geschlechtsspezifische Probleme

2.5.2.1. *Einleitung*

Im folgenden Kapitel geht es darum, diejenigen Untersuchungsbefunde zu nennen, die zum Problem geschlechtsspezifischer Unterschiede des Zensierens in der Schule erhoben werden konnten.

Auch hier wird auf die Kommentierung unserer eigenen Untersuchungsergebnisse hingewiesen: „Zensurenunterschiede: Jungen — Mädchen" (vgl. Kap. 2.6.5.2.).

2.5.2.2. *Einige Untersuchungsergebnisse zum Problem geschlechtsspezifischer Zensierung*

Bei dem Vergleich von Schülerinnen- und Schülerzeugnissen kamen Therese Rank[217] und Rudolf Weiss[218] in unabhängigen Untersuchungen zu übereinstimmenden Ergebnissen: Mädchen werden sowohl in den Kopfzensuren als auch in (fast) allen Leistungsfächern durchschnittlich günstiger beurteilt als Jungen.

Ferdinand und Kiwitz kamen zu ähnlichen Ergebnissen, auf die an anderer Stelle kurz eingegangen wird (vgl. Kap. 2.6.).[219]

Auch Hopp und Lienert[220] gingen der geschlechtsspezifischen Komponente bei der Analyse der Häufigkeitsverteilung von Gymnasialzensuren nach und kamen diesbezüglich zu folgenden Aussagen: Mädchen werden in der Unterstufe des Gymnasiums wie auch in der Mittelstufe deutlich besser bewertet als Jungen. Allerdings zeigt sich auf der Oberstufe eine stärkere Angleichung der Zensurenverteilung zwischen Mädchen und Jungen.

Hopp und Lienert konkretisieren diese Ergebnisse, indem sie feststellen, daß die Häufigkeit der Schulnote „ausreichend" bei den Jungen fast immer um ein Mehrfaches über der Häufigkeit dieser Note bei den Mädchen liegt.[221]

Obwohl Mädchen bereits in der Grundschule bessere Durchschnittszensuren erhalten und diese Tendenz in den weiterführenden Schulen ebenfalls festzustellen ist, stellen Mädchen keinesfalls das Hauptkontingent der Schüler, die zu qualifizierter Ausbildung gelangen.

Mädchen sind bereits in den unteren Klassen der weiterführenden Schulen unterrepräsentiert (besonders in altsprachlichen Gymnasien). Obgleich sie in ihren Durchschnittszensuren stets besser sind als die Jungen, nimmt ihr Anteil im weiterführenden Bildungswesen von Stufe zu Stufe weiter ab.[222] So sind Mädchen schließlich zu Beginn des Studiums nur noch mit 26 % beteiligt; als Examenskandidatinnen sind sie mit 17 % total unterrepräsentiert.[223]

Werner Knoche konnte die älteren Befunde durch eine umfangreiche empirische Erhebung und seine Schlußfolgerungen wesentlich untermauern und ergänzen:

„Mit nur einer Ausnahme (Physik in der Mittelstufe) erzielen die Mädchen in allen Schulstufen, also in der Unter- und in der Mittelstufe, in der Oberstufe des neusprachlichen und des mathematisch-naturwissenschaftlichen Gymnasiums, entweder jeweils in einer Reihe von Unterrichtsfächern signifikant bessere Zeugnisnoten als die Jungen oder gleichgute wie diese. Zu den Fächern, in denen die Mädchen im Spiegel der Zeugnisnoten einen größeren Schulerfolg aufweisen als die Jungen, gehören bis zur Oberstufe auch weitgehend die Kernfächer, unter ihnen besonders die Fächer Deutsch sowie 1. und 2. Fremdsprache." [224]

Die geschlechtsspezifischen Unterschiede kommen auch bei den Versetzungsentscheiden zum Tragen. Knoche konnte feststellen, daß signifikant mehr Jungen das Klassenziel nicht erreichen als Mädchen. Dieses Phänomen tritt besonders in Koedukationsschulen auf, hier werden prozentual weniger Mädchen nicht versetzt.

2.5.2.3. Begründungsversuch

Wie wir gesehen haben wurde mehrfach nachgewiesen, daß Mädchen durchschnittlich die besseren Schulnoten erbringen, obwohl Unterschiede zwischen den Geschlechtern in der allgemeinen intellektuellen „Ausstattung" bisher nicht nachgewiesen werden konnten.[225] Mädchen erbringen bei der objektiven Nachprüfung mit standardisierten Schulleistungstests auch keine signifikant besseren Ergebnisse als Jungen.[226]

Da Intelligenzunterschiede und Unterschiede der allgemeinen Schulleistungsfähigkeit aufgrund der vorliegenden Resultate, die mit Hilfe objektivierter Meßverfahren erzielt werden konnten, ausgeschlossen werden können, muß nach anderen Ursachen der unterschiedlich strengen Benotung von Mädchen und Jungen in der Schule gesucht werden.

Therese Rank meint, „daß sich die Mädchen im Ganzen gesehen erfolgreicher den äußeren Bedingungen der Schule anpassen und sich gewandter umstellen" und auf neue Situationen einstellen können.[227] Rudolf Weiss ergänzt, indem er sagt, daß die günstigere Bewertung der Mädchen auch durch ihre Gutwilligkeit, ihre geringe Tendenz zur Auflehnung und zu Disziplinlosigkeit mitbedingt sein kann, die als „Halo-Effekt" die Leistungsbeurteilung beeinflussen.[228]

Weiter werden größerer Fleiß, stärkere Lernmotivation, höhere Ausdauer und Zuverlässigkeit als die ursächlichen Aspekte der Zensierungsunterschiede genannt.

Damit wird der „Halo-Effekt" angesprochen, von dem wir dann sprechen, wenn bei einer Beurteilung eine ungerechtfertigte Übertragung und Ausstrahlung von einem Bereich der Persönlichkeit auf andere Bereiche stattfindet. — Beispielsweise wird eine Schülerin, die auf einen Lehrer im allgemeinen einen guten Eindruck macht, auch unter objektiv anderen Gegebenheiten oder hinsichtlich spezifischer Merkmale in der Regel von diesem günstig beurteilt werden.

Aebli hat dazu weitere schulrelevante Beispiele veröffentlicht und festgestellt, daß sauber geschriebene und dargestellte Aufgaben wesentlich günstiger beurteilt werden als unsauber geschriebene und daß saubere, gepflegte, schöne, ordentliche und gehorsame Kinder meistens für intelligenter gehalten werden als unordentliche, störrische und schwierige Schüler.[229]

Werner Knoche [230] brachte die von ihm belegte Tatsache, daß Mädchen besonders im sprachlichen Fächerbereich (Deutsch und Fremdsprachen) bessere Schulzensuren erhalten als Jungen, mit testpsychologischen Untersuchungen Meilis in Verbindung. Dieser meinte nämlich feststellen zu können, daß Mädchen bei sprachlichen Testaufgaben Jungen leistungsmäßig überlegen sind, was sich bereits sehr früh bei der größeren Schnelligkeit der sprachlichen Entwicklung im Kleinkindalter zeige.[231]

Wir müssen aber auch in Betracht ziehen, daß Mädchen möglicherweise primär aufgrund gesellschaftlich-kultureller Normen auf manchen Gebieten ständig und durchgängig begünstigt werden. Da Höflichkeitskonventionen und Umgangsformen geschlechtsspezifisch ausgeprägt sind, werden diese auch als soziale Mechanismen in der Schule und im Verhältnis Lehrer—Schüler wirksam, wobei Mädchen eher profitieren als Jungen.

2.5.3. Schichtenspezifische Zusammenhänge

2.5.3.1. *Einleitung*

In einer kürzlich erschienenen Studie werden die Erwartungen, die grundsätzlich an ein modernes Schulwesen geknüpft werden, mit drei Begriffen umrissen:

1. Liberalisierung des Schulbesuchs,
2. Sozialisierung des Schulbesuchs und
3. Effektualisierung des Schulbesuchs.[232]

Diese drei *Reformtendenzen*, die sich gegenseitig ergänzen und wechselseitig begrenzen, treffen bei schulorganisatorischen Grundsatzentscheidungen mit unterschiedlicher Härte aufeinander.

Unter der Tendenz zur *Liberalisierung* des Schulbesuchs verstehen wir, daß dem „Tüchtigen" die Bahn freigegeben wird. „Tüchtig in diesem Verständnis ist, wer unter den bestehenden Bedingungen überdurchschnittliche schulische Leistungen zeigt. Er soll durch weniger Leistende nicht gehemmt werden, sondern im Wettbewerb mit Gleichartigen möglichst weit kommen können. Wie hoch er seine Forderungen an sich selbst schraubt, ob er scheitert oder durchkommt, das wird als sein eigenes und seiner Eltern Risiko angesehen, das ihm Lehrer und Staat nur unter Einschränkung der Freiheit verringern können." [233]

Unter der Tendenz zur *Sozialisierung* des Schulbesuchs versteht man die vielfältigen Forderungen, die im Hinblick auf den möglichen Ausgleich der Wettbewerbsnachteile gesellschaftlich unterprivilegierter Gruppen erhoben werden. „Die Kinder der Unterschicht sollen annähernd gleiche Ausbildungschancen erhalten wie die Kinder der Mittelschicht, Landkinder sollen Stadtkindern, katholische evangelischen Kindern, Mädchen Jungen gleichgestellt werden." [234]

Unter der Tendenz zur *Effektualisierung* des Schulbesuchs sind Überlegungen und Bestrebungen zu verstehen, die in unmittelbarem Zusammenhang mit den gegenwärtigen und zukünftigen wirtschaftlichen Wettbewerbschancen der Gesellschaft stehen. „Ausgangspunkt sind Beobachtungen, die dafür sprechen, daß für einen modernen Industriestaat sowohl ein steigendes Durchschnittsniveau der Schulbildung aller als auch ein Mehr an Absolventen mit besonderer Qualifikation lebensnotwendig ist." [235]

Wie bedeutsam bei diesen Tendenzen die schichtenrelevanten Fragen sind, wird deutlich, wenn festgestellt wird,

— daß Kinder der bildungsbewußten Mittelklasse in weiterführenden Schulen überrepräsentiert sind [236],

— daß Mittelschichteltern zur Schule weit engeren Kontakt halten als Unterschichteltern [237],

— daß Unterschichteltern dem Wagnis langfristiger Ausbildungsplanung unsicher gegenüberstehen [238],

— daß Schichtenunterschiede auch mit milieubedingten Sprachunterschieden einhergehen, die Schulsprache aber die Sprache der Mittelschicht ist [239],

— daß die Zahl der sich nicht qualifizierenden bundesdeutschen Schulkinder und die sehr kleine Zahl der hierzulande Studierenden eng mit den selektiven Faktoren eines unterschicht-feindlichen, vertikal gegliederten und traditionell belasteten Schulwesens zusammenhängen. [240]

Diese Feststellungen machen deutlich, daß Zensur und Zeugnis ein wichtiges Instrumentarium im schullaufbahnlenkenden Ausleseprozeß sind (vgl. auch Kap. 2.3.3.). Jedenfalls haben die bisher praktizierten Prüfungs-, Bewertungs- und Beurteilungsverfahren (gestützt durch überkommene Lehrpläne und eine antiquierte Schulorganisation) schichtenspezifische Selektion zugunsten der gehobenen Schichten und zum Nachteil der Unterschicht-Kinder ermöglicht und gestützt.

2.5.3.2. Ausgewählte Untersuchungsergebnisse

Wie früh schichtenspezifische Ausprägungen bei der Frage der Schullaufbahn von Kindern zum Tragen kommen, wurde von Kob [241] und von Loerke und Gebauer [242] nachgewiesen. Sie konnten anhand ihrer Interviews feststellen, daß die Entscheidung, welches Schulziel Kinder einmal erreichen sollen, sehr früh gefällt wird, so daß man sagen kann: Der späteren Auslesefunktion der Schule geht die „Vorauslese" durch die Eltern voraus.

1. Die Entscheidung für das Gymnasium fällt in der Regel sehr früh: Bei 60 % der Eltern *vor* Schulbeginn bzw. in der ersten Grundschulklasse; bei 30 % der Eltern spätestens bis zur 4. Grundschulklasse.

2. Die Zahl der unentschiedenen Eltern (im Hinblick auf den Besuch weiterführender Schulen) ist am größten in der Unterschicht und in reinen Arbeiterwohngebieten.

3. Arbeitereltern sind in hohem Maße uninformiert über Bildungsmöglichkeiten für ihre Kinder an weiterführenden Schulen.
   Für Eltern der Unterschicht, die ihre Kinder zu weiterführenden Schulen schicken wollen, ist „höhere Bildung" primär ein Mittel, einer als hart, unschön, ja häufig sogar unerträglich empfundenen Situation entrinnen zu können.

4. Bei den Mittelschichteltern stehen die Familientradition und die Berufschancen an erster Stelle bei ihrer Entscheidung für den Übergang ihrer Kinder zu weiterführenden Schulen. Sie identifizieren sich hier weitgehend mit den gymnasialen Bildungsvorstellungen der Persönlichkeitsentfaltung und mit den kulturellen Werten, die dort vermittelt werden.

So ist zu verstehen, daß dort (in den oberen sozialen Schichten), wo eine sehr frühe Entscheidung für eine hohe Qualität der schulischen Ausbildung im Hinblick auf große Berufschancen (meist akademischer Ausprägung) getroffen wird, frühe Förderung des Kindes einsetzt. Oder anders ausgedrückt: Hoher sozialer Status der Eltern steht in positiver Korrelation zur intensiven, bewußten, leistungsorientierten und zielgerichteten Förderung der Kinder bereits *vor* der regulären Schulzeit.

Der Schulerfolg steht in positiver Korrelation mit der Höhe des sozialen Status der Eltern. Dieser Zusammenhang wird bereits bei Schulreifeuntersuchungen sichtbar und wurde als Sachverhalt erstmals in der Bundesrepublik von Peter Brand [243] analysiert und auch von W. Cordt und K. Walter [244] nachgewiesen: Danach nimmt die Zahl der schulunreifen Kinder von ca. 3 % in der Oberschicht bis zu ca. 23 % in der Unterschicht zu. Berücksichtigt man die bedingt für schulreif erklärten Kinder nicht, so werden 92 % der Oberschicht-Kinder, aber nur 59 % der Unterschicht-Kinder für uneingeschränkt schulfähig erklärt.

Weiter darf als hinlänglich untermauert gelten:

1. Die Chancen eines Kindes aus der Unterschicht, die höhere Schule erfolgreich zu durchlaufen, sind allgemein geringer als die der Kinder aus den gehobenen sozialen Schichten.[245]

2. Die begründete These, dieses sei auf ihre bei vergleichbarer Intelligenz geringere verbale Leistungsfähigkeit zurückzuführen, konnte bisher nicht eindeutig belegt werden.[246]

3. Auch ohne zu versagen brechen Kinder der Unterschicht den Besuch weiterführender Schulen häufiger ab.[247]
   Nach ein- oder zweimaligem Sitzenbleiben verlassen sie signifikant häufiger die Schule als Kinder der gehobenen Schichten.[248]

4. Eltern der Unterschicht sind selten bereit bzw. sind kaum in der Lage, Nachhilfestunden erteilen zu lassen.[249]

5. Sozialschicht und Leistungsstreben hängen miteinander zusammen:

   a) So findet sich ein signifikant größerer Anteil von Schülern, die als „aktivisch", „individualistisch", „zukunftsorientiert" und „leistungsbewußt" bezeichnet werden können, in den oberen sozialen Schichten.[250]

   b) Heckhausen ergänzt und stellt anhand seiner Untersuchungsmaterialien fest,

   — daß Schüler mit hoher Leistungsmotivation bessere Schulleistungen erzielen als Schüler mit geringer Leistungsmotivation,

   — daß Schüler mit zukunftsorientierten und auf die individuelle Tüchtigkeit vertrauenden Wertorientierungen erheblich häufiger den Wunsch haben, weiterführende Schulen zu besuchen,

   — daß sowohl diese Wertorientierungen als auch intensives Leistungsstreben in der Mittelschicht häufiger zu finden sind als in der Unterschicht,

   — daß die wenigen Schüler, die ein akademisches Studium anstreben oder sehr gute Schulleistungen aufweisen, sich offensichtlich in ihren Wertorientierungen und in ihrem Leistungsstreben den Normen der Mittelschicht angepaßt haben.[251]

Hitpass konnte ebenfalls anhand umfangreichen Untersuchungsmaterials nachweisen, „daß sich die Schüler der einzelnen Bevölkerungsschichten hinsichtlich ihrer Begabung — zumindest im überdurchschnittlichen Bereich — nicht nennenswert voneinander unterscheiden. Von hier aus läßt sich folgern, daß die Startchancen — von den Leistungsdispositionen her gesehen — bei den Schülern aller Herkunftsschichten in etwa gleich sind. Aus diesem Ergebnis dürfte die Hypothese hergeleitet werden, daß sich dann auch die Erfolgsquote (Erlangung der Hochschulreife) gleichmäßig verteilen müßte."[252]

Tatsächlich aber bewirkt der schulische Selektionsprozeß eine totale Verschiebung:

1. Kinder von Rentnern und vaterlose Kinder werden total ausgeschieden.

2. Am erfolgreichsten sind die Oberschicht-Kinder; sie können ihren Prozentanteil gegenüber ihrem ursprünglichen Bestand (Sexta) fast verdoppeln (Abitur).

3. Nach neun Schuljahren ist der Anteil der Arbeiterkinder rapide zurückgegangen.[253]

Hitpass faßte die Ergebnisse seiner Untersuchungen zusammen:

1. „Je höher der soziale Status der Väter ist, desto größer ist die Wahrscheinlichkeit des Erfolgs ihrer Kinder auf dem Gymnasium et vice versa."

2. „Die ursprünglich heterogene Zusammensetzung des Anfangsjahrganges verschiebt sich im Verlaufe von elf Schuljahren (neun Normalschuljahre und Berücksichtigung von zwei ‚Nachholschuljahren', Anm. des Verf.) zur Homogenität von Oberschichten-Schülern."
Die Oberschicht (= ca. 7 % der Gesamtbevölkerung) stellt 53 % der Abiturienten. Dagegen stellen die Unterschicht und die untere Mittelschicht nur 20 % der Abiturienten.

3. Da sich von den Noten der Aufnahmeprüfung her überhaupt kein zuverlässiger Schluß auf den späteren Schulerfolg ziehen läßt, muß die Forderung erhoben werden, „daß das in Schulnoten zum Ausdruck gelangende Urteil über die Oberschuleignung, welches auf den Ergebnissen einer nach willkürlichen Maßstäben gestalteten Aufnahmeprüfung basiert, verworfen werden muß".[254]

Die bisher genannten Gründe und Forschungsergebnisse haben im wesentlichen indirekt zum Problem „Zensur und Zeugnis" Stellung genommen. Wenn wir versuchen, einen direkten Zusammenhang herzustellen, so muß gesagt werden: Je niedriger der familiär geprägte Sozialstatus eines Schülers ist, je niedriger seine Herkunftsschicht ist, der er entstammt und in der er lebt, desto geringer ist seine Chance, in der Schule gute Zensuren und Zeugnisnoten zu erlangen, also bei Leistungsüberprüfungen gut abzuschneiden.

Brombach, Merseburg, Schulz und Seelig konnten diese allgemeine Aussage statistisch absichern und sagen, „daß die Schülergruppen mit höherem Sozialstatus im Schnitt auch höhere Leistungen und auch bessere Zensuren" erzielen konnten.[255]

Diese Tatsache konnte von uns in der eigenen empirischen Erhebung ebenfalls transparent gemacht werden (vgl. Kap. 2.6.5.3.).

2.5.3.3. Ausblick

Wenn wir als hervorragende Voraussetzungen für die geistige Entwicklung eines Kindes in Anlehnung an Havighurst [256] nennen:

1. eine anreizende häusliche und soziale Umgebung, die Kinder anregt zu lernen und sich des Lerngewinns zu erfreuen,

2. Personen, die sich bindungsbereit zeigen und dem Kind lebendige Beispiele für ausgeprägtes Interesse, Aufgeschlossenheit, geistige Regsamkeit und leistungsbewußtes Handeln geben können,

3. familiäre Gewohnheiten, die das unter 1. und 2. Gesagte verstärken, stützen und sichern,

dann stellt sich die Frage, inwiefern die Schule auf solche fehlenden, frühen und sozialen Einflüsse reagieren muß.

Havighurst ist davon überzeugt, daß auch die Schulen in der Lage sind, stimulierend, unterstützend und ausgleichend auf Kinder mit Erlebnis-, Anregungs- und Lerndefiziten einzuwirken. „Wenn die grundlegenden Annahmen, auf denen diese Ausführungen beruhen, richtig sind, ist das Wecken von Talenten in einer Gesellschaft mehr eine Angelegenheit des Schaffens von besseren Bedingungen für die Entwicklung und Entdekkung von Talenten als eine Suche nach einer relativ kleinen Zahl von Menschen mit . . . hoher Fähigkeit." [257]

Nehmen wir diese Aussagen ernst,

— dann müssen wir alles tun, um solche Einflüsse gerade für die Kinder unterprivilegierter Schichten bereitzuhalten und wirksam einzusetzen,

— dann gilt es „Chancengleichheit" spätestens in der Schule zu konkretisieren,

— dann ist das aber gleichzeitig auch eine dringliche Frage an unser bestehendes Schulsystem und sein immanentes Bewertungs- und Beurteilungssystem,

— dann müssen neue Perspektiven auf dem Hintergrund notwendiger gesellschaftlicher Strukturveränderungen auch für schulische Sozialisation und Erziehung aufgezeigt und einsichtig gemacht werden.

Wie schwierig solche Konkretion ist, zeigt die bildungspolitische Diskussion in der Bundesrepublik Deutschland (gerade auch in der „Gesamtschulfrage") nur allzu deutlich.

2.5.4. Der prognostische Wert von Zensur und Zeugnis

2.5.4.1. Einleitung

Da — wie Schelsky soziologisch untermauerte — eine Funktion der Schule die ist, durch Schulbildung alle möglichen Aufstiegschancen zu wahren, muß sich der Unterricht wesentlich auf spätere berufliche Leistungen richten. Und Schelsky fährt fort: „Von hier aus ergeben sich entscheidende Zwiespalte und Spannungen, in denen heute Schule und Lehrerschaft genau so wie Jugend und Elternschaft stehen." [258]

Verfolgen wir nämlich die Untersuchungen, die sich mit dem prognostischen Wert von Schulnoten und Zeugnissen befaßt haben, so können wir feststellen, daß dieser Wert sehr gering ist.

2.5.4.2. Einige ausgewählte Untersuchungsergebnisse

Schon Just und seine Schüler hatten 1934, 1936, 1939 und 1940 festgestellt [259], daß die besten Abiturienten sich vor allem dem Beruf des Studienrats zuwandten. Daraus folgerten sie, daß die Schule — und in besonderer Weise das Gymnasium — dem Typ des zukünftigen Studienrats ganz besonders entspreche.

Dieser Befund konnte von Orlik 1967 insofern bestätigt werden, als er anhand seiner methodisch kompliziert erstellten Zeugnisprofile der Frage nachging, ob sich aus dem Reifezeugnis Voraussagen von einiger Wahrscheinlichkeit auf den Studienerfolg machen lassen, und dabei zu dem Ergebnis kam, daß die höhere Schule den praktischen Berufen (z. B. Arzt und Richter) nicht gerecht werde, sondern den künftigen Studienrat eindeutig bevorzuge.[260]

Orlik konnte nur in denjenigen Disziplinen ausgeprägte Zusammenhänge feststellen, die dem Schulpensum am nächsten stehen, dagegen gar keine Zusammenhänge finden zwischen Reifeprüfungsleistungen und gutem Medizinexamen.

In diesem Zusammenhang sei eine Aussage zitiert, die Udo Undeutsch 1963 auf der Arbeitstagung „Pädagogische Forschung und Erziehung" in Berlin gemacht hat: „Kein Zweifel: die höheren Schulen sind Philologenanstalten!" [261]

Weingardt ging ebenfalls dieser Frage nach und resümierte: „Alle vorliegenden Untersuchungen bestätigen, daß die Ergebnisse der Reifeprüfung keine ausreichend verläßliche Grundlage für eine Prognose des Ergebnisses wissenschaftlicher Prüfungen abgeben." [262] Als Ursachen nannte er:

1. die Relativität der auf den Klassendurchschnitt bezogenen Zeugnisnoten und

2. die allgemeinen Schwächen unseres Bildungswesens.

Aber nicht nur auf dieser Ebene unseres Bildungswesens müssen wir von dem Mangel an prognostischer Aussagefähigkeit unserer Zeugnisse sprechen, es wurden auch auf anderen Schulstufen entsprechende Untersuchungsergebnisse erzielt:

So wurde die prognostische Untauglichkeit von Zeugnisnoten der 4. Klasse für den Erfolg an höheren Schulen festgestellt (vgl. auch Kap. 2.5.3.2.).

In diesem Zusammenhang betont Hitpass die „differenzierende Kraft des zur Auslese am besten geeigneten psychologischen Prüfverfahrens" und nennt die Schultests, weil bei ihrer Anwendung deutlich wird, „daß die standardisierte, vom Schulwissen unabhängige Prüfung von Fähigkeiten mit großer Klarheit eine Scheidung in Erfolgreiche und Versager vorzunehmen weiß".[263]

Allerdings müsse hier — so Hitpass — der große instrumentelle, personelle und zeitliche Aufwand berücksichtigt werden.

Udo Undeutsch sekundierte 1969, da er eine erhebliche prognostische Überlegenheit psychometrischer Verfahren herausfand, sofern diese von Psychologen angewendet wurden.[264]

Hitpass war zu diesem Ergebnis gekommen, als er der Frage nachging, wie groß der prognostische Wert der Tests und Aufnahmeprüfungen im Hinblick auf das gymnasiale Endziel, das Abitur, ist.

1956 hatte er 198 Sextaner einer Industriegroßstadt *nach* Bestehen der schulischen Aufnahmeprüfungen einer umfangreichen psychologischen Begabungs- und Eignungsprüfung unterzogen (durchschnittliche Dauer pro Sextaner: 7 Stunden!).[265]

Der Auslesewert der Aufnahmeprüfung wird bestimmt durch die Richtigkeit ihres Urteils im Hinblick auf den späteren Schulerfolg der Kandidaten. Die Ausgelesenen — so sollte man meinen — sind auch die Geeigneten.

Hitpass untersuchte den Anteil von versagenden Oberschülern, wobei er als „Versager" nannte:

a) Schüler, die das Klassenziel nicht erreichten,

b) Schüler, die die weiterführende Schule wieder verlassen mußten.[266]

Er stellte fest:

1. Bereits nach einem Jahr haben sich durchschnittlich 25 % der durch die bestandene Aufnahmeprüfung ausgesprochenen Urteile als nicht richtig erwiesen.

2. Nach drei Jahren sind es bereits 50 % der Fälle, die unzutreffend beurteilt wurden.

3. Nach neun Jahren — also beim Abitur — waren es nur 14 % der Schüler, die Hitpass beobachtet hatte, die regelmäßig versetzt worden waren.

Ein Prüfverfahren, das eine derart hohe Zahl von Fehlprognosen stellt, kann keinen Anspruch auf Zuverlässigkeit erheben.

Dagegen konnte Hitpass in seiner Längsschnittuntersuchung deutlich herausarbeiten, daß alle diejenigen Schüler, die im Test-Verfahren nach der Aufnahmeprüfung als „unterdurchschnittlich begabt" klassifiziert worden waren, das angestrebte Ziel „Abitur" nicht erreichten, „während 95 % aller als ,überdurchschnittlich begabt' eingestuften Sextaner das Zeugnis der Reife zugesprochen bekamen".[267]

Wenn es auch keine Aufnahmeprüfungen in der von Hitpass geschilderten Form mehr gibt und Übergangs- und Ausleseverfahren wesentlich modifiziert wurden, so dürfen wir nicht zu optimistisch sein und meinen, Fehlurteile seien damit ebenfalls kaum mehr möglich. Bedingt durch die relativ hohe Quote der „Sitzenbleiber" und „Abgänger" in den weiterführenden Schulen und die von Klein analysierte Zeugnisentwicklung im Laufe der Schulzeit — etwa ein Drittel der Schüler wechselt im Laufe der Schulzeit von der guten Zeugnisseite auf die schlechte, ein anderes Drittel von der schlechten auf die gute über[268] — sollten wir skeptisch bleiben.

2.5.4.3. *Schlußbetrachtung*

Bei der Analyse der vorliegenden Untersuchungsergebnisse zum Wert prognostischer Aussagen, die durch Zensur und Zeugnis gemacht werden sollen, stellen wir fest, daß dieses Instrumentarium durchgängig ungeeignet ist und dem Anspruch, zu gültigen Voraussagen kommen zu können, nicht genügt.

Wenn selbst innerhalb des schulischen Ausbildungssystems (Grundschule — weiterführende Schulen — Hochschule) mit doch immerhin ähnlichen Systembedingungen kaum vom prognostischen Wert der schulischen Leistungsbeurteilung gesprochen werden kann, wie wenig — so dürfen wir fragen — werden dann wohl bescheinigte Schulleistungen dazu tauglich sein, Leistungsfähigkeit über die Grenze dieses Systems hinaus zu prognostizieren?

Bei den bisher referierten Fehlerquellen des schulinternen Prüfungs- und Benotungsverfahrens überrascht der geringe Wert schulischer Prognosen kaum. „Das hat zur Folge, daß bei der gegenwärtigen Praxis das vorhandene Begabungspotential zu einem erheblichen Teil nicht erkannt oder der inadäquaten schulischen Förderung zugeleitet wird."[269]

Im Sinne von Schelsky käme die Schule ihrer Funktion, auch im Hinblick auf spätere Berufsleistungen wirksam zu werden, wohl nur bei größerem als dem angetroffenen prognostischen Aussagewert von Zeugnis und Zensur nach, ohne daß damit die Entfaltungsmöglichkeit und Entwicklungsfähigkeit der Schüler irgendwie eingeschränkt werden sollten.

2.5.5. Subjektive Fehlerquellen

2.5.5.1. *Einleitung*

Sowohl für das Individuum als auch für die Gesellschaft sollen Zensur und Zeugnis eine Funktion ausüben. Deshalb müssen an beide hohe Ansprüche im Hinblick auf Objektivität, Gültigkeit und Zuverlässigkeit der Aussagen gestellt werden. Da die Erfassung des Schülerverhaltens aber in nicht geringem Maße subjektiven Einflüssen unterworfen ist, schwanken die Beurteilungskriterien von Lehrer zu Lehrer, von Klasse zu Klasse und von Schule zu Schule. Damit werden Leistungsfeststellungen höchst angreifbar. Wie außerordentlich gering der objektive Gehalt von Zensuren und Zeugnissen ist, zeigen die nachfolgend referierten Untersuchungsergebnisse.

2.5.5.2. *Einige ausgewählte Untersuchungsergebnisse*

2.5.5.2.1. Typologischer Ordnungsversuch

Die subjektive und individuell unterschiedliche Art und Weise des Zustandekommens eines Urteils hat H. Voigt untersucht. Ihm war aufgefallen, daß besonders beim Klassenlehrerwechsel milde und strenge Benotung verschiedener Lehrer offensichtlich wurde. Voigt hat deshalb eine Anzahl von Lehrern in ihrer Art der Zensurengebung untersucht und erstellte — allerdings ohne Anspruch auf erschöpfende Systematik — eine Beschreibung dreier Lehrertypen:

I. „der Typ des sehr vorsichtigen Abwägens beim Zensieren mit der Neigung, nur ungern mangelhafte Noten zu geben. Auffällig dabei das Fehlen von Extremzensuren und das Zusammendrängen in der Mitte."

II. „der Typ des äußerst scharfen Kritikers mit bisweilen mangelhafter Beurteilungsfähigkeit dessen, was man verlangen kann; anscheinend auch etwas durch Affekt regiert."

III. „der Typ des großzügigen Beurteilers mit guter psychologischer Einstellungsfähigkeit auf den Schüler." [270]

Auch E. Lehmann kam, nachdem er Schüleraufsätze „von mittlerer Güte" an Lehrer mit der Bitte um Beurteilung geschickt hatte und die Ergebnisse ausgewertet hatte, zu folgender Klassifikation der beurteilenden Lehrer:

I. Hochbewerter,
II. Tiefbeurteiler,
III. Mittelbewerter und
IV. Extrembewerter.[271]

Ob eine solche „Typologisierung" in unserem Zusammenhang hilfreiche Ordnungskriterien bietet, ist fraglich.

Sicherlich wird durch diese Ergebnisse der allgemeine Erkenntnisstand erweitert. Andererseits haben Typologisierungen — wie das in der psychologischen Konstitutionslehre der Fall ist — leicht zu *fixierenden* Feststellungen geführt. In unserem Zusammenhang kommt es aber darauf an, die Probleme subjektiver Ursachen in der schulischen Leistungsbeurteilung in ihrer vielschichtigen dynamischen Ausprägung zu erkennen.

2.5.5.2.2. Subjektiv bedingte Beurteilungsunterschiede bei der Zensierung von Schülerarbeiten

Subjektiv bedingte Beurteilungsunterschiede bei der Zensierung von Schülerarbeiten interessierten schon relativ früh die Psychologie und Erziehungswissenschaft.

Bereits 1913 veröffentlichte Grey ein Ergebnis, zu dem er aufgrund des Studiums sämtlicher Noten an zehn großen Schulen (High Schools) in Chikago und Indiana gekommen war, und mußte feststellen, daß die im Notenbild eines Schülers auftauchenden Unterschiede zum größten Teil abhängig sind von der subjektiven und schwankenden Notengebung der Lehrer.[272]

Lämmermann ließ über 100 Aufsätze von acht Lehrern, denen die Verfasser der Arbeiten unbekannt waren, unabhängig voneinander benoten. Es zeigten sich große Differenzen, die soweit reichten, daß ein Fünftel der Aufsätze um zwei bis zweieinhalb Zensurenstufen verschieden beurteilt wurden.[273]

Döring gelangte bei ähnlichen (unabhängig von Lämmermann durchgeführten) Versuchen — gleiche Schülerarbeiten wurden von 18 Lehrern beurteilt — zu noch gravierenderen Ergebnissen: Ein Aufsatz, von einem Lehrer mit den Noten eins oder zwei beurteilt, wurde von einem anderen Lehrer mit den Noten vier oder fünf bewertet. Auch eine aufzustellende Rangordnung der Schüler wechselte von Lehrer zu Lehrer entschieden. Bei den Beurteilungen zeigte sich, daß eine Gruppe mehr die Gesamtleistung des Schülers im Auge hatte, während eine andere mehr die Fehlerzahl bei der Begutachtung beachtete.

Döring folgerte daraus, daß „eine gerechte Zensierung kindlicher Leistung unmöglich ist und daß die Lehrerschaft sich dessen mehr oder weniger auch deutlich bewußt ist".[274]

Rudolf Weiss konnte bei einem viele Jahre später durchgeführten ähnlichen Versuch feststellen, daß sich die Lehrer „bei der Beurteilung der Rechtschreibung relativ sicher fühlten und daher die Notenskala ausschöpften, während im Stil und im Inhalt die eigene Subjektivität stärker eingesehen und daher milder klassifiziert wird." Und er meinte, daß möglicherweise grundsätzliche Bedenken bestünden, „ ‚Stil' und ‚Inhalt' ziffernmäßig zu erfassen".[275]

Eells ließ dieselben Schülerarbeiten in einigem zeitlichen Abstand zweimal durch dieselben Lehrer beurteilen. Die Entsprechung zwischen der ersten und der zweiten Bewertung war bemerkenswert gering, so daß er zusammenfassend äußerte: Die gleichen Beurteiler benoten die gleiche Arbeit auch zu verschiedenen Zeitpunkten höchst unterschiedlich.[276] Die in diesem Zusammenhang wohl bekannteste Untersuchung der Nachkriegszeit führte Robert Ulshöfer durch.[277]

Ulshöfer hatte einen Deutschaufsatz, der von einem Schüler während einer Reifeprüfung tatsächlich verfaßt worden war, ausgewählt und in einer Zeitschrift mit der Bitte um Begutachtung und begründeten Zensurenvorschlag veröffentlicht. Aus neun Bundesländern sandten die Gutachter ihre Stellungnahmen ein.

Das Ergebnis war eindrucksvoll und gab zu denken. 42 Fachlehrer mit „Oberstufen- und vor allem Oberprimaerfahrungen" zensierten den Aufsatz wie folgt:

```
„1mal    sehr gut
 5mal    gut
 1mal    befriedigend bis gut
 1mal    voll befriedigend
 8mal    befriedigend
 3mal    noch befriedigend
 7mal    ausreichend
 3mal    nicht (ganz) ausreichend
11mal    mangelhaft
 2mal    ungenügend"  [278]
```

Ulshöfer merkte an: „Während die einen Begutachter den Aufsatzschreiber als wohl oder gar hervorragend geeignet zum Studium empfehlen, halten ihn die anderen, und zwar fast ebensoviele Fachleute, für ungeeignet oder gar völlig unfähig." [279]

Außerdem fällt die große Labilität der Beurteilungen auf: „Manchmal finden wir, daß ein Beurteiler lobt, wo der andere tadelt, daß der eine dort die Logik vermißt, wo der andere nur einen Gedankensprung oder einen Ausdrucksfehler erkennt, daß der eine ein Verantwortungsbewußtsein feststellt, wo der andere nur Phrasen liest." [280]

Die bei Ulshöfer aufgetretene starke Streuung ist nicht zufällig. Eine ähnliche Untersuchung — initiiert von der „Deutschen Lehrerzeitung" — kam zu ähnlichen Ergebnissen: 35 Beurteiler bewegten sich in ihrem Zensurenvorschlag zwischen den Noten „sehr gut" und „ungenügend":

```
 1mal    sehr gut
 8mal    gut
20mal    befriedigend
```

5mal   mangelhaft
1mal   ungenügend [281]

Zu gegensätzlichen Beurteilungsergebnissen bei den gleichen zugrunde-
gelegten Arbeiten kam es auch bei einer weiteren Untersuchung.
Horney berichtet von einer Untersuchung in Kassel, bei der ebenfalls
Aufsätze zu beurteilen waren. Bei der schriftlichen Charakterisierung
dieser Arbeiten ergaben sich widersprüchliche Aussagen. Unter anderem
erhielt ein und derselbe Aufsatz folgende Beurteilungen:

anschaulich	—	trocken, bloße Aufzählung
Begeisterung, Erleben	—	nur Tatsachen
Neigung zur persönlichen	—	läßt das Persönliche vermissen [282]
Darstellung		

Ähnliche Widersprüche bei der Beurteilung von Schülerarbeiten durch
Lehrer fand auch Mierke heraus. Er machte einen Versuch, bei dem die
Bildbeschreibungen von zehn Schülern zensiert und die Urteile begrün-
det werden sollten.

Folgende Anmerkungen wurden bei ein und derselben Beschreibung
gemacht:

Bezogen auf das Wesentliche	—	recht dürftig
schwungvoll und elegant	—	schwülstig
präzise und klar	—	nüchtern
genaue Beschreibung von	—	umständliche Behandlung von
Einzelheiten		Einzelheiten

Da die Beurteiler vorher selbst dieses Bild beschreiben mußten, fiel
Mierke auf, daß sie ausnahmslos denjenigen Aufsatz am besten zensierten, der ihrem eigenen am ähnlichsten war. „Derselbe Aufsatz wurde
also je nach Stimmung und Standpunkt des Beurteilers verschieden bewertet und zensiert." [283]

Bei dem Versuch, die Sachlage aufzudecken und zu objektivieren, traf
Holzinger auf einzelne sehr krasse Unterschiede. Er konnte anhand
seines Materials sehr deutlich aufzeigen, daß tatsächliches Leistungsvermögen und zensierte Leistung nicht nur im Fach „Deutsch" ausein-
anderklaffen:

1. „Von zwei Schülern der 8. Schulstufe, die beide ‚sehr gut' in Deutsch
   hatten, schrieb der eine im Rahmen einer Leistungserhebung ein
   Diktat mit 0 Fehlern, der andere mit 50 Fehlern." [284]

2. „In der 4. Schulstufe wurde ein Schüler im Rechnen mit ‚nicht genügend' klassifiziert, der bei der Leistungserhebung 15 Beispiele richtig
   löste, während ein anderer ‚sehr gut' erhielt, der nur vier Beispiele
   zustande brachte." [285]

Zöchbauer traf auf die gleiche Problematik und führte diese Differenzen
auf unterschiedliche Kriteriengewichtungen seitens der Lehrer zurück.

Er stellte im Rahmen einer Aufnahmeprüfung zur österreichischen Mittelschule fest, daß Diktate von Mittelschullehrern nach uneinheitlichen Kriterien bewertet wurden:

„So wurden die gleichen Fehler bei demselben Wort von einem Bewerter als schwerer, von einem anderen als leichter gerechnet ... Das Auslassen eines Wortes zählte ebenfalls bei dem einen Prüfer als schwerer, bei dem anderen als leichter Fehler. Starke Verschiedenheiten waren auch durch das verschiedene Zählen von Fehlern verursacht.“ Und Zöchbauer folgerte: „Der eine gab daraufhin die Note ‚sehr gut‘, der andere die Note ‚befriedigend‘.“ [286]

Die umfangreichste Untersuchung wurde von Gottfried Schröter durchgeführt.[287]

Zu 48 jahreszeitlich geprägten Aufsatzthemen, die nach dem Zufallsprinzip an viele Schulklassen in der Bundesrepublik Deutschland geschickt worden waren, wurden 6 315 Aufsätze von Schülern verfaßt. Von diesen wurden 617 ausgewählt und an 1 113 Lehrer (579 männlich / 516 weiblich / 18 o. A. — 364 Junglehrer / 749 Altlehrer [4—46 Dienstjahre]) und 12 Hochschullehrer mit der Bitte um Zensierung und Begründung übersandt. Erfaßt werden konnten dann bei der Auswertung 11 153 Urteile (Zensuren und Kommentare). Auf jeden Aufsatz kamen durchschnittlich 18 Urteile.

Wir fassen die Ergebnisse dieser Untersuchung zusammen:

1. Keiner der 617 Aufsätze wurde von den durchschnittlich 18 Beurteilern je Aufsatz mit der gleichen Zensur bedacht.

2. a) Sechs Aufsätze (= 1 %) wurden mit den Zensuren 1—6 versehen.

   b) 64 Aufsätze (mehr als 10 %) wurden mit den Zensuren 1—5 (bzw. 2—6) versehen.

   c) 222 Aufsätze (= 36 %) wurden von einigen Lehrern besonders gut (Note 1 und 2), die gleichen Aufsätze von anderen Lehrern besonders schlecht (Note 5 und 6) beurteilt.

3. Die Einheitlichkeit der Kommentare war nicht gegeben, was bedeutet, daß auch der Ersatz der Zensuren durch Worturteile kein Mehr an Gerechtigkeit bietet.

4. a) Kommentare und Zensur deckten sich bei demselben Lehrer nicht: z. B. „logisch aufgebaut, Thema gut durchgeführt“ — Zensur aber „befriedigend“ oder „Thema schlecht gestaltet“ — Zensur aber „befriedigend“.

   b) Kommentare und Zensuren deckten sich bei der gleichen Arbeit nicht. So wurden z. B. zu ein und demselben Aufsatz („Hinter dem Fenster bei schlechtem Wetter“) folgende Urteile und Kommentare abgegeben:
   Note 1: Gelungene, glaubhafte Darstellung
   Note 2: Stimmung gut eingefangen

Note 3: Klar, bestimmt im Ausdruck, aber Gedankensprünge;
sprachlich schwerfällig;
eine inhaltlich etwas dürftige Arbeit;
sprunghaft, aber gute Einfälle

Note 4: Bloße Aneinanderreihung von Gedanken und Sätzen;
schwacher Ausdruck;
Thema nicht erfaßt;
gezwungen, ungelenke Darstellung

Note 5: Kein Zusammenhang der Gedanken;
keine Folgerichtigkeit;
niedrige Sprachstufe;
Aufzählung zusammenhangloser Sätze;
Thema nicht beachtet, verfehlt;
zusammenhanglose, schwache Arbeit

Note 6: Thema verfehlt;
plattester Straßenjargon;
schludrige Ausdrucksweise;
zusammenhanglose Sätze.[288]

In diesem Zusammenhang muß — um das Bild der subjektiv bedingten Beurteilungsunterschiede abzurunden — noch auf drei nicht unwichtige Untersuchungsergebnisse hingewiesen werden:

1. Einzelzensuren sind häufig vom Zufall abhängig (z. B. von der Stimmungslage des Lehrers, von der Art der Prüfungsfragen).[289]

2. Der Zeitfaktor und die Belastung des Lehrers bei langwierigen Korrekturen wirken sich maßstabsverschiebend auf die Zensierung aus. Weidig spricht von einer „Verlaufskurve der Bewertung", die individuell sehr verschieden sein kann, wenn ein Lehrer z. B. mehrere Stunden an der Korrektur von Klassenarbeiten sitzt.[290]

3. Schließlich ist die Reihenfolge, in der Prüfungsarbeiten vom Lehrer beurteilt werden, nicht ohne Einfluß auf die Zensierung der einzelnen Arbeit.

   Ehrenstein hat den Begriff „Kontrasteffekt" geprägt, der in unserem Zusammenhang meint, daß dieselbe Arbeit, vom Lehrer nach Durchsicht vieler guter Klassenarbeiten korrigiert, ganz anders ausfällt, als wenn dies nach Durchsicht vieler schlechter Arbeiten geschehen würde.[291]

Mit Süllwold können wir zusammenfassend ganz allgemein feststellen, daß das Lehrerurteil bei schriftlichen Arbeiten in starkem Maße bestimmt wird „durch den Grad der sprachlichen Gewandheit, den Wortschatz, die Rechtschreibkenntnisse u. ä., wenn durch die schriftliche Darstellung des Schülers eigentlich dessen Fachkenntnisse, spezifisches Urteilsvermögen, analytische Fähigkeiten und dgl. festgestellt werden sollen." [292]

Von dieser Tatsache haben wir alle Kenntnis und auch davon, daß diese Beeinflussung in noch stärkerem Maße in mündlichen Prüfungen erfolgt, „bei denen es einem bequemen Schüler gelingen kann, mit seiner Sprachfertigkeit die bedrohlichsten Situationen zu meistern (und) mit Beredsamkeit gute Noten zu erwerben." [293]

2.5.5.2.3. Der Einfluß von Vorurteilen und Erwartungen auf die Zensierung

Im Jahre 1965 veröffentlichte R.Weiss die Ergebnisse eines Experiments: Er hatte bei verschiedenen Lehrerarbeitsgemeinschaften Oberösterreichs zwei Aufsätze und zweimal vier Rechenaufgaben verteilt, die von zwei Schülern des 4. Schuljahres bearbeitet worden waren.

Die Aufsätze hatte er mit folgenden Hinweisen versehen: „Der erste stammt von einem durchschnittlichen Schüler (beide Eltern berufstätig, liest gerne Schundhefte), der zweite von einem sprachlich begabten Buben (Vater Redakteur bei einer großen Linzer Tageszeitung)." [294]

Bei der Verteilung hatte Weiss darauf geachtet, daß eine Hälfte der Lehrer den ersten Aufsatz für die Arbeit des „durchschnittlichen Schülers" hielt, die andere aber für die Arbeit des „sprachlich begabten Buben."

Ebenso verfuhr er mit den Rechenarbeiten, wobei hier die beiden folgenden Anmerkungen hinzugefügt worden waren: Die erste Arbeit stammt von „einem mathematisch begabten Buben mit einer Neigung zu originellen Lösungen". Die zweite Arbeit stammt von „einem durchschnittlich begabten Buben. Die Originalarbeit fiel durch unsaubere Form und schlampige Schrift auf". [295]

Die Aufsätze wurden von 92, die Rechenarbeiten von 153 Lehrerinnen und Lehrern der 4. Schulstufe ausgewertet.

Wir fassen die Ergebnisse zusammen [296]:

1. Das durch den verbalen Hinweis geschaffene Vorurteil wird stark wirksam bei der Klassifikation:

a) Für den *Aufsatz* gilt (Gesamtzensur) folgender Prozent-Anteil:

Noten	Positives Vorurteil	Negatives Vorurteil
1	18 %	0 %
2	60 %	30 %
3	19 %	57 %
4	3 %	13 %
5	0 %	0 %

b) Da auch die *Rechtschreibleistung* bewertet werden sollte und hierbei die Unterschiede noch deutlicher werden, sei auch diese Tabelle aufgestellt:

Noten	Positives Vorurteil	Negatives Vorurteil
1	16 %	0 %
2	40 %	7 %
3	36 %	44 %
4	8 %	38 %
5	0 %	11 %

2. Auch bei der *Rechenarbeit* ist das Ausmaß der durch die Bildung eines Vorurteils erzielten Abweichung der Notenverteilung sehr signifikant:

Noten	Positives Vorurteil	Negatives Vorurteil
1	11 %	0 %
2	44 %	37 %
3	40 %	46 %
4	5 %	15 %
5	0 %	2 %

In der Schule verfälschen Vorurteile, aber auch Sympathie und Antipathie das Urteil des Lehrers. Da dieser Vorgang nicht bewußt abläuft, muß ihm psychologisch besondere Aufmerksamkeit gewidmet werden.

Die Voreinstellung beeinflußt das Prüfungsergebnis entscheidend: die gute Erwartung verbessert, die schlechte Erwartung mindert die Zensur. Auf dem Umweg über die schlechte Erwartung kommt es zu eindeutig nachgewiesenen Benachteiligungen von Kindern aus unteren sozialen Schichten, die in ihrer Kleidung und Pflege vernachlässigt sind, oder von Kindern, die Erziehungsschwierigkeiten bereiten.

Maria Zillig untersuchte die *Parteilichkeit* der Lehrer und stellte 1928 folgendes Experiment an: Sie überprüfte die Diktathefte von „sehr guten" und „schwachen" Schülern. „Elf Prozent der Lehrer streichen in den aufgegriffenen Fällen bei ihren besten Schülern prozentual mehr Fehler an als bei ihren schlechtesten, aber dreiundachtzig Prozent verfahren genau umgekehrt, sie übersehen bei ihren besten Schülern relativ mehr Fehler als bei ihren schlechtesten."[297]

Die Erwartungshaltung, mit der Lehrer den Schülern begegnen, beeinflußt nachgewiesenermaßen die Beurteilung der Leistungen eines Schülers. Zu diesem Ergebnis kamen Jacobson und Rosenthal bei ihren Untersuchungen in der Oak-School (USA).[298]

Sie testeten die Kinder zu Beginn eines Schuljahres mit verschiedenen Intelligenztests, um den Gesamt-IQ (den verbalen und nichtverbalen) zu erfassen.

Den 18 Klassenlehrern wurden danach die Namen derjenigen Kinder angegeben, „die in dem bevorstehenden Schuljahr eine überdurchschnittliche intellektuelle Entwicklung aufweisen würden. Die Voraussagen basierten *angeblich* auf dem Ergebnis des ‚Intelligenz-Entwicklungs-Tests'" (den es gar nicht gibt!). *Tatsächlich* aber wurden zwanzig Prozent der erfaßten Oak-School-Kinder willkürlich nach einer Tabelle von Zufallszahlen als angebliche „Schnellentwickler" ausgegeben. „Ein Unterschied zwischen den ‚besonderen' und den ‚gewöhnlichen' Kindern existierte somit nur im Bewußtsein der Lehrer."

Alle Kinder wurden nach einem halben Jahr, nach einem Schuljahr und nach zwei Schuljahren mit Tests erneut überprüft. Es konnten überdurchschnittliche IQ-Steigerungen der „besonderen" Kinder gemessen werden, die weit über den allgemeinen Steigerungsgraden lagen: 19 % aller Kinder, jedoch 47 % der „besonderen" wiesen einen Anstieg von mehr als 20 Punkten auf.

Die Autoren stellen fest, daß Lehrer sich in ihrem Verhalten ändern, wenn sie „wissen" (ihnen gesagt wird), daß „mehr in den Kindern steckt" als sie meinen. Diese Erwartungshaltung beeinflußt den Unterrichtsstil (freundlicher, zuvorkommender, ermutigend, gesteigerte Aufmerksamkeit, deutliche Verstärkungen, mehr Reflexion über den Unterricht usw.) und führt letztlich dazu, daß die Kinder so gefördert werden, daß reale IQ-Steigerungen festzustellen sind.

Wir fassen zusammen: Rosenthal und Jacobson haben damit nachgewiesen,

— daß sich Lehrer in ihrem Unterricht mehr auf gute Schüler beziehen,

— daß Lehrer gute und schlechte Schüler direkt oder indirekt wissen lassen, was sie von deren Leistungsfähigkeit halten,

— daß sich das Selbstbild der Schüler bewußt oder unbewußt an das Bild, das der Lehrer von ihnen hat, anpaßt und das Anspruchsniveau davon wesentlich bestimmt wird.

2.5.5.2.3.1. Zum Repetendenproblem

Vorurteile und (meist negative) Erwartungshaltungen des Lehrers treffen in besonders starkem Maße auch auf den repetierenden Schüler.

Sitzenbleiber werden — so fand R. Weiss aufgrund seines umfangreichen statistischen Materials heraus — (mit Ausnahme von Musik und Sport) in allen Fächern und insbesondere in den Kopfzensuren signifikant ungünstiger beurteilt als altersgleiche Schüler. Die Unterschiede betragen — von den Mittelwerten her gesehen — mitunter mehr als eine volle Zensurenstufe.

Gestützt auf seine Unterlagen folgert Weiss: „Diese ungünstigen Zensuren dürften einerseits als Absinken der Leistungen durch das Mißerfolgserlebnis des Repetierens mit allen seinen unangenehmen Folgen in der Klassengemeinschaft und in der Familie zu verstehen sein, andererseits ist auch zu vermuten, daß sich die schlechte Erwartung ungünstig auf die Klassifikation auswirkt."[299]

Auch Gaupp stellte an Gymnasien in der Bundesrepublik Deutschland fest, daß das Repetieren nur selten eine Leistungssteigerung hervorrufe.[300] Das ist umso erstaunlicher, als diese Schüler doch in der Regel älter, reifer sind und den Jahresstoff bereits kennen sollten.

Daß das Sitzenbleiben auch schichtenspezifisch ausgeprägt ist, darf nach allem, was wir inzwischen wissen, kaum verwundern, soll aber hier noch einmal belegt werden.

Bereits 1926 wurden dazu Untersuchungsergebnisse von Jakob Sost veröffentlicht. Er ging bei der Konstruktion eines dreistufigen Schichtenmodells von den Berufsangaben der Erziehungsberechtigten (meist der Väter) aus. Seine Stichprobe umfaßte 2 264 Kinder aus 60 Schulklassen.

Das Hauptergebnis, das Sost herausarbeiten konnte, war folgendes: Die Prozentanteile der Unterschicht-, Mittelschicht- und Oberschichtkinder am obersten Leistungsviertel in den 60 Klassen verhalten sich annähernd wie 1:2:3; die Repetendenzahl der Schichten steht im Verhältnis von 10:3,5:1.[301]

Auch neuere Untersuchungen kommen zu ähnlichen Erkenntnissen: E. Wolf hat 1960 Untersuchungsergebnisse aus Berlin veröffentlicht zur Höhe der Sitzenbleiber-Quote in der Grundschule (Klasse 1 bis 6). „So beträgt der Anteil von sitzengebliebenen Schülern ... 42,2 %, und zwar 46,8 % für Jungen und 37,3 % für Mädchen. Bedenkt man noch, daß ein gewisser Prozentsatz der Sitzenbleiber bereits in die Hilfsschulklassen abwandert ..., so ist die Annahme berechtigt, daß nur rund 55 % aller Schüler, und zwar 50 % der Jungen und 60 % der Mädchen, die Grundschule verlassen, ohne mindestens einmal sitzengeblieben zu sein."[302] Der größte Teil der Repetenden kommt dabei aus den unteren sozialen Schichten.

2.5.5.2.3.2. Der Einfluß von Sympathie und Antipathie auf die Zensierung

Eine scharfe Abgrenzung gegenüber den beiden vorangegangenen Kapiteln ist nicht möglich, da die Probleme zu eng miteinander verknüpft sind, sich oft gegenseitig bedingen. Einige Überschneidungen sind daher unvermeidlich.

Häufig wird davon ausgegangen, daß Sympathie und Antipathie, Vorurteile, Einstellungen und die Erwartungshaltung vom Lehrer so sehr selbst kontrolliert werden, daß diese subjektiv unterschiedlichen Faktoren nicht in das Urteil über eine Schülerleistung eingehen bzw. es nicht wesentlich beeinflussen.

Wolf hat ausgeführt, daß die Sympathie des Lehrers nicht notwendigerweise zur guten Beurteilung des Schülers führen muß. Es kann vielmehr sein, daß ein Lehrer einen Schüler im Bewußtsein seiner Zuneigung eindeutig benachteiligt, weil er eine Bevorzugung auf jeden Fall vermeiden möchte. (Wolf meinte hier besonders die eigenen Kinder der unterrichtenden Lehrer, wenn er sagt: „Das einzige Mittel, dem Verdacht zu entgehen, sie würden bevorzugt, ist, sie offensichtlich zu benachteiligen.") [303]

Nach den bis heute vorliegenden Forschungsergebnissen muß jedoch angenommen werden, daß Sympathie und Antipathie nur in sehr geringem Maße von Lehrern kontrolliert — d. h. erkannt und entsprechend eliminiert — werden können.

Da eine ausreichende Anzahl von empirischen Belegen in diesem Zusammenhang zum Thema „Schulleistung, Zensur, Zeugnis" noch nicht vorliegt, muß auch auf allgemeine Erkenntnisse der psychologischen Forschung zurückgegriffen werden. Gerade weil bei diesen Fragen der Bereich des dem Lehrer nicht deutlich Bewußten angesprochen wird, sind sie in unserem Zusammenhang bedeutsam.

Wie sehr Sympathie und Antipathie durch erste Eindrücke und Erlebnisse fixiert werden können, wie schnell sie zu kaum kontrollierbaren Faktoren nachfolgender Beurteilungen werden, konnte Weidig nachweisen. Er belegte, daß ein einmaliges Auffallen im Guten oder im Schlechten die Meinung des Prüfers in verhängnisvoller Weise festlegen kann. [304]

Liegt aber die Meinung eines Prüfers erst einmal fest (im positiven oder negativen Sinne), so wird dem „guten" Schüler eine schlechte Leistung nicht nachteilig, dem „schlechten" Schüler eine gute Leistung nicht positiv vermerkt.

Das Verhältnis von Sympathie und Schulleistungsbeurteilung wurde auch von Horney untersucht. „Die Klassenlehrer wurden aufgefordert anzugeben, welche Kinder bei ihnen im ersten Eindruck spürbar Gefühle der Sympathie oder der Antipathie auslösten, wobei in der Instruktion diese Aufgabe nicht in Zusammenhang mit der Leistungsbeurteilung gebracht wurde." [305]

Das Ergebnis offenbarte Mittelwertsunterschiede: Die als „sympathisch" genannten Kinder hatten einen Zensurenmittelwert von 2,7; die als „unsympathisch" genannten Kinder hatten einen Zensurenmittelwert von 3,2. [306]

Zur Auswirkung von Sympathie und Antipathie auf die Zensierung stellte Maria Zillig fest: „Wenn Beliebte und Unbeliebte qualitätsgleiche Leistungen vorführen, so wird in unseren Versuchen den Beliebten im allgemeinen immer eine günstigere Beurteilung zuteil als den Unbeliebten." [307]

Im Zusammenhang mit dem bereits angesprochenen „Halo-Effekt" kann diese Verknüpfung zu einer Art „Abonnement von guten und schlechten Beurteilungen in allen Fächern führen." [308]

Positiv kann das für den „Klassenprimus" sein, negativ für den „Mann der letzten Bank", beide erhalten ihre Beurteilung eben nicht nur aufgrund der gezeigten Leistungen, sondern auch aufgrund von Sympathie und Antipathie, aufgrund des Bildes, das sich der Lehrer von ihnen gemacht hat und das sich praktisch als relativ fixiert erweist.

Hans Bartel weist in Verbindung mit dem „Halo-Effekt" darauf hin, „daß Schüler, die in einer Begabungsrichtung sehr hervorragen oder auffallen, leicht Gefahr laufen, auf einem ähnlichen Gebiet nun fast in gleicher Weise beurteilt zu werden." [309] Er konnte das für die Fächer Mathematik und Physik nachweisen und betonte dabei die besonders hohe Korrelation, wenn beide Fächer in der Hand eines Lehrers liegen.

Da auch Werner Knoche statistisch abgesichert sagen konnte, daß dort, wo Schüler in zwei Fächern von ein und derselben Lehrkraft unterrichtet werden, sich ein bedeutsamer und hoher Zusammenhang zwischen den beiden Zensuren ergibt, dieser signifikante Fachnotenzusammenhang aber bei Schülern, die in den zwei betreffenden Fächern verschiedene Lehrer hatten, nicht nachgewiesen werden konnte, dürfen wir annehmen, daß auch hier der „Halo-Effekt" eine gewichtige Rolle spielt.[310]

Hierin kann möglicherweise auch die Konstanz der Noten und die Gleichförmigkeit der Beurteilung eines Schülers liegen, die Therese Rank bei ihren Untersuchungen herausfinden konnte. Sie stellte fest, daß nur bei 6 % ihrer Stichprobe die Noten im Laufe der Jahre in größerem Ausmaße voneinander abgewichen waren.[311] Auch bei einer Untersuchung Ingenkamps konnten Korrelationen um 0.70 zwischen dem Lehrerurteil bei der Schulaufnahme und am Ende des ersten Schuljahres festgestellt werden.[312]

2.5.6. Überleitung zur eigenen empirischen Untersuchung

Hier konnten nur einige der erforschten und subjektiv bedingten Einflüsse, die beim Zensieren in der Schule wirksam werden, referiert werden. Je weiter wir eindringen in die Problematik der Notengebung, desto deutlicher erkennen wir auch, daß die „in der breitesten Öffentlichkeit an Verehrung grenzende Hochachtung" (Martin Wagenschein) vor der „exakten" Ziffernbenotung sachlich unhaltbar ist. Die Note als „erstes und oberstes Symbol unserer Schule" (Rudolf Weiss) führt entweder sich selbst, die Schule oder die Gesellschaft ad absurdum, da sie gar nicht das leisten kann, was von ihr immer wieder gefordert und ihr zugeschrieben wird.

Gerade aber diejenigen, die täglich mit ihr umgehen, sollten uneingeschränkt Kenntnis von der Fragwürdigkeit der Zensurengebung erhalten. Sie sollten wissen, daß die überlieferten Verfahren der Zensurengebung nicht die Aufgaben erfüllen können, die an ein modernes und fortschrittliches (d. h. offen für neue Gesellschaftsformen) Schulwesen in einem technisch hochentwickelten Land gestellt werden.

Erst wenn sich dieses Wissen verbreitet hat, kann — um einen Satz von Ingenkamp umzuwandeln [313] — für die *pädagogische Diagnostik* in Deutschland die Neuzeit beginnen.

Gespräche mit Lehrern und die eigene Schulerfahrung haben gezeigt, daß gerade die Schule selbst die Theorie-Praxis-Diskrepanz verstärkt. Einerseits ist das als Zeichen des „Selbstschutzes" verständlich, da der belastete Lehrer in der Praxis immer am Rande totaler Überforderung steht. Andererseits gilt unabweisbar, daß die theoretische und methodische Beschäftigung mit der pädagogischen Diagnostik nicht eine Spezialität von Fachwissenschaftlern sein darf, sondern eine Notwendigkeit für alle ist, die im Bildungswesen tätig sind.

So galt es zu zeigen, daß die groben, vielfach nachgewiesenen Mängel der Zensurengebung heute an jedem Schulort aufzufinden sind, um auf den engen Bezug zwischen den kaum entwickelten Methoden der pädagogischen Diagnostik und dem unterentwickelten Bildungswesen aufmerksam zu machen. Das Unbehagen ist diesbezüglich bei den meisten Lehrern vorhanden; um es aber in kritisches Verständnis umzuwandeln, muß noch viel getan werden.

Einige Anmerkungen seien der eigenen empirischen Untersuchung vorausgeschickt:

1. Dieser Teil der Arbeit wurde bewußt als eigenständige Studie verfaßt, um dem Abbau der Theorie-Praxis-Mißverständnisse zu dienen. Sie wurde jedoch von vornherein als Kapitel dieser Arbeit geplant, um das, was theoretisch ausgesagt wurde, schwerpunktmäßig und exemplarisch zu konkretisieren.

2. Diese Studie wurde im Juli 1972 den an der Untersuchung Beteiligten (Regierung, Schulaufsicht, Lehrer und Studenten) zugestellt und als Kurzfassung veröffentlicht.[314]

3. Die Form der eigenständigen Studie machte es notwendig, daß manche theoretischen Aussagen aus vorangegangenen Kapiteln aufgenommen wurden. Viele wurden jedoch erweitert.

4. Weitere Untersuchungen sind geplant und werden sich anschließen.

2.6. ZUM PROBLEM DER ZEUGNISZENSUREN IM 4. SCHULJAHR
— EINE EMPIRISCHE UNTERSUCHUNG —

2.6.1. Vorbemerkungen

Im Rahmen eines psychologischen Seminars zum Thema „Schulleistung, Zensur, Zeugnis", das im Sommersemester an der Pädagogischen Hochschule Niedersachsen — Abteilung Lüneburg unter meiner Leitung durchgeführt wurde, bildete sich eine Arbeitsgruppe, um die Häufigkeitsverteilung der Zeugnisnoten 1 bis 6 anhand der Frühjahrszeugnisse, die 1972 im 4. Schuljahr ausgestellt worden waren, unter spezifischer Fragestellung zu analysieren.[315]

Seitens der Schulaufsicht wurde das Vorhaben unterstützt, so daß an sechs Schulen des Schulaufsichtskreises Uelzen-West die entsprechenden Daten erhoben werden konnten. Die statistische Auswertung und eine erste Diskussion erfolgten an der Pädagogischen Hochschule Niedersachsen — Abteilung Lüneburg.[316]

Tabelle I gibt einen Überblick über die beteiligten Schulen, die Anzahl der Klassen und die Zahl der Mädchen und Jungen, deren Zeugnisse wir der Auswertung zugrunde legten.

Tabelle I:

Anzahl der in die Stichprobe einbezogenen Schulen, Klassen und Kinder

Schulen	Anzahl der Klassen	Anzahl der Kinder		
		Mädchen	Jungen	Gesamt
Uelzen:				
Stern-Schule	4	65	64	129
Hermann-Löns-Schule	3	57	55	112
Lucas-Backmeister-Schule	3	40	43	83
Westerweyhe	1	17	17	34
Veerßen	1	13	13	26
Molzen	1	10	9	19
Gesamt:	13	202	201	403

2.6.2. Allgemeine Problemlage

Die Fragwürdigkeit des Zensierens und die Unzulänglichkeit, objektive und gerechte Beurteilungsmaßstäbe für den Bereich schulischen Lernens und Leistens zu bestimmen, sind — wie wir im Laufe der bisherigen Ausführungen gesehen haben — von Pädagogen und Psychologen immer wieder verdeutlicht worden. Dabei wurde nachdrücklich darauf hingewiesen, daß die Ziffernzensur — gerade auch als Zeugnisnote — nur eine grobe und undifferenzierte Aussage ist, was Andreas Flitner in Anlehnung an Martin Wagenschein herausgearbeitet hat, wenn er fragt: Was gibt eine globale Ziffer, etwa die Durchschnittsnote Drei her, „... die gleichermaßen einen hochbegabten Nichtstuer, einen fleißigen Durchschnittskopf, einen guten Denker, der aber flüchtig arbeitet, einen unselbständigen Routinier und noch vieles andere kennzeichnen kann"? [317]

Die nicht nachlassende Kritik hat wesentlich dazu beigetragen, daß sich die empirische Forschung dem schulischen Bewertungsproblem in stärkerem Maße zugewandt hat.

Bereits 1927 wurde ein statistisch abgesichertes amerikanisches Untersuchungsergebnis im deutschsprachigen Raum bekannt, das von Lietzmann in drei einfachen, klaren, aber ernüchternden Sätzen zusammengefaßt publiziert wurde und zur Basis für viele ähnliche Untersuchungen an deutschen Schulen mit identischen Ergebnissen wurde:

„Dieselben Schüler erhalten verschiedene Noten in verschiedenen Schulen.

Verschiedene Lehrer geben gleichen Arbeiten verschiedene Noten.

Derselbe Lehrer gibt zu verschiedenen Zeiten der gleichen Arbeit verschiedene Noten." [318]

Wenn — so muß daraus gefolgert werden — die Basis einer einzelnen Zensur äußerst ungesichert und schmal ist, so ist sie sicherlich nicht gesicherter und tragfähiger bei den resultierenden Zeugnisnoten.

Dieser Tatbestand muß dauerndes Unbehagen beinhalten und untermauert die Aussage Dohses, „... daß das Schulzeugnis in seiner Grundkonzeption gar kein ursprüngliches Hilfsmittel der *Schule* ist, sondern primär ein solches einer bürokratisierten, nationalstaatlich organisierten Gesellschaft im Dienste der *Auslese* des Nachwuchses auf der Grundlage des *Leistungsprinzips*. Das Schulzeugnis ist der Schule von der Gesellschaft auferlegt worden und wendet sich an einen Dritten außerhalb des pädagogischen Bereiches." [319] Dieser Dritte ist in weitestem Sinne der Staat, in engerem Sinne die nächste Institution auf der hierarchisch gegliederten Ausbildungsleiter.

Wäre das Zeugnis nämlich „Hilfs"-mittel der Schule, dann dürfte eigentlich sicher sein, daß es im Laufe des Schul- und Unterrichtsgeschehens schon längst modifiziert und den didaktischen und erzieherischen Ansprüchen angepaßt worden wäre.

Tatsächlich wurde die Pflicht, Zensuren und Zeugnisse zu erteilen, der Schule vom Staat aufgetragen, um eine Basis für das auf Berechtigungen gegründete Berufssystem der Gesellschaft zu haben. Dieser Auftrag wird bis heute auf dem Erlaßwege immer wieder neu erteilt.

Ebenfalls historisch zu sehen sind die Durchsetzung des Berechtigungswesens, die staatliche Prägung der Zensurengebung und die Herausbildung des Jahrgangsklassensystems.

Karlheinz Ingenkamp hat sogar als primär und als unentbehrliche Voraussetzung für den Ausbau des Berechtigungswesens das Jahrgangsklassensystem erkannt, das um 1840 für die höheren Schulen in Preußen ministeriell angeordnet wurde.[320]

Trotz vieler Widerstände bildeten sich folgende wichtige Merkmale dieses Schulsystems heraus:

1. die jahrgangsweise Einschulung,
2. die jährliche Versetzung nach dem Leistungsstand in allen Fächern,
3. der verbindliche Fächerkanon und die Stoffverteilung und
4. die festgelegte Wochenstundenzahl.

Nur in diesem vorgeprägten und relativ starren System mit den seither nur geringfügig veränderten Merkmalen konnte man darauf kommen, daß Zensuren allgemein vergleichbar seien und als Basis eines daraus hervorgehenden Berechtigungswesens dienen könnten.

Auch heute noch wird das Schulsystem weitgehend von der Auslese- und Berechtigungsfunktion her bestimmt und verfügt — wie Andreas Flitner sagt — „... über kein anderes Instrumentarium als die überlieferten Beurteilungsziffern. Man hat sie durch Worte ergänzt und den Geltungsbereich dieser Worte durch ministerielle Erlasse festgelegt."[321] Wenn an Zensuren und Zeugnisse Erwartungen seitens der Eltern und Schüler geknüpft werden, wenn von ihnen Studienzulassungen, Stipendien, sozialer Aufstieg, Statusanhebung und in der Folge auch materieller Gewinn abhängen, dann wird deutlich, daß nicht allein pädagogische Überlegungen maßgebend sind, sondern daß das Zeugnis in juristischen und sozialpolitischen Bezügen steht, die nachhaltig seine Bedeutung bestimmen.

Alle Zeugnisse sind in unserer gegenwärtigen Gesellschaft Unterlagen für Aufstiegsmöglichkeiten und wahren oder verringern die Chance des Weiterkommens. Das trifft auch für das Zeugnis im 4. Schuljahr zu, das zum Ausweis für den Eintritt in weiterführende Schulen oder für das Versagen des Zuganges zu diesen werden kann.

Bei dem Versuch, den Wert von Zensur und Zeugnis in der heutigen Situation abzuwägen, wird einerseits darauf hingewiesen, daß die Note zweckdienlich und z. Z. unersetzlich sei, da mit ihrer Hilfe große Schülerzahlen relativ schnell und wenig aufwendig klassifiziert und rangiert werden können. „Wie sollten Industrie und Handel, Handwerk und Behörde ihre Nachwuchsplanung versehen können, wenn ihnen die Schule nicht durch die Note und das Zeugnis vernünftig und objektiv vorarbeitete?"[322]

Andererseits muß wegen der großen Tragweite der Entscheidungen für Zensuren und Zeugnisse vor allem *Zuverlässigkeit* der ziffernmäßig ausgedrückten Schülerbeurteilungen gefordert werden. Daß Schulnoten nur eine scheinbare Zuverlässigkeit besitzen, ist hinlänglich nachgewiesen worden.[323] Dabei wurde auch deutlich, daß *Objektivität* in der Regel nur über *Meßwerte* hergestellt werden kann, die Zensurenskala aber nur die Eigenschaften einer *Schätzskala* besitzt.[324]

Das Problem einer sinnvollen, lernzielorientierten, gerechten, motivierenden, sozialen, also Chancen eröffnenden Leistungsbeurteilung in der Schule spitzt sich in der jüngsten Diskussion auf folgende Fragen zu:

Was muß geschehen,

— damit ein Mehr an Objektivierung nicht zu einer Verminderung der Individualisierung im Unterricht führt,

— damit der Spielraum zwischen Kontrolle und Entlastung des Schülers offen bleibt und nicht verengt wird und

— damit Schülerbeurteilungen nicht „Letztentscheidungen" mit sozialen Auswirkungen bleiben, sondern zu korrigierbaren „Zeitentscheidungen" werden?

Nach alledem, was wir wissen, werden die möglichen Antworten ein anderes Beurteilungsinstrumentarium benötigen. Die ersten Gesamtschulversuche mit „Diagnosebögen" und der internationale Vergleich können Perspektiven eröffnen.

Am Anfang dieser Bemühungen ist es jedoch wichtig, die erstarrten Zensierungsmethoden den Zensierenden selbst zum Bewußtsein zu bringen, um aufgrund der Kenntnis einer äußerst eingeengten Aussagekraft von Zensur und Zeugnis die Basis der um neue Zensierungsformen bemühten Lehrer zu verbreitern.

2.6.3. Fragestellung der Untersuchung

Ferdinand und Kiwitz hatten ihre Untersuchung zu einem Zeitpunkt durchgeführt, zu dem sich die Erläuterungen der Notenstufen durch die Kultusministerkonferenz (23./24.01.1953 bzw. Neufassung: 28./29.09. 1961) noch auf den *„Durchschnitt"* bezogen. Die „Durchschnittsleistung" war sowohl in diesen Beschlüssen wie in den Erlassen und Bestimmungen der Länder über die Erteilung von Zensuren und Zeugnissen der begründende und betonte Terminus bei der Definition der Notenstufen gewesen, obwohl es keine verbindlich festgelegte Interpretation des Begriffs „Durchschnittsleistung" gab und somit keine Bezugsmaßstäbe vorhanden waren.

Eine wichtige formale Verbesserung brachte die Vereinbarung der Kultusminister über die Bedeutung der Notenstufen vom 3.10.68.[325]

Nach dieser Vereinbarung werden in allen Bundesländern der Bundesrepublik Deutschland die Zensuren einheitlich von den *„Anforderungen"* des Unterrichts her interpretiert. „Der Begriff „Anforderungen" in den Definitionen bezieht sich auf den Umfang sowie auf die selbständige und richtige Anwendung der Kenntnis und auf die Art der Darstellung" heißt es in der genannten Vereinbarung weiter. — Der Begriff „Durchschnittsleistung" wurde damit aufgegeben.

Diese formale Verbesserung liegt zwar theoretisch auf der Ebene der Anregungen, die dem „Strukturplan für das Bildungswesen" zu entnehmen sind [326], sie darf aber nicht darüber hinwegtäuschen, daß sich in der Praxis wohl kaum etwas geändert hat. Denn in keinem Bundesland ist der Begriff „Anforderungen" durch genaue Lernzielbestimmungen amtlicherseits konkret für eine Klasse, Schulstufe oder Schulart bestimmt worden. Da die Curriculum-Forschung kaum über den Anfang ihrer Bemühungen hinausgelangt ist und verbindliche Bezugspunkte, an denen Schülerleistungen gemessen werden könnten, bisher noch fehlen, ist der einzelne Lehrer nach wie vor darauf angewiesen, sich weiterhin am klasseninternen Maßstab zu orientieren, sich bei seinen Bemühungen vom Klassendurchschnitt leiten zu lassen.

Es ist anzunehmen, daß ein Unterricht, der von den „Anforderungen" her bestimmt würde, zu neuen lernzielüberprüfenden Verfahren und Ergebnissen kommen müßte, da ja durch den Lehrplan bzw. durch die Unterrichtsplanung eine Voraussage, welcher Prozentsatz der Schüler einer Schülergruppe und eines Faches den vorbestimmten Anforderungen genügen sollte (z. B. 80 %), notwendigerweise ausgesprochen werden müßte. „Anforderungen" meint ja gerade präzise Bestimmung und eben nicht ein vages, zufallsbedingtes Sortieren von Leistungsergebnissen nach einem ebenso unbestimmten wie ungenauen Überprüfungsverfahren. Der Terminus „Anforderungen" richtet sich im Grunde genommen in erster Linie an den Lehrer: so bestimmte Lernzielkontrollen überprüfen nämlich eher das Lehrverfahren als das Lernverhalten der Schüler.

Daher gingen wir in unserer Untersuchung von der Grundannahme aus, daß in der Praxis die Neudefinition der Notenstufen zu keinen veränderten Zensurenverteilungen geführt hat, daß nach wie vor die Orientierung am Klassendurchschnitt erfolgt und daß damit tendenziell ähnliche Ergebnisse aus der Analyse der Notenverteilung heutiger Zeugnisse zu gewinnen seien wie bei den Zeugnissen, die bei Ferdinand und Kiwitz als Grundlagen ihrer Aussagen fungierten.

Oder anders gesagt: Bei ähnlicher Zielsetzung, vergleichbarem Untersuchungsverlauf und analoger statistischer Auswertung dürfte nur dann ein angenähertes Ergebnis zustande kommen, wenn durch die Neudefinition der Zensurenstufen nach dem Prinzip der „Anforderungen" keine Veränderungen in der Schulpraxis, der Leistungsüberprüfung und der Zensurenerteilung bewirkt worden ist.

Deshalb wählten wir zwei Hypothesen, die sich im Sinne einer tendenziellen Vergleichbarkeit anboten. — Ein tatsächlicher Vergleich mußte von vornherein ausgeschlossen werden, da Ferdinand und Kiwitz bei ihrer Untersuchung

a) von einem anderen Fächerkanon (3 Haltungsfächer; 6 Leistungsfächer, davon 4 muttersprachlich relevante Disziplinen: Lesen, Mündlicher Ausdruck, Aufsatz und Rechtschreiben),

b) von einer anderen sozialen Zusammensetzung und Schichtung (großstädtisch geprägt),

c) von einer sehr viel größeren Stichprobe (958 Mädchen und 940 Jungen)

ausgingen, auf die sie ihre Aussagen stützten.

Den schichtenspezifischen Aspekt, der von Ferdinand und Kiwitz unberücksichtigt blieb, nahmen wir in unsere Untersuchung mit der Hypothese III auf, da wir meinen, daß diese Frage von so hoher Aktualität ist, daß sie heute nicht mehr ausgeklammert werden darf.

2.6.3.1. Hypothesen

I. Unterrichtsfächer werden unterschiedlich streng bewertet.

II. Jungen werden schlechter zensiert als Mädchen.

III. Kinder aus der sozialen Unterschicht werden schlechter bewertet als Kinder aus der Mittelschicht bzw. der Oberen Mittelschicht.

2.6.4. Untersuchungsverlauf und -methoden

Um die Hypothesen verifizieren bzw. falsifizieren zu können, sichteten wir die Frühjahrszeugnisse 1972 aller Kinder der 4. Klassen aus allen Volksschulen in Uelzen und aus Schulen des direkten Einzugsbereiches. Diese Schulen wurden nicht nur aus untersuchungsökonomischen Gründen ausgewählt, sondern auch wegen des relativ ausgewogenen Stadt-Land-Verhältnisses.

Die Frühjahrszeugnisse legten wir der Untersuchung einerseits wegen der großen prognostischen Bedeutung, die diese für den späteren Übergang zu weiterführenden Schulen besitzen, zugrunde, andererseits, weil gerade diese „Zwischenzeugnisse" noch nicht den vollen Ernstcharakter" besitzen, den die Versetzungszeugnisse mit ihrem „Bestätigungseffekt" [327] haben.

In den einzelnen Schulen exerpierten wir die Noten aller Fächer, die Berufsbezeichnungen der Erziehungsberechtigten und das Einschulungsjahr [328]. Die aus den Schul-Karteiblättern entnommenen Daten übertrugen wir klassenweise, jedoch bereits nach Mädchen und Jungen getrennt, auf vorbereitete Listen.

111

Wir konnten die Daten von 403 Kindern (202 Mädchen und 201 Jungen) verarbeiten und der Untersuchung zugrunde legen. Allerdings war in manchen Zeugnissen das eine oder andere Fach mit unterschiedlichen Begründungen nicht zensiert worden. Die Anzahl der verrechneten Bewertungen und die notwendigen Anmerkungen zu einzelnen Fächern können der Tabelle II entnommen werden.

Aufgrund des so ermittelten Zahlenmaterials konnten wir die Durchschnittszensuren (arithmetische Mittel) sowohl für die einzelnen Disziplinen als auch im Hinblick auf geschlechtsspezifische und schichtenspezifische Aussagen errechnen. Die resultierenden Rangfolgen wurden mit Hilfe von grafischen Darstellungen (Polygonzügen) verdeutlicht. Signifikanzprüfungen sicherten die Gültigkeit der Aussagen partiell ab.

Tabelle II:

Anzahl der verrechneten Zensuren in den einzelnen Schulfächern

Fach		Mädchen	Jungen	Gesamt
Verhalten in der Schule	(1)	200	197	397
Beteiligung am Unterricht		200	201	401
Religion	(2)	155	153	308
Muttersprachliche Bildung		200	201	401
Handschrift		200	201	401
Sachunterricht		200	201	401
Rechnen	(3)	199	201	400
Leibesübungen	(4)	199	201	400
Musik	(5)	187	188	375
Bildnerisches Gestalten	(6)	172	174	346
Werken	(7)	—	56	—
Textilarbeit		200	—	—

(1) a) 202 Mädchen wurden erfaßt. Da zwei Mädchen kurz vor der Zeugniserteilung neu in die entsprechenden Klassen gekommen waren und noch keine Zensuren gegeben werden konnten, wurden nur bei 200 Mädchen die Zeugnisnoten berücksichtigt.
   b) Vier Jungen wurden nicht berücksichtigt, da sie statt einer Zensur eine Bemerkung erhalten hatten.
(2) a) Evangelischer und katholischer Religionsunterricht wurden hier nicht getrennt aufgeführt.
   b) Bei den Jungen waren fünf Schüler vom Unterricht befreit bzw. waren anderen Bekenntnisses und erhielten daher keine Zeugniszensuren.
   c) In drei Klassen war kein Religionsunterricht erteilt worden, so daß 45 Mädchen und 43 Jungen keine Zeugniszensur erhalten konnten.
(3) Ein Mädchen erhielt keine Zensur.
(4) Ein Mädchen war aus gesundheitlichen Gründen vom Unterricht im Fach Leibesübungen befreit und erhielt keine Zensur.
(5) Eine Klasse hatte keinen Musikunterricht erteilt bekommen, so daß 13 Mädchen und 13 Jungen keine Zeugniszensur erhalten konnten.
(6) Zwei Klassen hatten keinen Unterricht im Fach Bildnerisches Gestalten erteilt bekommen, so daß 28 Mädchen und 27 Jungen keine Zeugniszensur erhielten.
(7) 145 Jungen aus 7 Klassen hatten keinen Werkunterricht erteilt bekommen, so daß nur 56 Zensuren berücksichtigt werden konnten.

2.6.5. Untersuchungsergebnisse

2.6.5.1. *Zensuren und Schulfächer*

Die Auswertung unseres Zensurenmaterials bestätigt unsere Hypothese I, daß nämlich die einzelnen Unterrichtsfächer unterschiedlich streng bewertet werden. Diese Unterschiede lassen sich den verschiedenen Durchschnittszensuren der einzelnen Fächer entnehmen, wie sie in Tabelle III wiedergegeben werden.[329]

Tabelle III:

Durchschnittszensuren des 4. Schuljahres in 12 Fächern

Fach	Mädchen	Jungen	Gesamt
Verhalten in der Schule	1,60	1,89	1,76
Beteiligung am Unterricht	2,58	2,64	2,61
Religion	2,48	2,58	2,53
Muttersprachliche Bildung	2,88	3,15	2,96
Handschrift	2,66	3,08	2,87
Sachunterricht	3,07	2,88	2,97
Rechnen	3,05	2,99	3,02
Leibesübungen	2,48	2,58	2,53
Musik	2,40	2,85	2,63
Bildnerisches Gestalten	2,65	2,81	2,73
Werken	—	2,52	—
Textilarbeit	2,40	—	—

Hierbei zeigt sich „Verhalten in der Schule" als durchschnittlich am besten, „Rechnen" als durchschnittlich am schlechtesten benotet. Die extrem milde Durchschnittszensur in „Verhalten in der Schule" resultiert daraus, daß für dieses Fach ausschließlich die Ziffern 1 bis 3 erteilt werden dürfen.

Die Rangfolge der Durchschnittsnoten (von milder zu strenger Zensierung)

1. Verhalten in der Schule
2. Textilarbeit (nur für Mädchen)
3. Werken (nur für Jungen)
4. a) Religion
   b) Leibesübungen
5. Beteiligung am Unterricht
6. Musik
7. Bildnerisches Gestalten

8. Handschrift
9. Muttersprachliche Bildung
10. Sachunterricht
11. Rechnen

macht deutlich, daß bereits in der Grundschule ein Unterschied zwischen Haupt- und Nebenfächern gemacht wird. Die Gewichtung der Schulfächer, die Hopp und Lienert bei der Verteilungsanalyse von Gymnasialzensuren herausgefunden haben [330], entspricht nachhaltig unseren Befunden. Auch mit Julie Sander und anderen Autoren [331] stimmen wir darin überein, daß in den *Haltungsfächern* (Kopfzensuren), im Fach „Religion" und in den *Gestaltungsfächern* „Leibesübungen", „Musik", „Bildnerisches Gestalten" (von „Textilarbeit" und „Werken" wegen der geringen absoluten Zahlen einmal abgesehen) die mildesten Zensuren erteilt werden.

Dagegen werden das *Beteiligungsfach* „Sachunterricht" und die beiden *Leistungsfächer* „Muttersprachliche Bildung" und „Rechnen" am strengsten zensiert.

Das Fach „Handschrift" nimmt in unserer Untersuchung eine mittlere Position ein.

Was Ingenkamp allgemein gesagt hat, können wir bereits für die 4. Klasse sehr konkret nachweisen: „Es läßt sich die Tendenz erkennen, daß die Fächer um so strenger zensiert werden, je mehr die Leistungen in schriftlichen Arbeiten überprüft werden, je mehr die Leistungen quantifizierbar sind und/oder je stärker die verbalen Anforderungen hervortreten." [332]

Die grafische Darstellung (vgl. Abb. 1) verdeutlicht das Gefälle der Durchschnittszensuren von den relativ milde bis zu den relativ streng bewerteten Fächern auch optisch.

Daß die Zensuren in allen Fächern *nicht* normalverteilt sind, zeigen einerseits bereits die Mittelwerte der einzelnen Fächer, wird andererseits aber auch in Tabelle IV deutlich gemacht, in der die prozentuale Häufigkeitsverteilung der Fachzensuren aufgelistet wurde. Zum Vergleich geben wir in der letzten Zeile der Tabelle IV die (groben) erwarteten prozentualen Häufigkeiten bei Vorliegen der Normalverteilung an.

Schließlich können wir grundsätzlich feststellen, daß sich die strenger benoteten Fächer wohl eher als *„Auslesefächer"* eignen als die milder benoteten. Abbildung 2 zeigt nämlich, daß die Abstände der Durchschnittsnoten gerade in den Fächern „Sachunterricht" und „Rechnen" und besonders im Fach „Muttersprachliche Bildung" zwischen den Schülern, die nach Abschluß der 4. Klasse auf der Volksschule ver-

Tabelle IV:

Prozentuale Häufigkeitsverteilung der Zensuren in 12 Fächern

Fächer	Zensuren					
	1	2	3	4	5	6
Verhalten in der Schule (1)	30	64	6	—	—	—
Beteiligung am Unterricht	9	35	43	12	1	—
Religion	3	48	41	8	—	—
Muttersprachliche Bildung (2)	1	34	35	21	8	1
Handschrift	3	31	46	17	3	—
Sachunterricht (3)	3	27	43	23	4	—
Rechnen	2	31	38	23	6	1
Leibesübungen	5	43	45	7	—	—
Musik	5	44	37	12	2	—
Bildnerisches Gestalten	2	36	49	12	1	—
Werken	3	50	38	9	—	—
Textilarbeit	12	44	37	7	1	—
Zum Vergleich: Prozentwerte einer Normalverteilung (4)	2	14	34	34	14	2

(1) Verhalten in der Schule kann entsprechend den niedersächsischen Zensuren- und Zeugnisbestimmungen mit den Notenstufen „sehr gut", „gut", „befriedigend" oder in freier Form bewertet werden.
Frei formulierte Bemerkungen blieben bei dieser Untersuchung unberücksichtigt.
(2) Entgegen den niedersächsischen Zensuren- und Zeugnisbestimmungen wurde das Fach Muttersprachliche Bildung nicht von allen Lehrern mit nur einer Gesamtzensur bewertet. So wurden immer noch Zensuren für mündliche und schriftliche Leistungen erteilt. Bei der Verrechnung der unterschiedlich erteilten Noten mußte es zu Zwischenzensuren kommen, wodurch die o. g. Prozentverteilung ergänzt wird:

Zensuren	1	1,5	2	2,5	3	3,5	4	4,5	5	5,5	6
%	1	—	28	12	23	12	12	6	5	1	—

(3) Da eine Sachkundezensur in manchen Klassen aus einzelnen Fachzensuren errechnet werden mußte (Erdkunde, Biologie usw.), wurde statistisch ähnlich verfahren wie bei dem Fach Muttersprachliche Bildung.
(4) Diese grobe Gruppierungsregel schlug E. Weingardt vor.
Vgl. Weingardt, E.: Sind unsere Schulnoten gerecht?
In: Die höhere Schule, 17. Jg. (1964), Heft 8, S. 175.

bleiben werden und denjenigen, die auf weiterführende Schulen überwechseln werden, erheblich sind.

Der Tabelle V können wir entnehmen, daß die Unterschiede zwischen den Schülern, die auf der Volksschule bleiben werden und denjenigen,

Abbildung 1:

Durchschnittszensuren aus 13 4. Klassen (Frühjahrszeugnisse) in 10 Schulfächern

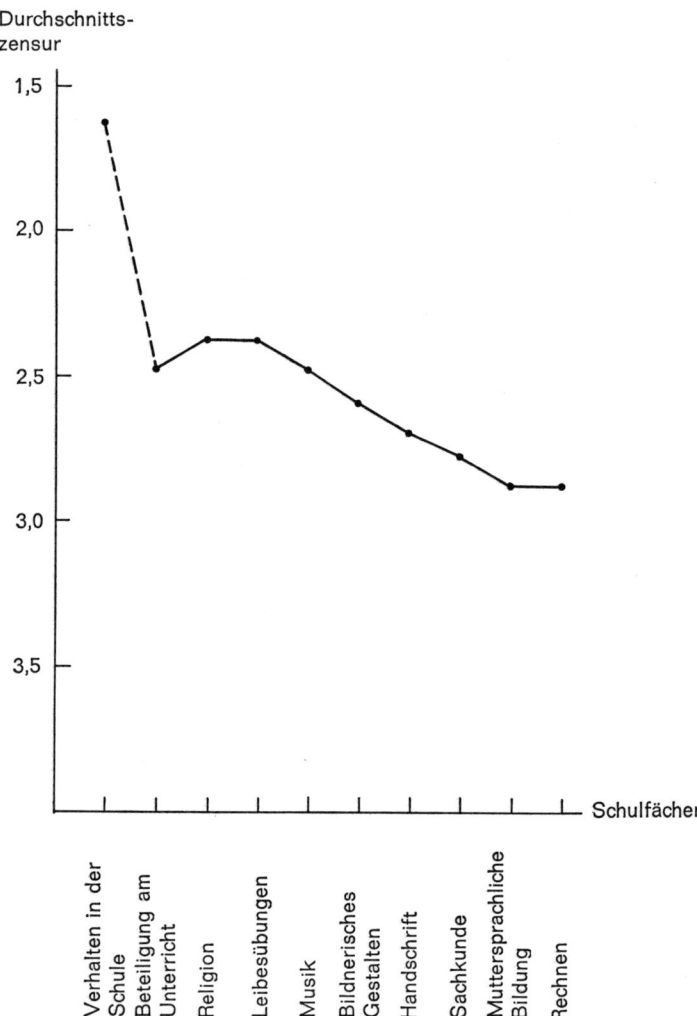

Abbildung 2:

Durchschnittszensuren von drei Schülergruppen (Übergang zu weiterführenden Schulen / Verbleib) in 10 Schulfächern

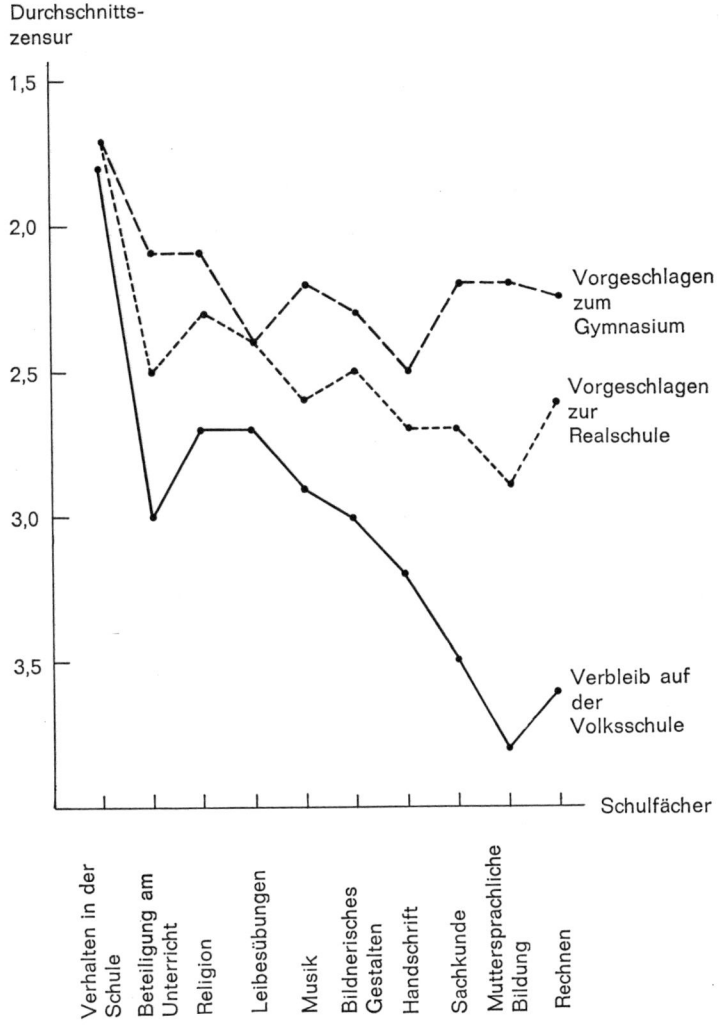

die zum Gymnasium gehen wollen, in diesen drei Fächern *mehr* als eine volle Notenstufe betragen:

Rechnen : 1,3 Notenstufen Unterschied,
Sachunterricht : 1,3 Notenstufen Unterschied,
Muttersprachliche Bildung : 1,6 Notenstufen Unterschied.

Die Kurven in der Abbildung 2 zeigen, daß sich die drei Schülergruppen in den Durchschnittswerten ihrer Zeugnisnoten klar voneinander unterscheiden und daß diese Profile geradezu auf Selektion angelegt zu sein scheinen.

Nur an zwei Punkten kommt es zu Berührungen zwischen den Durchschnittszensuren der zukünftigen Gymasiasten und Realschüler („Verhalten in der Schule" und „Leibesübungen"). Dagegen verläuft die Kurve der auf der Volksschule verbleibenden Schüler in allen Fächern und mit wachsendem Gefälle unter der der anderen Schülergruppen.

Bemerkenswert ist — und wir weisen an dieser Stelle unter anderem Aspekt noch einmal darauf hin —, in welchem Ausmaß das traditionelle Konzept der Haupt- und Nebenfächer noch heute eine Rolle spielt und die Bewertung der Schülerleistung bereits in der Grundschule dadurch bestimmt wird. Es ist sicherlich mehr als eine Banalität, daß die Selektion durch ein Schulfach im allgemeinen um so stärker und schärfer ist, je höher sein Anteil an der Gesamtstundenzahl ist.

In diesem Zusammenhang müssen wir nachdenklich werden, denn die weitaus höchste Versagerquote weisen gerade die Fächer auf (vgl. Tabelle IV), die mit einer hohen Stundenzahl bedacht sind und „ . . . die

Tabelle V:

Durchschnittszensuren von drei Schülergruppen (Übergang zu weiterführenden Schulen/Verbleib) in 10 Schulfächern

Fach	Verbleib auf der Volksschule	Vorgeschlagen zur Realschule	Vorgeschlagen zum Gymnasium
Verhalten in der Schule	1,8	1,7	1,7
Beteiligung am Unterricht	3,0	2,5	2,1
Religion	2,7	2,3	2,1
Muttersprachliche Bildung	3,8	2,9	2,2
Handschrift	3,2	2,7	2,5
Sachunterricht	3,5	2,7	2,2
Rechnen	3,6	2,6	2,3
Leibesübungen	2,7	2,4	2,4
Musik	2,9	2,6	2,2
Bildnerisches Gestalten	3,0	2,5	2,3

ja nicht nur über eine breitere Grundlage der Auslese, sondern auch —
wegen der höheren Stundenzahl — über reichere Möglichkeiten der
pädagogischen Förderung schwächerer Schüler verfügen." [333] Diese
Nachdenklichkeit wird nicht zuletzt dadurch wesentlich verstärkt, daß
wir bei unserer Untersuchung feststellen konnten, daß diese Diskrepanz
— bedingt durch Lehrermangel und Stundenausfall — sich bereits in der
Grundschule meist zu Ungunsten der Nebenfächer auswirkt (vgl. die
Erläuterungen zu Tabelle II) und dadurch noch weiter vergrößert wird.

2.6.5.2. Zensurenunterschiede: Jungen — Mädchen

Auch die Hypothese II wird durch die Auswertung unseres Zensurenmaterials bestätigt: Jungen werden fast in allen Fächern durchschnittlich
schlechter benotet als Mädchen.[334]

Die Ausnahmen bilden das Fach „Sachunterricht", in dem die Jungen
besser beurteilt wurden, und das Fach „Rechnen", in dem die Jungen
um nur 0,06 Notenstufen günstiger bewertet wurden.

Die Rangfolge der Fächer kann der Tabelle VI entnommen werden, wobei die Unterschiede zwischen den Durchschnittszensuren von den
Jungen her interpretiert worden sind (die Mittelwerte der Fachzensuren
bei Mädchen und Jungen in Tabelle VI sind mit denen der Tabelle III
identisch).

Tabelle VI:

*Arithmetische Mittel der Fachzensuren bei Mädchen und Jungen
und die Differenzen*

Fach	Mädchen	Jungen	Differenz
Sachunterricht	3,07	2,88	— 0,19
Rechnen	3,05	2,99	— 0,06
Beteiligung am Unterricht	2,58	2,64	+ 0,06
Religion	2,48	2,58	+ 0,10
Leibesübungen	2,48	2,58	+ 0,10
Bildnerisches Gestalten	2,65	2,81	+ 0,16
Muttersprachliche Bildung	2,88	3,15	+ 0,27
Verhalten in der Schule	1,60	1,89	+ 0,29
Handschrift	2,66	3,08	+ 0,42
Musik	2,40	2,85	+ 0,45

Dieses Ergebnis korrespondiert mit anderen Untersuchungsresultaten.[335]
So kam Rudolf Weiss [336] zu dem Befund, daß Mädchen in den Kopfzensuren und in *allen* Leistungsfächern günstiger beurteilt werden als

Abbildung 3:

Durchschnittszensuren von Mädchen und Jungen in 10 Schulfächern

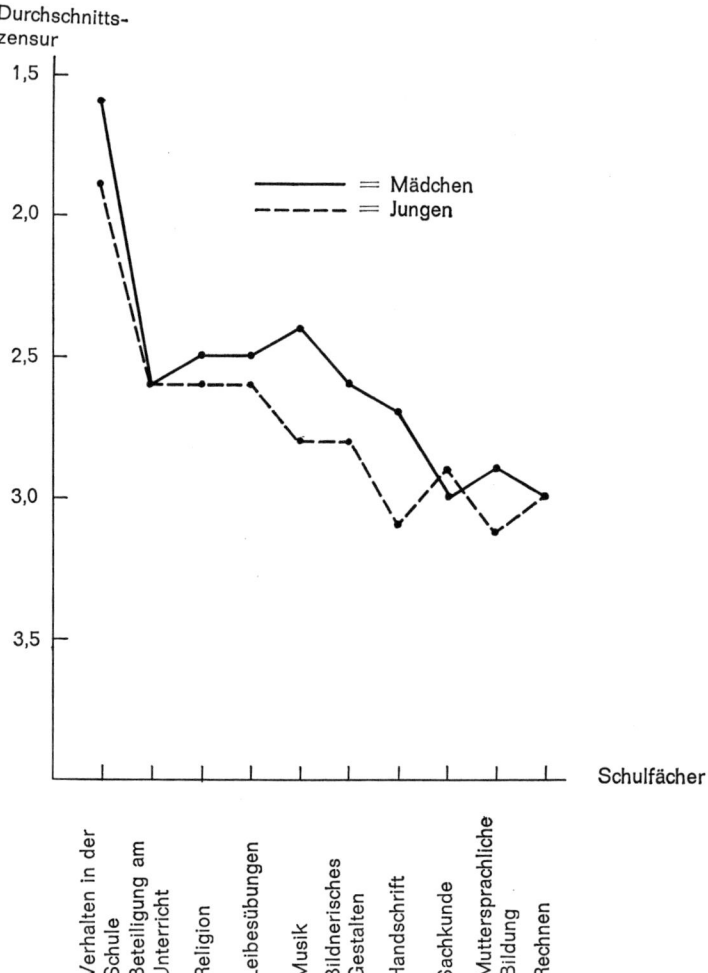

Jungen. Dieser Befund trifft bis auf die genannten Ausnahmen auch bei uns zu (vgl. auch Abb. 3).

Im Ergebnis der Untersuchung von Ferdinand und Kiwitz weichen nur die Durchschnittszensuren im Fach „Rechnen" von dieser Feststellung ab.

Die genannten Autoren gehen davon aus, daß eine höhere Intelligenz der Mädchen gegenüber der der Jungen nicht angenommen werden könne.[337] Vielmehr müssen die Gründe wohl im angepaßteren Verhalten der Mädchen, in ihrer stärkeren Lernmotivation, im größeren Fleiß, in der höheren Ausdauer und Zuverlässigkeit gesehen werden.

Damit wird aber der „Halo-Effekt" angesprochen, der hier wohl von besonderer Bedeutung ist. Von ihm sprechen wir dann, wenn bei einer Beurteilung eine ungerechtfertigte Übertragung und Ausstrahlung von einem Bereich der Persönlichkeit auf andere Bereiche stattfindet. — Eine Schülerin, die allgemein auf einen Lehrer einen guten Eindruck macht, wird in der Regel auch unter anderen tatsächlichen Gegebenheiten von diesem günstiger beurteilt werden.[338]

Auf die schulrelevanten Beispiele Aeblis [339] ist an anderer Stelle dieser Arbeit hingewiesen worden (vgl. Kap. 2.5.2.3.).

Von diesen Feststellungen lassen sich direkte Verbindungen zu unserem Untersuchungsergebnis ziehen:

a) Der geschlechtsspezifische Unterschied im Fach „Verhalten in der Schule" läßt darauf schließen, daß angepaßtes Verhalten auch „artiges" Benehmen beinhaltet (Disziplin, Gehorsam, Willigkeit usw.) und daß bei der Schülerbeurteilung von diesen Verhaltensweisen in der Tat Ausstrahlungen auf andere schulisch relevante Gebiete erfolgen können.

b) Bei den Jungen kommen in diesem Zusammenhang ganz andere Überlegungen zum Tragen. Hier vermutet Rudolf Weiss, daß gelegentlich „... eine schärfere Benotung bei den Knaben sogar bewußt als Disziplinierungsmittel gebraucht..." werden könne.[340]

c) Auch im Fach „Handschrift" fließen sicherlich Anpassungsleistungen wie Sauberkeit und Ordnungsliebe in die Zensierung mit ein. Das sind Leistungen, die von Mädchen wohl eher erwartet werden als von Jungen und wegen des bekannten Einflusses von Erwartungshaltungen auf Urteile [341] zensurenmäßig relevant werden können.

d) Da die Handschrift die Deutschzensur wohl mitbestimmt und darüber hinaus Mädchen (im Leistungsbereich) weniger kritisch beurteilt werden als Jungen [342], liegen hierin wohl mögliche Gründe einer besseren Beurteilung der Mädchen im Fach „Muttersprachliche Bildung".

e) Da das Fach „Musik" mehr eines „des freudigen Mittuns" ist, es darüber hinaus schulleistungsmäßig schwer quantifizierbar ist, neigen Lehrer hier besonders zu milder Zensierung. Da das Fach „Musik" noch dazu seit eh und je als „Domäne" der Mädchen innerhalb des Unterrichtskanons angesehen wird und dieser Vorgang auch gesellschaftlichen Erwartungen gerecht wird, darf darin der Niederschlag in besseren Zensuren begründet liegen.[343]

(Schließlich fällt ein Zusammenhang zwischen „Verhalten in der Schule" und dem Fach „Musik" auf, dem wir wegen des geringen Auftretens nicht nachgegangen sind; die vier Schüler, die bei „Verhalten in der Schule" statt einer Zensur eine Bemerkung erhielten, hatten in „Musik" die Note „mangelhaft")

f) Im Fach „Rechnen", in dem offensichtlich eine objektivere und stärker quantifizierbare Leistungsüberprüfung stattfindet, kam es zwischen den Durchschnittszensuren der Jungen und denen der Mädchen zu großer Annäherung.

g) Aus der Tatsache, daß in unserer Untersuchung die Jungen im Fach „Sachunterricht" eine bessere Durchschnittsnote erhalten als die Mädchen, können keine bündigen Schlüsse gezogen werden. Möglicherweise spielt hierbei ein eher den Jungen als den Mädchen zugesprochenes besonderes technisches und naturwissenschaftliches Interesse, eine größere Aufgeschlossenheit im Hinblick auf die umgebende Umwelt und eine ausgeprägte diesbezügliche Fragehaltung eine Rolle. Wenn es so wäre, ließe sich das wiederum nur durch die schon früh einsetzende geschlechtsspezifische erzieherische Einwirkung erklären.

Die strengere Bewertung der Jungen und die besseren Durchschnittszensuren der Mädchen stehen in direktem Widerspruch zum Anteil beider Schülergruppen am Übergang zu weiterführenden Schulen.

Hier sind es nicht die Mädchen, die — wie man annehmen müßte — aufgrund besserer Schulleistungen das Hauptkontingent derjenigen Schüler stellen, die zu weiterführenden Schulen überwechseln. Aus Tabelle VII geht hervor, daß nur 44 % der Mädchen zur Realschule (16 %) oder zum Gymnasium (28 %) übergehen wollen. Dagegen sind es 53 % der Jungen, die die weiterführenden Schulen besuchen werden.

Hansgert Peisert hat die Zahlen für den Bundesdurchschnitt in einer Studie ermittelt (wobei inzwischen leichte Verschiebungen berücksichtigt werden müßten). Danach sind es in der Bundesrepublik Deutschland 41 % der Mädchen, die zu weiterführenden Schulen überwechseln.[344]

„Hier ist es das Fortwirken eines sozialen Rollenbildes der Frau, das dieser die eigene Entfaltung in Bildung und Beruf verbietet und die Konzentration auf den Umkreis der häuslichen und familiären Pflichten nahelegt." [345]

Tabelle VII:

Absolute und prozentuale Häufigkeiten von Schülern aus drei sozialen Schichten im Hinblick auf Verbleib in der Volksschule bzw. Übergang zu weiterführenden Schulen

		Unterschicht			Mittelschicht			Obere Mittelschicht			Gesamt		
		M	J	Ges.	M	J	Ges.	M	J	Ges.	M	J	Ges.
V	Anz.	81	61	142	30	29	59	3	4	7	114	94	208
	%	40,5	30	35	15	14	14,6	1,4	2	1,7	56,9	46	51,6
R	Anz.	18	18	36	13	21	34	1	—	1	32	39	71
	%	9	9	8,9	6,5	10,4	8,4	0,5	—	0,3	16	19,4	17,6
G	Anz.	16	15	31	32	33	65	8	20	28	56	68	124
	%	8	8	7,7	16	15,7	16	4	9,9	7	28	33,6	30,7
Ges.	Anz.	115	94	209	75	83	158	12	24	36	202	201	403
	%	56,9	46,8	51,8	37	41,3	39,2	6	12	9	100	100	100

Abkürzungserklärungen:
V = Schüler, die auf der Volksschule verbleiben werden
R = Schüler, die zur Realschule überwechseln werden
G = Schüler, die zum Gymnasium überwechseln werden
M = Mädchen   J = Jungen   Anz. = absolute Häufigkeiten
%⸳ = prozentuale Häufigkeiten

Die Unterprivilegierung der Mädchen wirkt sich im Laufe der Ausbildungszeit nämlich dahingehend aus, daß diese Gruppe zu Beginn des Studiums nur noch mit 26 % beteiligt ist und als Examensabsolventen (17 %) schließlich total unterrepräsentiert ist.[346]

Dieser Vorgang ist insofern widersprüchlich, als Mädchen nicht nur in der Grundschule, sondern auch in der höheren Schule [347] durchschnittlich besser bewertet werden als Jungen, sie aber dadurch im anhaltenden Ausleseprozeß nicht begünstigt werden, sondern im Gegenteil die gesellschaftlichen und konventionell-traditionellen Leitbilder bewirken, daß eine zunehmende „Entweiblichung" auf dem Sektor der höheren Schulbildung und der qualifizierteren Ausbildungsgänge einsetzt; ein Vorgang, der — das können wir bereits anhand unseres Untersuchungsergebnisses nachweisen — bereits in der Grundschule abzulesen ist.

2.6.5.3. Zensuren und Schichtenzugehörigkeit

Schließlich wird auch unsere Hypothese III bestätigt, denn aufgrund unseres Untersuchungsergebnisses können wir eindeutig feststellen, daß Kinder aus der sozialen Unterschicht strenger bewertet werden als Kinder aus der sozialen Mittelschicht oder der Oberen Mittelschicht.[348]

Diese Frage war insofern wichtig, als die Wechselbeziehung zwischen sozio-kulturellem Milieu und Sozialstatus auf der einen und Schulerfolg auf der anderen Seite seit Jahren Gegenstand sozialwissenschaftlicher Auseinandersetzungen ist.[349]

Deshalb wollten auch wir bei unserer Untersuchung die Frage nach den Zusammenhängen zwischen sozialer Schichtzugehörigkeit und Zeugniszensuren nicht unberücksichtigt lassen.

Analog den Aussagen Helmut Schelskys [350] wurden aus diesem Grunde die Berufsbezeichnungen der Erziehungsberechtigten erfaßt und — wo dies in Zweifelsfällen notwendig wurde — im Hinblick auf eine eindeutige Kategorisierung durch die Klassenlehrer näher erläutert.

Bei der Aufgliederung nach Berufen orientierten wir uns am Schichtenmodell von Janowitz [351] und den dort genannten Berufsgruppen [352].

Das Status-System einer Gesellschaft wird gekennzeichnet durch die soziale Schichtung, die sich selbst wiederum aus mehreren Merkmalen zusammensetzt: Beruf, Bildungsgang und Bildungsstand, Einkommen usw. Der Beruf gilt dabei als das in unserer Gesellschaft repräsentativste Kriterium und eignet sich am besten für die Schichtenzuordnung. Die besonderen Merkmale der sozialen Schichtung einer mittleren Kreisstadt mit vorwiegend ländlichem Einzugsgebiet, die Größe der Stichprobe und sekundär auch untersuchungsökonomische Erwägungen führten dazu, daß wir die folgenden drei Berufsschichten unterschieden:

I. Freie Berufe, Leitende Angestellte,
Beamte des höheren Dienstes,
wohlhabende, selbständige Geschäftsleute und Unternehmer usw.

II. Mittlere Angestellte, Beamte des mittleren und gehobenen Dienstes,
selbständige kleinere Geschäftsleute, Handwerker und Unternehmer,
Meister, Techniker, größere Landwirte usw.

III. Ungelernte und angelernte Arbeiter,
unselbständige Handwerker, Facharbeiter,
Landwirte mit kleinen Betrieben (Nebenerwerbsbetrieben) usw.

Im weiteren Verlauf der Arbeit werden diese Berufsschichten weitgehend als Sozialschichten [353] interpretiert:

I. Obere Mittelschicht
II. Mittelschicht
III. Unterschicht

Aus Tabelle VII können wir sowohl die absoluten Zahlen wie die entsprechenden Prozentwerte der Jungen und Mädchen unserer Stichprobe nach unserem Schichtenmodell und auch im Hinblick auf den zukünftigen Übergang zu den weiterführenden Schulen entnehmen. Dabei entsprechen unsere Prozentwerte (Unterschicht: 51,8 % — Mittelschicht: 39,2 % — Obere Mittelschicht: 9,0 %) in etwa den Werten anderer Untersuchungen — wenn man leichte strukturelle Verschiebungen der letzten Jahre berücksichtigt —, die zur Erforschung der Gesellschaftsschichtung gemacht worden sind.[354]

Es ist inzwischen allgemein bekannt und hinreichend belegt, daß sich die Ungleichheit der Bildungschancen unter anderem in der Disproportioniertheit des Anteils der Kinder aus den verschiedenen sozio- ökonomischen Bevölkerungsschichten an der Schülerschaft besonders der Gymnasien niederschlägt.[355]

Was im vorausgehenden Kapitel für die Mädchen gesagt wurde, gilt hier nun für die Unterschichtkinder: auch sie werden nicht entsprechend ihrem Bevölkerungsanteil an den Möglichkeiten weiterführender Bildung und höherer Qualifikation beteiligt.

Aus Tabelle VII ersehen wir,

1. a) — daß von 209 Kindern der Unterschicht
67 Kinder zur Realschule (36) oder zum
Gymnasium (31) überwechseln werden,

b) — daß dieses divergierende Verhältnis bei den Unterschicht-Mädchen noch ausgeprägter ist als bei den Unterschicht-Jungen.

2. — daß das Verhältnis bei den Mittelschichtkindern folgendermaßen aussieht:

von 158 Kindern gehen hier
99 Kinder zur Realschule (34) oder zum
Gymnasium (65).

3. — daß das Verhältnis bei den Kindern der Oberen Mittelschicht sich zu dem der Unterschichtkinder diametral verhält:
von 36 Kindern gehen
29 Kinder zur Realschule (1) oder zum
Gymnasium (28).

4. a) — daß diejenigen Kinder, die aus der Unterschicht zu weiterführenden Schulen gehen werden, fast ausgewogen den Realschul- oder den Gymnasium-Besuch anstreben,

 b) — daß dieses Verhältnis sich in der Mittelschicht im Sinne von 2:1 für den Besuch des Gymnasiums wandelt und

 c) — daß das Verhältnis in der Oberen Mittelschicht eindeutig (28:1) vom zukünftigen Besuch des Gymnasiums bestimmt wird.

5. a) — daß die Volksschulmittel- und Volksschuloberstufe zur Hauptschule mit überwiegender Anzahl von Unterschichtschülern wird,

 b) — daß in der Realschule ein relativ ausgewogenes Verhältnis zwischen Schülern der Unter- und Mittelschicht vorherrscht, die Kinder der Oberen Mittelschicht jedoch völlig unterrepräsentiert bleiben und

 c) — daß das Gymnasium zur Schule für die Kinder der gehobenen Schichten wird, in der am Anfang zwar ein Anteil von ca. einem Drittel Unterschichtkinder vorhanden ist, diese Schüler jedoch überproportional im Laufe der Gymnasialzeit herausselektiert werden.[356]

Wenn Bildung als „Bürgerrecht" (Dahrendorf) definiert wird, dann wird sie einerseits beschrieben „... als *soziales Grundrecht* der Bürger, das nur durch unterschiedliche Leistungsfähigkeit und -bereitschaft in seiner Ausübung begrenzt werden darf..." und andererseits „... als *soziale Pflicht,* die aus den funktionalen Erfordernissen industrieller und demokratischer Gesellschaften herrührt"[357].

Der *Rechtsanspruch* erwächst aus dem Wortlaut der meisten Länderverfassungen in der Bundesrepublik. Hier ist nämlich das Recht auf Schulausbildung für jeden jungen Menschen entsprechend seiner Begabung ohne Rücksicht auf die wirtschaftliche Lage und die gesellschaftliche Stellung der Eltern verankert.

Der *Begabungsbegriff* wiederum kann im modernen erziehungswissenschaftlichen Verständnis wohl nur noch aktivisch im Sinne von „jemanden begaben" (Heinrich Roth) verstanden werden.

So gesehen darf die Schule nicht hinnehmen, daß Kinder familial geprägte Sozialisationsprozesse in der Schule ausbauen und verfestigen können. Auf Schichtenunterschiede müßte die Schule kompensatorisch einwirken: je früher, desto besser und wirkungsvoller! Sonst bleibt der Vorwurf bestehen, daß die Schule als Institution der Mittelschicht gelte und die Förderung der Unterschichtkinder (immerhin über 50 % eines Schuljahrganges!) sträflich vernachlässige.

Unsere Untersuchung zeigt, daß am Ende von vier Grundschuljahren der schulische Selektionsprozeß in Gang gesetzt worden ist und schichtenspezifische Förderung (für die gehobenen Schichten) und Nicht-Förderung (für die Kinder der Unterschicht-Eltern) vorprogrammiert sind.

So können wir der Tabelle VIII entnehmen, daß es in einigen Fächern keine Unterschiede in den Durchschnittszensuren zwischen Oberer Mittelschicht und Mittelschicht gibt, daß aber die Durchschnittswerte der Unterschicht klar unter denen der beiden anderen Schichten liegen (Ausnahme: „Musik").

Tabelle VIII:

Durchschnittszensuren von Schülern aus drei sozialen Schichten in 10 Schulfächern

Fach	Unterschicht	Mittelschicht	Obere Mittelschicht
Verhalten in der Schule	1,7	1,8	1,8
Beteiligung am Unterricht	2,7	2,4	2,2
Religion	2,7	2,4	2,1
Muttersprachliche Bildung	3,4	2,9	2,7
Handschrift	2,8	2,7	2,7
Sachunterricht	3,2	2,8	2,4
Rechnen	3,3	2,7	2,5
Leibesübungen	2,7	2,5	2,5
Musik	2,6	2,6	2,2
Bildnerisches Gestalten	2,9	2,3	2,3

Dieses Ergebnis kann auch in Abbildung 4 wahrgenommen werden. Die schichtenspezifischen Kurven liegen in einer hierarchischen Gliederung übereinander, wobei besonders in den Fächern „Sachunterricht", „Rechnen" und „Muttersprachliche Bildung" ein starker Abfall der unteren Kurve zu verzeichnen ist.

Abbildung 4:

Durchschnittszensuren von Schülern aus drei sozialen Schichten in 10 Schulfächern

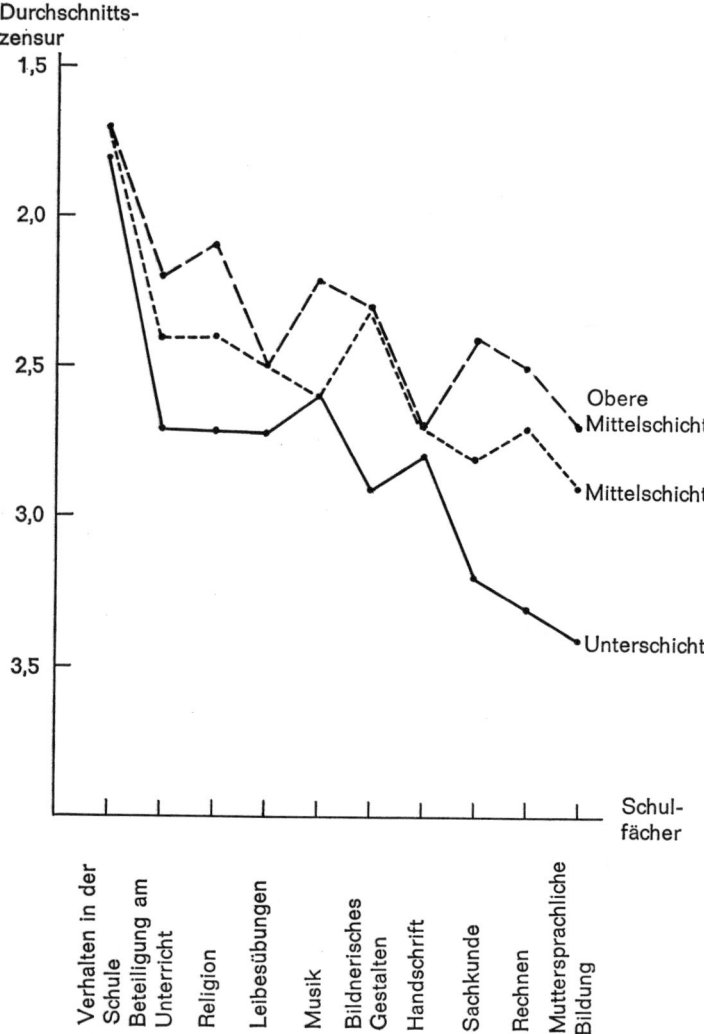

Wir müssen in diesem Zusammenhang zur Kenntnis nehmen, was Rüdiger Lautmann sagte: „Jede Zensur ist ein Baustein zur Schichtenposition des Schülers ...", weil der erreichbare Grad der Ausbildung und die mögliche Berufsposition wesentlich vom Schulabschluß abhängen.[358]

So stehen soziale Schichtenzugehörigkeit und familiäres Milieu auf der einen Seite und auf der anderen Seite die Schulleistung des Schülers in enger Wechselbeziehung. Die Schule als Mittelschicht-Institution erzieht und beurteilt Kinder nach Maßstäben der Mittelschicht, was zur hinreichend nachgewiesenen Selektion der Unterschichtkinder führt.

Wie früh dieser Prozeß bereits ausgeprägte Formen annimmt, zeigt unser Untersuchungsergebnis. Nach vier Schulbesuchsjahren sind deutliche Leistungsunterschiede vorhanden. Und wenn Kinder den Mittelschicht-Normen nicht gerecht werden (sprich: versagen), können sie scheinbar ganz legitim vom Besuch der weiterführenden Schulen ausgeschlossen werden.

2.6.6. Schlußbemerkungen

„Die vierjährige Grundschule ist ganz offensichtlich nicht in der Lage, die schon vor Schulbeginn einsetzende Benachteiligung der geistigen Entwicklung der Kinder aus niedrigeren sozio-kulturellen Schichten auszugleichen." [359]

Hiermit soll jedoch kein Vorwurf an die Adresse der Grundschullehrer gerichtet werden. Sich des Problems mit dieser einseitigen und naiven Begründung zu entledigen wäre gleichermaßen unfair und unwissenschaftlich. Dafür gibt es auch gar keinen Anlaß, solange in unserem Bildungssystem so viele Fragen grundsätzlicher Art nicht beantwortet werden. Hierzu wollten wir einen Diskussionsbeitrag leisten, denn unsere Ergebnisse sind *indirekt* auch Aufforderungen

1. zur frühestmöglichen sozialen Erziehung, also der institutionalisierten Vorschulerziehung,

2. zur Verbreitung objektiver Meßverfahren in der Schule, wo sie möglich sind, und für zensurenfreie Räume, wo das Lehrerurteil vorhersehbar subjektiv bestimmt ist,

3. zur kritischen Überprüfung der Gewichtigkeit der einzelnen Fächer und ihrer Funktion für die soziale Weichenstellung von Schülern,

4. zur Schaffung eines horizontal gegliederten Schulwesens mit größtmöglicher Durchlässigkeit.

Direkt meinen wir den Beweis erbracht zu haben, daß in allen Schulen sehr konkret nachzuweisen ist, daß fachspezifische, geschlechtsspezifische und schichtenspezifische Zensierungsunterschiede den Zeugnisnoten entnommen werden können. Diese Unterschiede sind auf Ursachen zurückzuführen, welche dem Grundsatz der Chancengleichheit widersprechen.

2.7. ZUSAMMENFASSUNG DER BISHER GEMACHTEN REFORMVORSCHLÄGE

Flitner stellte 1966 fest, daß die kritische Erörterung zum Thema „Zensur und Zeugnis in der Schule" unbefriedigend bleibe, „solange die Alternativen noch so wenig entwickelt sind." [360] In der Tat fällt auf, daß es zahlreiche kritische Stellungnahmen gibt, ohne daß sich daraus in der jahrzehntealten Diskussion auch für die deutsche Erziehungswissenschaft so etwas wie eine „Docimologie" (Frankreich), eine „Didakometrie" (Schweden) oder ein „Educational Measurement" (angelsächsische Länder) ergeben hätte.

Dieser krasse Gegensatz zwischen der Bedeutung, die Zensur und Zeugnis in unserem Schul- und Ausbildungswesen und für unsere Gesellschaft besitzen, und der mangelhaften methodologischen und theoretischen Auseinandersetzung mit Beurteilungs- und Bewertungsvorgängen liegt wohl darin begründet, daß traditionsgebundene, naiv vertrauende oder auch resignierende Einstellungen gegenüber dem Vorgang des pädagogischen Messens als praktischem Tun mit starker rechtlicher, schulbürokratisch gestützter Bedeutung vorherrschten.

Ehe über die gegenwärtigen Tendenzen berichtet wird, soll der Versuch gemacht werden, die Reformvorstellungen, die bisher entwickelt worden sind, darzustellen. Diese Darstellung bleibt notwendigerweise lückenhaft: Nicht alle Reformvorschläge konnten berücksichtigt werden, doch reicht der Spannungsbogen von der absoluten Ablehnung der Ziffernnote über das Wortzeugnis und wesentliche Modifikationen der Ziffernbeurteilung bis zu Fragen der Beteiligung der Schüler an schulischen Zensierungsvorgängen.

2.7.1. Das Wortzeugnis

Im Wortzeugnis gewinnt die Sprache als Ausdrucksmittel erhöhte Bedeutung. Weil kein festes Schema benutzt wird, steigt die persönliche Verantwortung des Lehrers bei der schriftlichen Festlegung des Beurteilungstextes erheblich.

Als klassisches Beispiel für die psychologisch charakterisierende Beurteilung müssen die Berichte J. Fr. Herbarts an Herrn von Steiger über dessen Söhne aus seiner Hauslehrerzeit genannt werden.[361]

Das Wortzeugnis ist sehr früh als die eigentlich einzige wirkliche Alternative zum Ziffernzeugnis erkannt worden.

Paul Bader hat bereits 1913 darauf hingewiesen, daß Ziffernnoten kaum gerecht sein können, da sie nicht alle Aspekte einer Leistungsbeschreibung entsprechend dem individuellen Vermögen oder Unvermögen fassen können. „Wie sicher und überzeugend wirkt dagegen ein in Worten ausgedrücktes Zeugnis, wenn z. B. gesagt wird, daß einen Schüler eine gute Auffassungsgabe, rasche Entschlußfähigkeit, seltene Willensenergie, Interesse und Aufmerksamkeit auf diesem oder jenem Gebiete auszeichne, oder daß in den genannten Eigenschaften ein Mangel zu bemerken sei und worin er vielleicht begründet ist." [362]

Jakob Sost berichtete, daß in Hamburg nach einer Verfügung vom 13.01.23 der Leiter der Grundschule „ein Bild des tätigen Schülers entwerfen soll, wie es sich aus den Beobachtungen der sich entfaltenden kindlichen Fähigkeiten vorläufig darstellen läßt." [363] Gleichzeitig mußte Sost jedoch bei seinen Untersuchungen feststellen, daß sich der überwiegende Teil der von ihm befragten Lehrerinnen und Lehrer für die Beibehaltung der Ziffernzeugnisse aussprach.

Zeidler trat aus der Erkenntnis heraus, daß das Ziffernzeugnis unzulänglich und oberflächlich sei, für die *Charakteristik* ein. Allerdings wies er dabei auf die „völlige Verworrenheit des Sprachgebrauchs im Lager der Psychologen" hin und sagte, daß „von einer allseitig anerkannten Terminologie nicht die Rede sein" könne.[364] „Unzählige Worte und Wendungen haben einen verschiedenen Sinn oder eine andere Färbung, je nachdem sie von diesem oder jenem angewandt oder aufgenommen werden. Dazu kommt der wohl nie ganz zu beseitigende Unterschied zwischen wissenschaftlicher und volkstümlicher Ausdrucksweise, der zu den bedenklichsten Komplikationen führen kann." [365]

Jakob Sost war zwei Jahre vorher zu dem gleichen Schluß gekommen und konnte feststellen: „Ein Zeugnis in frei gewählten Worten ist weit vieldeutiger als ein Ziffernzeugnis und in weit höherem Maße von der Persönlichkeit des Beurteilenden, von seinem Wortschatz, seiner Beobachtungsgabe und seiner Einstellung zum Schüler beeinflußt." [366]

Zeidler plädierte daher für eine vorsichtige und zurückhaltende Handhabung der Charakteristika, bis weitere psychologische Erkenntnisse die Möglichkeiten der verbalen Beurteilung vergrößern. Dann erst wird das Schulzeugnis seiner doppelten Aufgabe gerecht: „dem Schüler eine Hilfe auf dem Wege zur Selbsterkenntnis und Selbsterziehung zu sein und den mit berechtigten Ansprüchen an die Schule und den Schüler herantretenden Instanzen eine Hilfe zum Verständnis des Einzelnen und zur Abschätzung der in ihm vorhandenen Möglichkeiten." [367] Dieser Aufgabe kann — so Zeidler — die sachlich scheinende Ziffer nicht dienen.

Das Hauptproblem ist bis heute ungelöst geblieben.

So mußte Walter Dohse bezweifeln, daß durch eine Charakteristik ein objektives, gehaltvolles und verstehbares Wesensbild des Schülers aufgezeigt werden könne,

— da nicht alle Lehrer über die qualitative hochwertige psychologische Ausbildung verfügen, die für eine so schwierige Aufgabe notwendig sei,

— da jeder Psychograph eine individuell divergierende Sicht- und Beurteilungsweise habe,

— da zwischen dem Verhalten eines Kindes in der Schule und außerhalb der Schule eine tiefe Kluft bestehe, aus der die Gefahr der Einseitigkeit und Unvollständigkeit der Aussagen erwachse,

— da die Methoden der Charakterologie wissenschaftlich noch zu wenig entwickelt seien,

— da sich die Sprache als kein sicheres Mittel der Verständigung auf diesem Sektor erweise und Charaktereigenschaften beschreibende Wörter immer wertend seien,

— da die große Gefahr des Mißverständnisses seitens des Lesers mit allen ihren möglichen Folgen nicht einkalkuliert werden könne.[368]

Dennoch stießen sich Lehrer an der sehr unpersönlichen Form des Zeugnisses und suchten nach persönlicheren Wegen, dem Schüler das Lehrerurteil mitzuteilen.

Alfred Bogen hat in den zwanziger Jahren und auf dem Hintergrund reformpädagogischer Bestrebungen die starre Zeugnisform durchbrochen und jedem Schüler persönlich einen *Zeugnisbrief* geschrieben. Ein Beispiel soll den Stil dieser Briefe offenkundig werden lassen:

„H. Ha., ein Überblick über Deine im Vorjahre geleistete Arbeit zeigt, daß Du in Treue und mit Eifer das Deine getan hast. Deine redliche Arbeit lohnte. Im Rechnen und besonders im Rechtschreiben sind Deine Leistungen bedeutend besser als gegen Ende des Vorjahres. Zu loben ist auch Dein Eifer im Lesen. Du hast fleißig in Erdkunde gearbeitet, hast uns Unterrichtsgut herbeigeschafft, hast das Klassengut bestens gepflegt. Deine Aufsätze habe ich gerne gelesen. Wir danken für Deine eifrige, vielseitige und frohe Arbeit zu unserem Klassenfeste. Du hast zu einem guten Gelingen sehr viel beigetragen. Auch für Mitarbeit an unseren Harzbüchern verdienst Du Anerkennung. Du wirst in die Oberklasse versetzt.

                Berlin, den 29. September 1923

Dein Rektor   Dein Lehrer

O. Schmidt   Alfred Bogen"[369]

Bogen wurde in seinen Bestrebungen, Zeugnisse in freier und persönlicher Formulierung abzugeben, auch von den Eltern der Kinder und den späteren Arbeitgebern seiner Schüler bestärkt. Die „Zeugnisbriefe" „fanden bei den Eltern restlose Zustimmung. Eine Elternversammlung, die sich in Rede und Gegenrede ausführlich mit ihnen beschäftigte, beauftragte mich, nur noch Zeugnisse in dieser Form zu geben. Von Lehrherren, von Leitern großer Werke habe ich mündliche und auch schriftliche Zustimmungen erhalten." [370]

Auf gleicher Ebene, wenn auch differenzierter, lagen die Bemühungen von Peter Petersen, der in Jena zwischen dem *objektiven* und *subjektiven Bericht* unterschied.

„Für die objektive Charakteristik tragen alle Lehrer, die mit dem Kinde zu tun hatten, ihre Beobachtungen und Urteile über das Kind ein und stellen sie den Eltern zur Einsicht, zur kritischen Stellungnahme und zur schriftlichen Gegenäußerung frei. Den Eltern wird eingeschärft, zu bedenken, daß alles, was dort niedergelegt sei, für sie und nicht für ihre Kinder bestimmt sei. Der objektive Bericht soll dazu dienen, die Eigenart des Kindes, seine Begabungen, Neigungen so vielseitig wie nur möglich im rechten Lichte erkennen zu lassen, damit die beste gemeinsame Erziehungsarbeit an ihm daheim und in der Schule in gleicher Front und nach gleichen Grundsätzen einsetzen kann.

Aus dem objektiven verfaßt jeder Gruppenleiter für das Kind den subjektiven Bericht, dazu bestimmt, dem Kinde in die Hand gegeben und von jedermann gelesen zu werden, dem Eltern und Kinder ihn geben wollen. Es bildet die Aufgabe des Lehrers, nur das dem Kinde zu sagen, was nach seiner besten Überzeugung für dieses Kind das Beste ist, die reinste erzieherische Wirkung auszuüben imstande sein mag. So muß manches verschwiegen, anderes milder oder stärker gesagt werden als im objektiven Berichte." [371]

Ein *kombiniertes* Zeugnis wurde erstmals von J. Stoß vorgestellt:

„Nach den Personalien des Schülers und den Urteilen über die Schülerleistungen folgen Fragen dieser Art:

1. Welche Unterrichtsgegenstände bereiten dem Schulkinde geringere, welche größere Schwierigkeiten?
2. Für welche Unterrichtsgegenstände und Beschäftigungen in Schule und Haus ist besondere bzw. keine Vorliebe vorhanden?
3. Sind die höheren Leistungen Ergebnisse des Fleißes, hoher Allgemeinbegabung oder Sonderbegabung für die betreffenden Fächer?
4. Werden die Schulleistungen durch häusliche Verhältnisse gehemmt oder gefördert?

Desweiteren folgt ein Psychogrammschema, das die geistigen Fähigkeiten des Schülers analysiert und auch Aufschluß über seinen körperlichen Zustand gibt." [372]

Stoß mußte zugestehen, daß die Ausstellung eines solchen umfangreichen Zeugnisses sowohl psychologische Schulung als auch bedeutende Mehrarbeit für die Lehrer erfordert. In Anbetracht der existentiellen Bedeutung von Schulzeugnissen meinte er jedoch, dies den Lehrern zumuten zu müssen.

Nach dem II. Weltkrieg wurde die abgebrochene Diskussion wieder aufgenommen, da das Wortzeugnis als die Urform der Zeugnisgebung angesehen wurde (vgl. Kap. 2.1.2.). Auch jetzt wurde bei den Verfechtern des Wortzeugnisses die Tendenz zur Verschiebung des Schwerpunktes von der *Leistungs-* zur *Allgemeinbeurteilung* deutlich erkennbar.

So hielt Albrecht z. B. die Beurteilung der kindlichen „Gesamtwesensart" für den entscheidenden Bestandteil des Schulzeugnisses. Als wichtigste Strukturelemente dieses Wesensbildes wurden von ihm genannt:

„a) Körperliche Verfassung
Gesundheit, Kräftigkeit und Frische, Elastizität, Ausdauer und Zähigkeit, Beweglichkeit, Geschick und Rhythmik, Linkshändigkeit

b) Kräftehaushalt
Kraftfülle (Energie), Belastungsfähigkeit, Ermüdbarkeit, Beherrschtheit, Zeitmaß des Erlebens

c) Triebe, Neigungen, Interesse
Impulsivität, Suggestibilität, Lesen, Basteln, Sammeln

d) Lernwille, Bildungswille
Schaffensfreude, Aktivität

e) Willensleben

f) Gefühlsleben

g) Haltungen, Stimmungen
ruhig, langsam, still, froh, stetig, ausgeglichen, kraftbewußt, aktiv, spontan, rezeptiv, sicher, selbstbewußt, gutwillig, eigenwillig, nüchtern, planvoll, sorgfältig; gewissenhaft, verantwortungsbewußt, bescheiden, taktvoll, zurückhaltend, schüchtern, aufdringlich, vorlaut, zutraulich, ehrlich

h) Aufmerksamkeit

i) Gedächtnis

k) Ausdrucksverhalten
Ausdrucksfreude, Ausdrucksfähigkeit, Mimik, Pantomimik, Gestik, Sprechen, Singen, Musizieren, Spielen, Tanzen, Zeichnen, Schreiben, Formen, Basteln, Bauen

l) Manuelles Geschick und praktisches Verhalten

m) Soziales Verhalten

n) Geistiges Leben

Aufgeschlossenheit, Ansprechbarkeit, Fragelust, geistige Beweglichkeit, Vorstellungsleben, Auffassen, Wahrnehmen, Beobachten, Phantasie, Denken, Tiefe, Weite, Schnelligkeit, Bestimmtheit, Eigenständigkeit, Leistungshöhe, Leistungsbreite, Begabungshöhe und Begabungsausprägungen, konkret-gegenständlich, praktisch, theoretisch, abstrakt, künstlerisch, naturwissenschaftlich, technisch, Zahl und Form betreffend, sprachlich, geschichtlich, sozial

o) Abweichungen vom Durchschnitt in körperlicher und geistiger Hinsicht,
Außenseitertum." [373]

Dieses „Gesamtwesensbild" sollte wegen der „lebensnahen Unmittelbarkeit" in freier Form von einem Lehrer mit gründlicher psychologischer Vorbildung und vielseitiger Erfahrung abgegeben werden.

Max Simoneit verglich bei seinen Überlegungen noch einmal verschiedene Skalen und tradierte Zensierungsmöglichkeiten miteinander und kam zu folgendem Ergebnis: Die „wertende *Beschreibung*" muß zur neuen schulpädagogischen Aufgabe erklärt werden, da ein solches Verfahren „dem pädagogischen Gefühl für das Kind mehr entspricht, auch wenn ein solches Gefühl weniger objektiv erscheint." [374]

Die „wertende Beschreibung" ist ein Individualitätsbild, das durch Hinweise auf Schulleistungen ergänzt wird. Sie soll die Problematik deutlicher machen, damit „das Zensurenzeugnis aus seiner staatlichen Rangierungsfunktion in eine pädagogische Erkenntnisfunktion" übergeleitet werden kann.[375]

Simoneit möchte mit seinen Vorschlägen die Zensur völlig überflüssig machen; individuell ausgeprägte Schwerpunkte des Interesses und des Leistungsvermögens sollen beschrieben werden. „Eine vernünftige, nicht als staatliche Zensierungsinstanz, sondern als Einrichtung zum Helfen wirkende Erziehung könnte mit der laufenden Schülercharakterisierung auskommen ... Mitteilungen über die Erziehungsentwicklung ihrer Kinder an die Eltern sollen dann nicht erst zu bestimmten Terminen erfolgen ..., sondern laufend, geregelt durch die pädagogische Notwendigkeit. Versetzungen ... würden ohne Zensuren-Zeugnisse erfolgen, Nichtversetzungen ohne Zeugniserteilung an die betroffenen Kinder in intimer Verhandlung zwischen dem Lehrer und den Eltern." [376]

Damit bezog Simoneit den extrem liberalen Standpunkt in der Nachkriegsdiskussion. Lediglich beim Schulabschluß sollten in einem „*Individualitätsbild*" die Einzelleistungen stärker hervorgehoben werden, „wobei die gesamte Beschreibung und Bewertung auf eine oder mehrere Berufsmöglichkeiten auszurichten wären." [377]

Ausgehend von der Einsicht, daß der zensierende Lehrer „mit jedem rechnerisch vorgehenden Zensierungsverfahren seine menschliche

Freiheit einer Objektivitäts-Illusion opfert" [378], waren die Vorstellungen Simoneits wenn auch unkritisch utopistisch, so doch zumindest vom Ansatz her konsequent. Leider wurde dieser Ansatz von Simoneit in einem späteren Beitrag [379] nicht wesentlich erweitert, so daß seine (fast isoliert) auf das Individuum gerichteten Vorschläge und vom pädagogischen Moment des Helfens geprägten Aussagen ohne große Resonanz blieben. — Lediglich der Titel seines Buches ist zum Schlagwort geworden.

Walter Horney faßte in einem Handbucharartikel die Argumente zusammen und nannte folgende Vorzüge einer *Charakteristik* oder eines *Gutachtens:*

1. Ein lebendiges Bild des Schülers kann gezeichnet werden, „in dem die konstitutionellen und sozialen Leistungsfaktoren deutlich hervortreten" können.

2. Fleiß und Begabung können beschrieben und dadurch besser berücksichtigt werden.

3. Es wird nicht nur quantitativ gewichtet, sondern die Beurteilung ermöglicht eine Annäherung an die Eigenart jeder Leistung.

Gleichzeitig gab Horney aber auch zu bedenken, „daß bei solchen Schülerbeurteilungen und -beschreibungen die Gefahr der Subjektivität erheblich größer ist als beim Ziffernzeugnis." [380]

Nur ein Beitrag wurde (trotz mangelnder inhaltlicher Begründung) wegweisend in seinen vier thesenartigen Aussagen: der Bericht von Anne Banaschewski. Sie veröffentlichte eine Stellungnahme des Ausschusses „Recht des Kindes", in der Vorschläge unterbreitet wurden, die Ziffernzeugnisse zu überwinden und zu einer neuen Beurteilungsweise in der Schule zu gelangen. Darin hieß es:

1. „Leistungen werden gemeinsam mit der Klasse bewertet, Stärken und Schwächen werden herausgestellt (ohne Einordnung in eine Nummernskala). Dabei lernt jeder einzelne, vorsichtige Kritik zu üben und sie zu ertragen."

2. „Statt der Zeugnisse werden Berichte gegeben, die das Kind ermuntern, seine Schwierigkeiten zu überwinden und es anerkennen in der geleisteten Arbeit."

3. „Für jeden Schüler müssen regelmäßige Beobachtungsbögen geführt werden, damit den Eltern und dem Kind zweckvolle Ratschläge gegeben werden können."

4. „Den einzelnen Schulen sollte grundsätzlich größtmögliche Verfahrensfreiheit bei Verständigung mit den Eltern gegeben werden." [381]

Mit diesem Beitrag wurden vier wichtige Perspektiven sichtbar:

1. Die Betroffenen müssen an der Notenfindung und -erteilung beteiligt werden.
2. Ziffernzeugnisse müssen ersetzt werden durch geeignete andere Aussagemöglichkeiten, wobei sich der Bericht und der Beobachtungsbogen als vorläufige Lösung anbieten.
3. Nicht das Klassifizieren ist wichtig, sondern die helfende Bewertung, die durch ständige Ermunterungen motiviert.
4. Bürokratische Überforderung sollte zugunsten schulinterner Eigenverantwortlichkeit abgebaut werden.

Die z. Z. laufenden Gesamtschulversuche zeigen, daß diese Wege realisierbar und begehbar sind (vgl. auch Kap. 3.4.).

2.7.2. Darstellung von Entwicklungsverläufen

Schon immer war kritisiert worden, daß Zeugnisse nur einen Querschnittüberblick ermöglichen und tatsächliche Entwicklungsverläufe verdecken.

H. W. Witthöft [382] versuchte mit seinen „Schulbahnen" das Zeugnis aus einem Dasein als relativ isoliertes Ereignis herauszuführen. Durch Eintragung der Noten in ein fünfliniges System und Verbindung der Noten durch Striche während der acht Schuljahre sollten die Fort- und Rückschritte des Schülers sehr anschaulich gemacht werden.

Witthöft wollte, daß das Zeugnisformular den Schüler auf seiner ganzen Schulbahn begleiten sollte; auch beim Eintritt in eine weiterführende Schule oder beim Übergang in eine Hilfsschule sollte es nicht gewechselt werden, damit das Bild der Schulentwicklung des Kindes nicht unterbrochen wird. Ein einzelnes Zeugnis — so Witthöft — zeige nicht die Entwicklung oder die Schwankungen der Leistungen, die durch die Schulbahnen dargestellt werden können. Nicht der kurzfristig dargestellte Leistungsquerschnitt, sondern der langfristig aufgezeichnete Leistungslängsschnitt sollte wichtige Aufschlüsse über das Vermögen des Schülers im Rahmen der schulischen Anforderungen ermöglichen.

Doch auch dieses Modell orientierte sich an der Ziffer, und es ist wohl nicht zu leugnen, daß die Normierung der Leistungen durch Noten zu „Schematismus und geistlosem Mechanismus" (Sost) führen kann.

Das, was Witthöft in seinen „Schulbahnen" entwickelt hatte, wurde später auch von A. Schweizer [383] mit dem „Kurvenzeugnis" angestrebt. Für jedes Unterrichtsfach wird eine Polygondarstellung gegeben. In Richtung der y-Achse wurden die Zensurennoten aufgetragen. Wie sich der Schüler im Laufe der Zeit „entwickelte", ob seine Leistungen besser oder schlechter wurden oder gleich blieben, konnte man sehr anschaulich erkennen (s. S. 138).

Aber auch dieses Leistungsdiagramm basierte auf der Ziffernnote.

Schulzeugnis.

Name: Karl Lückerath   Bekenntnis: kath.

geb.: 30. 4. 1911.   Geburtsort: Bonn.   Schuleintritt: 1. 4. 1917.

Name des Vaters: Paul L.

Stand: Schneidermstr.   Wohnung: Poststr. 4

Schule:	Volkssch Ringstr.	„	„	„	„	„	„	
Schuljahr:	1	2	3	4	5	6	7	
Klasse:	7	6	6	5	4	3	2	
Versäumnisse mit E. (Halbtage)	24	48	10	31	16	29	18	
ohne E.	2	3	—	—	1	—	—	

Betragen

Fleiß

Aufmerksamkeit

Religion

Lesen

Sprachlehre

Rechtschreiben

Die persönliche Leistungskurve (graphique personnel)

Persönliche Leistungskurve des Schülers ....

für die Woche vom .... bis ....

	Lesen – Gedichtvortrag	Diktat	Aufsatz	Rechnen	Raumlehre	Geschichte	Erdkunde	Naturkunde	Naturlehre	Zeichnen	Werken	Charakterliche Haltung	Gemeinsinn	Aufmerksamkeit	Fleiß	Druckerei	Vorträge (Vorhaben)
Sehr gut																	
Gut																	
Befriedigend																	
Ausreichend																	
Mangelhaft																	
Ungenügend																	

Unterschrift der Eltern   Unterschrift des Lehrers

....

Hans Jörg [384] griff das Problem der *„persönlichen Leistungskurve"* nach dem II. Weltkrieg wieder auf und orientierte sich dabei an dem französischen Pädagogen Célestin Freinet.

Freinet teilte wöchentlich an jeden Schüler eine persönliche Leistungskurve aus, die gesammelt später als Grundlage für die Zeugnisnoten dienten (s. S. 139).

„Täglich werden in diese Tabelle die für die Einzelleistungen erzielten Noten eines jeden Schülers entweder vom Lehrer oder Gruppenverantwortlichen eingetragen. Bei den Noten für Haltung, Gemeinsinn und Fleiß stimmt die Klassengemeinschaft am Ende der Woche mit ab. Immer wird die Beurteilung zunächst als Punkt in die entsprechende Spalte eingetragen. Erst samstags wird die Leistungslinie von Punkt zu Punkt durchgezogen." [385] Die gesammelten Wochenkurven sollen einen aufschlußreichen Einblick in das individuelle Leistungsstreben und -vermögen eines Schülers im Laufe des Schuljahres geben.

Nach dem II. Weltkrieg war es Rudolf Lhotka, der das Zeugnis als *„Rechenschaftsbericht"* bezeichnete und von ihm forderte, daß aus ihm „der Fortgang, die Tendenz, die *Änderung* im positiven oder negativen Sinn im Vergleich zur vorhergehenden Beurteilung ersichtlich" sein müsse.[386] Dabei ging er wesentlich in seinen Vorstellungen über das Zifferzeugnis hinaus. Er wollte die Tendenzen in Leistung und Verhalten durch leicht verständliche Pfeile anzeigen:

„steigende Tendenz $= \nearrow$ bedeutet, daß die jetzige Note besser ist als die frühere Zeugnisnote,

gleichbleibende Tendenz $= \rightarrow$ bedeutet, daß die jetzige Note der früheren Zeugnisnote gleich ist,

fallende Tendenz $= \searrow$ bedeutet, daß die jetzige Note schlechter als die frühere Zeugnisnote ist.

Vorteile: Das Tendenzzeichen zeigt uns den *Weg*, die *Richtung*, die der Schüler in der letzten Zeit in seiner Leistung und in seinem Verhalten verfolgt hat, und nicht nur den Notenwert, bei dem er gerade steht." [387]

Zusätzlich schlug Lhotka folgende Beiwörter vor, um das Gemeinte zu verdeutlichen: stets, meist, zeitweise (wechselnd), selten, nie. Diese Beiwörter sollten die bisher gebrauchten Ziffernbezeichnungen ersetzen und hatten folgende Bedeutung:

„stets bedeutet: vollständige Erfüllung der Schülerpflicht,

meist bedeutet: geringe Verstöße gegen die Schülerpflicht,

zeitweise bedeutet: teilweise (halbe) Erfüllung der Schülerpflicht,

selten bedeutet: häufige Verstöße gegen die Schülerpflicht,

nie bedeutet: vollkommenes Versagen in der Schülerpflicht." [388]

Um den Unterschied zwischen dem durchschnittlich begabten und dem sprunghaft veranlagten Schüler herauszuarbeiten, benannte Lhotka den dritten Notenwert doppelt: „zeitweise" für mäßige oder durchschnittliche Leistungen und „wechselnd" für sprunghaftes Verhalten.

Nachfolgend soll ein Beispiel dieses Reformansatzes gegeben werden [389] :

Stufen:
stets, meist, zeitweise (wechselnd), selten, nie.

Tendenz ($=$ T):

steigend $=$ ↗ , gleichbleibend $=$ → , fallend $=$ ↘

Gegenstand	Leistung T.		Mitarbeit T.		Betragen T.		Sorgfalt T.	
Religion	meist	↘	meist	↘	meist	↗	stets	→
Unterrichts-sprache	meist	→	stets	→	stets	↗	zeitweise	↘
Französisch	zeitweise	↘	zeitweise	↘	meist	→	selten	↘
Mathematik	nie	↘	wechselnd	→	stets	↗	selten	↘
Zeichnen	stets	→	stets	→	selten	↘	meist	→
Turnen	stets	↗	meist	↗	zeitweise	↗	stets	↘
	erfolgreich		aufmerksam		anständig		ordentlich	

„Der Schüler hat sich im Vergleich zur vorangegangenen Beurteilung in der Leistung verschlechtert. Diese Verschlechterung erfolgte weniger durch die etwas geringere Mitarbeit, als durch die oberflächliche Durchführung der schriftlichen Arbeiten. Das Betragen wurde besser, ausgenommen im Zeichenunterricht. Die Reinhaltung und Pflege seines Körpers und seiner Bekleidung wird mit größerer Sorgfalt durchgeführt als früher."

2.7.3. Vermehrung der Notenstufen, Punktsystem, Schulleistungszahl und die Gewichtung der Noten

Neben der Forderung nach *Vermehrung* der Notenstufen war es hauptsächlich die nach fächeradäquater *Gewichtung,* die in der Diskussion um die Reform des Zensierens in der Schule geäußert wurde.

Die *Vermehrung* der Notenstufen sollte es ermöglichen, „die kontinuierlichen Leistungswerte in die diskontinuierlichen Notenbeurteilungen zu übersetzen." [390] Bei der traditionell eng begrenzten Notenstufenzahl sei es nämlich unmöglich, der Vielfalt der Abstufungen bei den Schülerleistungen gerecht zu werden.

Auf dieser Ebene liegen auch die Vorschläge, die Notenstufen durch ein *„Punktwertungssystem"* zu ersetzen.[391] Dieses System wird auch in Frankreich, in England und in einigen Kantonen der Schweiz verwendet. Es wird den Ansprüchen nach größerer Differenzierung bei der Leistungsbeurteilung in weit höherem Maße gerecht als das tradierte sechsstufige Notensystem.

Sehr viel diffiziler und aufwendiger sind die Reformvorschläge, die für eine *Gewichtung* der Noten gemacht wurden.

Friedrich Reckleben machte den Vorschlag, zwischen vier Bereichen von Leistungs- und Zensierungsgruppen zu unterscheiden:

1. Gruppe: „Leistungen, die auf Grund ihrer strukturellen Beschaffenheit *eindeutig* wertbar und zensierbar sind" (z. B. Rechenarbeiten und Diktate).

2. Gruppe: „Leistungen, deren Beschaffenheit ein *unterschiedliches* Zensieren ermöglicht" (z. B. Aufsätze, Leseleistungen, Darbietung sachkundlicher Inhalte).

3. Gruppe: „Leistungen, die auf Grund ihrer musischen Gehalte unter *besonderen* Voraussetzungen zu zensieren sind" (z. B. Liedvorträge, Laienspiel, Zeichnen, Modellieren, Basteln, Sport).

4. Gruppe: „Leistungen, deren Sinngehalte sich jedem Zensierungsversuch mehr oder weniger *entziehen"* (z. B. Religionsunterricht).[392]

Reckleben machte damit auf strukturelle Unterschiede aufmerksam und verdeutlichte seine Aussagen durch viele Beispiele für verschiedene Schulfächer des Volksschulunterrichts.

Die unterschiedliche Gewichtung verschiedener Schulfächer (vgl. auch Kap. 2.5.1.2.) im Spiegel der Zensuren und Zeugnisnoten führte dazu, daß Rudolf Weiss nach Berechnungsmöglichkeiten einer *„Schulleistungszahl"* suchte.[393]

Das arithmetische Mittel aller Zensuren, die in einem Zeugnis auftauchen, mußte dabei unberücksichtigt bleiben, da bei dieser Methode alle Unterrichtsfächer gleich bewertet worden wären. Vielmehr galt es, die Schulleistungszahl als gewogenes Mittel aller Unterrichtsfächer zu berechnen und entsprechende Methoden zu finden.

Günther Just gewichtete die Schulzensuren mit der Anzahl der Wochenstunden des betreffenden Faches.[394] Dieses Vorgehen war eine von persönlicher Willkür freie Lösung. Wenn schulbürokratisch einem bestimmten Fach ein größerer Zeitraum für den Unterricht in der Schule zur Verfügung gestellt wird, kann darin eine Wertung und Gewichtung gesehen werden.

Adolf Busemann gewichtete nur Deutsch und Mathematik als die beiden entscheidenden Hauptfächer besonders.[395]

Andere Autoren [396] gewichteten nach Haupt- und Nebenfächern, nach Kern- und Lernfächern oder nach Stufenfaktoren.

Aufgrund einer vorausgegangenen Untersuchung, auf die hier nicht näher eingegangen werden soll, empfahl Weiss folgende Gewichtung[397]:

„Note aus Deutsch und Mathematik . . . . mal 4

    Englisch . . . . mal 3

    Religion, Erdkunde, Geschichte, Naturgeschichte,
    Naturlehre, Geometrisches Zeichnen und Kurzschrift mal 2

    Zeichnen, Handarbeit, Schreiben,
    Musik und Turnen . . . . mal 1"

Rudolf Weiss gab ein Beispiel, um die praktische Anwendung des Verfahrens zu verdeutlichen:

„Ein Zeugnis weist in den einzelnen Unterrichtsgegenständen folgende Beurteilungen auf:

Religion	gut	x 2	=	4
Deutsch	befriedigend	x 4	=	12
Englisch	genügend	x 3	=	12
Geschichte	gut	x 2	=	4
Erdkunde	sehr gut	x 2	=	2
Naturgeschichte	befriedigend	x 2	=	6
Naturlehre	gut	x 2	=	4
Mathematik	genügend	x 4	=	16
Geometrisches Zeichnen	befriedigend	x 2	=	6
Zeichnen	gut	x 1	=	2
Musik	sehr gut	x 1	=	1
Turnen	gut	x 1	=	2
Handarbeit	befriedigend	x 1	=	3
Kurzschrift	gut	x 2	=	4
Schreiben	gut	x 1	=	2
	Summe:	30		80

Die Leistungszahl für diesen Schüler betrüge LZ = 80.

Innerhalb einer Klasse oder im Vergleich mit Parallelklassen kann man ohne Schwierigkeiten mit den Leistungszahlen in dieser Form arbeiten. Beim Einbezug anderer Schulstufen aber ergeben sich Schwierigkeiten, weil die Anzahl der Gegenstände im allgemeinen nach oben hin zunimmt. Die Werte verschiedener Schulstufen sind aber vergleichbar, wenn die Leistungszahlen durch eine Division (Divisor = Summe der Gewichtszahlen) relativiert wurden. Wir erhalten dadurch ein *gewogenes Notenmittel*. In unserem Beispiel beträgt die Leistungszahl $LZ = 80$, die Summe der Gewichtsfaktoren $\Sigma\,GF = 30$; durch die Division $LZ : \Sigma\,GF$ erhalten wir das gewogene Notenmittel: gew. A. M. = 2,67."[398]

Weiss meinte, daß das gewogene Notenmittel für alle wissenschaftlichen Untersuchungen wertvoll sein könne, „die als eine Variable die Schulleistungen beinhalten, z. B. die Untersuchungen der Abhängigkeit der Schulleistung vom Milieu, von Erbfaktoren, von der Intelligenz, von bestimmten Unterrichtsmethoden usw.!"[399]

Gleichzeitig warnte Weiss aber davor, die exakte Rangreihung, die das gewogene Notenmittel ermögliche, als „Leistungspeitsche" (Simoneit) beim Unterricht zu verwenden, indem man ihre Ergebnisse in der Klasse veröffentliche.

Elfriede Roeske [400] gewichtete ebenfalls die einzelnen Schulfächer in der Rangfolge: Deutsch, Langfächer (Mathematik, Englisch), wissenschaftliche Kurzfächer (z. B. Geschichte, naturwissenschaftliche Fächer), sonstige Kurzfächer (z. B. Religion, musische und technische Fächer) und freiwilliger Unterricht (z. B. Arbeitsgemeinschaften, Maschineschreiben). Außerdem führte sie in das Schema die *Nullinie* ein: Die Note „ausreichend" erhält in allen Fächern den Wert 0, die Noten „mangelhaft" und „ungenügend" ergeben negative, die Noten „befriedigend" bis „sehr gut" positive Punktwerte.

Auch sie konnte anhand von Beispielen nachweisen, daß die Gesamtpunktzahl eines Zeugnisses mehr Aufschluß über das durchschnittliche Leistungsvermögen, den *„Grundleistungsstand"*, eines Schülers gibt, als die nebeneinander aufgeführten und ungewichteten Zeugniszensuren.

Auch dieses Schema soll hier dargestellt und durch zwei kommentierte Beispiele erläutert werden [401]:

Elfriede Roeske trug im Koordinatensystem horizontal die z. Z. noch geltenden Ziffernzensuren ein und faßte vertikal die Fächer entsprechend der von ihr erarbeiteten Gewichtung ein, so daß jeweils zu den Zensuren die Punktzahlen abgelesen werden können:

	1	2	3	4	5	6
„1. Muttersprache: Deutsch	15	10	5	—	—5	—10

2. Langfächer:	12	8	4	—	—4	—8

Englisch
Mathematik

3. wissenschaftliche Kurzfächer: 9	6	3	—	—3	—6

Geschichte
Gemeinschaftskunde
Erdkunde
Biologie
Physik
Chemie

4. sonstige Kurzfächer:	6	4	2	—	—2	—4

Religion
Musik
Kunst
Handarbeit
Werkunterricht
Sport
Hauswerk
Handschrift

5. freiwilliger Unterricht:	3	2	1	—	—1	—2

Französisch
Kurzschrift
Maschineschreiben
Arbeitsgemeinschaften

Zeugnisbeispiel I:

„Peter Müller erhält in: Punktzahl:

		Punktzahl:
Religion	befriedigend	2
Deutsch	ausreichend	—
Geschichte	ausreichend	—
Erdkunde	befriedigend	3
Englisch	mangelhaft	—4
Musik	gut	4
Kunst	gut	4
Werken	sehr gut	6
Sport	gut	4
Mathematik	ausreichend	—
Biologie	befriedigend	3
Physik	ausreichend	—
Chemie	mangelhaft	—3
Handschrift	befriedigend	2
Französisch	ausreichend	—

Gesamtpunktzahl: + 21"

Dazu schreibt E. Roeske:

„Peter hat zwei Fünfen im Zeugnis, in Englisch und Chemie, und müßte der geltenden Versetzungsordnung nach sitzenbleiben. Er erhält aber 21 Pluspunkte und hat diese hohe Punktzahl durch seine besondere Begabungsrichtung und durch besonderen Einsatz, richtiger: durch besondere Leistungsfähigkeit und durch besonderen Leistungswillen, erreicht. Aus Leistungsfähigkeit und Leistungswillen wiederum ergibt sich sein Leistungsstand." [402]

Zeugnisbeispiel II:
„Fritz Schulze erzielt mit seinem Zeugnis:

Religion	ausreichend	—
Deutsch	ausreichend	—
Geschichte	ausreichend	—
Erdkunde	ausreichend	—
Englisch	ausreichend	—
Musik	ausreichend	—
Kunst	ausreichend	—
Sport	ausreichend	—
Mathematik	ausreichend	—
Biologie	ausreichend	—
Physik	befriedigend	3
Chemie	befriedigend	3
Handschrift	ausreichend	—
Französisch	ausreichend	—

Gesamtpunktzahl: + 6

eine Gesamtpunktzahl von nur 6 Pluspunkten, muß aber versetzt werden, weil sein Zeugnis kein einziges „mangelhaft" aufweist." [403]

2.7.4. Beteiligung der Schüler an der Zensurenfindung

Die Beteiligung des Schülers selbst an der Notenfindung entspricht einerseits dem Bedürfnis, größere Transparenz durch den Abbau autoritären Lehr- und Unterrichtsstils zu ermöglichen, andererseits ist damit ein pädagogisches Anliegen gemeint, weil nur eine einsehbare, da begründete Zensur als gerecht empfunden und innerlich anerkannt werden kann.

Unter diesem Aspekt ist es verständlich, wenn auf die Gefahren hingewiesen wurde, „die eine zu starke Objektivität des Beurteilungssystems für die menschliche Wärme, den persönlichen Kontakt in der Erziehung haben kann." [404]

Von hier aus werden die Bemühungen verständlich, den Schüler an der Zensurengebung mitzubeteiligen, um Fremd- und Selbstbeurteilung — wo irgend möglich — in Übereinstimmung zu bringen. Im Hintergrund steht das Ideal der Selbsterziehung als Ziel aller Erziehung, durch dessen Erreichen sie sich selbst überflüssig macht.

Hildegard Hetzer [405] forderte die Übung der „Selbstbeurteilung" bereits vom 9. Lebensjahr an. Sie sollte an die Seite der bisher allein üblichen Fremdbeurteilung treten und etwa vom 14. Lebensjahr an in der Schule vorherrschen.

Auch Gülland hielt die Form der Selbstbeurteilung für wesentlich. Ergänzend trat bei ihm die „Beurteilung durch die Klassengemeinschaft" hinzu. Seine Grundthese lautete: „Zensur darf nicht Lehrer-, sondern muß Gemeinschaftsurteil sein, wenn sie erziehenden Wert haben soll." [406]

Nach dem II. Weltkrieg wurde die Thematik von Rudolf Krüger wieder aufgenommen. Er stellte sich die Frage, „ob es ausschließlich Sache der Lehrer sein kann, über die Beurteilung der Schülerleistungen zu befinden." [407] Damit sprach er einen Zusammenhang an, der bereits von Max Buchheim unter der Überschrift „Zensuren — autokratisch oder demokratisch?" abgehandelt worden war [408], und der bei der Diskussion verschiedener Konferenzordnungen wieder aktuell wurde: Ist es eine Überforderung der Schüler, wenn sie an Zensuren- und Versetzungskonferenzen teilnehmen; ist es ausschließlich Sache der Lehrer, über die Beurteilung der Schülerleistung zu befinden?

Krüger ging diesen Fragen nach und kam zu folgenden empirisch abgesicherten Ergebnissen:

1. „Schüler (vom 7. Schuljahr ab) sind in hohem Maße imstande, ihre schulischen Leistungen selbst zu beurteilen."

2. „Je älter die Schüler sind, um so mehr nähert sich die Schülerzensur der Lehrerzensur an."

3. „Unterschiede zwischen Jungen und Mädchen sind unerheblich." [409]

Krüger fordert deshalb, daß die Schülerselbstbeurteilung als Korrektiv der Zensurenfindung durch den Lehrer herangezogen werden sollte. „Vielleicht kann dieses Korrektiv mithelfen, jenes Image des ungerechten Lehrers allmählich abzubauen, das seine Entstehung nicht zuletzt dem Zensierungsnotstand verdankt." [410]

Auch in jüngster Zeit wurden diese Anregungen wieder aufgegriffen, um den Lehrer aus der Rolle des „Notenadministrators" zu befreien und ihn zum Lernhelfer zu machen.

So meinte Schreiner, daß die „Aufforderung und Anleitung der Schüler zur systematischen Kritik der Leistungsbeurteilung und des Lehrangebots", die „häufige selbständige Leistungsbeurteilung der Schüler" und die „Ermöglichung von Lernen, das frei von Fremdbeurteilung ist", wichtige Punkte direkter Maßnahmen zur Veränderung der Leistungsbeurteilung auf dem Hintergrund „der notwendigen langfristigen Inangriffnahme einer neuen umfassenden Curriculumplanung" seien.[411]

2.7.5. Schlußbemerkungen

An unserem Zeugnis sind diese Reformbestrebungen im großen und ganzen fast spurlos vorübergegangen. Nach wie vor zerfällt es in eine beziehungslose Ansammlung von Zensuren aus verschiedenen Unterrichtsbereichen.

Die Güte der vorgetragenen und noch zu entwickelnden Reformvorschläge muß nach zwei Seiten befragt werden: nach der individuellen und nach der objektiven Seite hin.

Allerdings müssen wir realitätsorientiert sagen: Je schulinterner das Zeugnis von seiner Funktion und Bedeutung her ist (z. B. das periodische Zeugnis ohne Berechtigungsfunktion), desto eher kann es zur Erziehungshilfe ausgestaltet werden. Je öffentlicher der Charakter der Zeugnisaussage (z. B. beim Abgangs- oder Abschlußzeugnis), desto größer ist die Notwendigkeit ausschließlich sachlich begründeter Aussagen.

Wenn sich die Schule ohnehin gesellschaftlicher Tendenzen und Ansprüche schwer erwehren kann, so leistet sie — wenn sie tradierte Zensierungsweisen beibehält — allerdings hier von sich aus einer Entwicklung Vorschub, die, eingleisig und starr, die Schule von innen her in ihrem Erziehungsauftrag gefährdet.

Gerade dieser Gefährdung verstanden es manche Privatschulen in der Bundesrepublik Deutschland zu begegnen.[412] Nur zögernd reagieren auch öffentliche Schulen.

3. Gegenwärtige Tendenzen — oder: Auf dem Weg zu einem lernzielorientierten Unterricht und zu einer sachbezogenen objektivierten Leistungsbeschreibung

3.1. EINLEITUNG

Nachdem — untermauert durch eine eigene empirische Untersuchung — die allgemeine Problematik dargestellt und das Unbehagen an der tradierten Zensuren- und Zeugniserteilung begründet werden konnte, sollen nun einige Tendenzen *schwerpunktmäßig* (und mehr im Sinne einer Problemskizze) aufgezeigt werden, die den gegenwärtigen Stand der Problematik in der Bundesrepublik Deutschland umreißen. Diese Tendenzen müssen auf dem Hintergrund der schulpädagogischen und bildungspolitischen Entwicklung der Nachkriegszeit gesehen werden. Wenn innere Schulreform in unserem Schulwesen zwar seit 1945 immer und kontinuierlich eine Rolle spielte, so bisweilen jedoch in einer dermaßen zögernden und übervorsichtigen Weise, daß sich daraus das Mißverhältnis zwischen den demokratischen Idealen im Sinne des Grundgesetzes und dem Alltagsbetrieb an Schulen und Hochschulen entwickeln mußte. Erst am Ende der sechziger Jahre kam es mit den Studenten-, Schüler- und Lehrlingsunruhen zu vehementen Ausbrüchen, die zur Intensivierung der Reformdiskussion, zur Überprüfung autoritärer Strukturen im Ausbildungswesen, zur Forderung nach „Demokratisierung" und „Liberalisierung" (um nur zwei Schlagworte zu nennen) im Schulsystem führten.

Diese Reformdiskussion zeichnete sich dadurch aus, daß sie sich auf das gesamte staatliche System bezog. Negative Auswüchse der industriellen Überfluß- und Konsumgesellschaft führten zum kritischen Appell an die soziale Verantwortung und zum Aufruf, sich dem Leistungsdruck dieser negativ beschriebenen Leistungsgesellschaft zu entziehen.

Diese Verweigerung wurde z. T. persönlich motiviert und im Sinne des „einfachen Lebens" (Rousseau, Robinson Crusoe, Hermann Hesse, Ernst Wiechert) in subkulturellen Gruppen (vom Bild der bedürfnislosen „Hippies" geprägt, die in freiwilliger Armut, aber mit Lust- und Glücksgewinn auf verlassene Farmen zogen) praktiziert, z. T. aber auch politisch im Sinne des passiven Widerstandes gegen das kapitalistische Ausbeutersystem begründet.

War es einerseits die Verweigerung, die Bestandteil der kritischen Diskussion wurde, so gab es in ihr andererseits vielfältige Formen realitätsorientierter Beiträge. Viele Mitglieder der ehemaligen „APO"

(Außerparlamentarische Opposition) traten den „Marsch durch die Institutionen" an und trafen sich mit den kritischen und fortschrittlichen Kräften der älteren Generation bei der Suche, die Grenzen und Möglichkeiten *sinnvollen Leistens* in der bestehenden Gesellschaftsordnung neu zu definieren.

Diese Fragen mußten auch schulpolitisch relevant werden. Waren die Wurzeln des Autoritätskonfliktes an Schulen und Hochschulen hauptsächlich darin zu sehen, daß Schüler und Studenten „oft die falschen Ziele mit problematischen Methoden und nach subjektiven Leistungskriterien anpauken mußten" [413], so ergab sich für die an der Schulbildung Beteiligten die pädagogische Problematik der richtigen Leistungsforderungen durch Lernziele, die der Schüler selbst einsehen und bejahen kann, und durch gerechtere Methoden der schulischen Leistungsfeststellung und -messung.

Die gegenwärtigen Tendenzen des Problems „Zensur und Zeugnis in der Schule" sind von diesen Fragen her geprägt.

3.2. NEUERE VORSTELLUNGEN DER GEWERKSCHAFT ERZIEHUNG UND WISSENSCHAFT (GEW)

Die gewerkschaftlich orientierten Beiträge zeichnen sich dadurch aus, daß in ihnen die Wende von nur formalen Reformvorschlägen zu inhaltlichen aufgezeichnet werden kann. [414]

Die Vertreterversammlung der GEW stimmte 1966 in Hamburg folgendem Antrag zu: „In den meisten Ländern der Bundesrepublik sind die Zeugnisformulare seit Jahrzehnten unverändert. Sie entsprechen nicht mehr dem Stand der modernen Didaktik und Methodik. — Die Vertreterversammlung beauftragt den Hauptvorstand, neue Zeugnisformulare, die der inneren Reform einer demokratischen Leistungsschule entsprechen, ausarbeiten zu lassen." [415]

Um diesem Auftrag gerecht werden zu können, bildete das Referat B der GEW „Organisation und Reform des Bildungswesens" einen „Unterausschuß Zeugnisgestaltung".

Bei der Ausschußarbeit wurde sehr schnell offenbar, daß es weniger um die bloße Neugestaltung der *Zeugnisformulare* gehen dürfte, sondern vielmehr um das Problem der Zeugnisgebung überhaupt und die gesamte Zensurenfrage.

In dem dann 1968 vorgelegten Bericht wurde der Bogen noch weiter gespannt, formale und inhaltliche Fragen wurden eng mit der Wandlungsfähigkeit unseres Schulsystems, also mit strukturellen Fragen verknüpft. [416]

Nach Kenntnisnahme der bis dahin vorliegenden und empirisch abgesicherten Untersuchungsergebnisse zum Zensierungsproblem in der Schule kam der Unterausschuß zu der Einsicht, daß die Beibehaltung unseres bisherigen Notensystems nicht empfohlen werden könne.[417] Mit dieser Feststellung wurde erstmals von einem mitgliederstarken Lehrerverband mit der entsprechenden Breitenwirkung der tradierten Notengebung in der Schule eine Absage erteilt.

Sicherlich wurden die neu formulierten Zensurendefinitionen, die von der Konferenz der Kultusminister im gleichen Jahre beraten und verabschiedet wurden, wesentlich von den gewerkschaftlichen Überlegungen mitbestimmt, wenn sie auch bei weitem nicht den Vorstellungen, die der „Unterausschuß Zeugnisgestaltung" erarbeitet hatte, entsprachen.

Diese Vorstellungen [418] gingen dahin,

— die *subjektiven Faktoren* der Zensurengebung so weit wie möglich auszuschalten und vom Lehrer „eine streng wissenschaftliche Einstellung", die ein „Höchstmaß an Selbstkritik und rationaler Steuerung" einschließt (W. Dohse), zu fordern,

— Bewertungen in Zukunft nur noch nach dem Gesichtspunkt, in welchem Maße die *Anforderungen des Lehrplans* erfüllt werden, zu erteilen,

— als Grundlage für die Beurteilung nach Möglichkeit *Schulleistungstests* zu Hilfe nehmen,

— Bewertungen (durch Ziffern oder Punktzahlen) nur zur möglichst objektiven Kennzeichnung des erreichten *Leistungsstandes* zu verwenden,

— *erzieherischen Gesichtspunkten* (Hilfe, Ermahnung, Ermutigung, Anregungen u.s.w) nicht durch Zensuren Ausdruck zu verleihen,

— nur die *quantitativ erfaßbaren Kenntnisse und Fertigkeiten* zu zensieren, da nur sie einer *objektiven Leistungsmessung* zugänglich sind,

— alle Fähigkeiten, die über das quantitativ Erfaßbare hinausgehen (Leistungsqualitäten, Zustandekommen, Entwicklung und Eigenart von Schülerleistungen) *verbal* zu beurteilen bzw. die entsprechenden Zensuren zu *begründen* und *aufzuschlüsseln*.

Mit diesen Vorstellungen war die mögliche Zielrichtung weiterer Überlegungen, die von der grundsätzlich bedeutungsvollen Curriculumforschung über die Entwicklung von Diagnosebögen bis hin zur Erstellung von Schulleistungstests und informellen Lehrer-Tests reichen, auf wissenschaftlichen Aussagen basierend gekennzeichnet.

Aus dem Katalog der wichtigsten Reformvorstellungen ging aber auch hervor, daß momentan wohl kaum auf eine Zensierung gänzlich verzichtet werden kann. Deshalb wurde eine erweiterte, eine feinere Differenzierung ermöglichende und den „freiheitlichen und individualisierenden Prinzipien unserer Pädagogik" (in Anlehnung an W. Dohse) in stärkerem Maße gerecht werdende Zensurenskala vorgeschlagen. Als praktikable Lösung bot sich dem „Unterausschuß Zeugnisgestaltung" ein System mit zehn oder zwanzig Ziffern oder Punkten an, wie es in verschiedenen Ländern (z. B. Holland, Frankreich, Italien, Schweiz) verwendet wird, bei dem die Höchstpunktzahl die Spitzenleistung kennzeichnet [419]:

„20	(10)	überragend	übertrifft die Anforderungen (A) erheblich
19		hervorragend	übertrifft die A in den meisten Leistungsbereichen (LB)
18	(9)	ausgezeichnet	übertrifft die A in einzelnen LB
17	(8)	sehr gut	erfüllt die A in allen LB einwandfrei
16		lobenswert	erfüllt die A nahezu einwandfrei, geringe Mängel (M) in einzelnen LB
15	(7)	gut	erfüllt die A überwiegend einwandfrei, geringe M in mehreren LB
14		fast gut (ordentlich) (ziemlich gut)	erfüllt die A überwiegend mit geringen M, in mehreren LB einwandfrei
13	(6)	ziemlich gut (befriedigend)	erfüllt die A überwiegend mit geringen M, in einzelnen LB einwandfrei
12	(5)	befriedigend (hinreichend) (zulänglich)	erfüllt die A mit geringen M
11		fast befriedigend (genügend) (mäßig)	erfüllt die A überwiegend mit geringen M, in einzelnen LB mit auffälligeren M
10	(4)	genügend (ausreichend) (mäßig)	erfüllt die A überwiegend mit geringen M, in mehreren LB mit auffälligeren M
9		fast genügend (erträglich) (tragbar)	erfüllt die A überwiegend mit auffälligeren M, in mehreren LB geringe M
8		mäßig (dürftig)	erfüllt die A überwiegend mit auffälligeren M, in einzelnen LB geringe M
7	(3)	dürftig (bedenklich)	erfüllt die A mit auffälligeren M

6		sehr dürftig (mangelhaft)	erfüllt die A überwiegend mit auf- auffälligeren M, in einzelnen LB schwerwiegende M
5	(2)	mangelhaft (unzureichend) (unzulänglich)	erfüllt die A überwiegend mit auf- fälligeren M, in mehreren LB schwer- wiegende M
4		unzureichend (tadelnswert)	erfüllt die A mit schwerwiegenden M
3		tadelnswert (sehr tadelnswert)	erreicht nur geringe zusammenhängende Arbeitsergebnisse
2	(1)	ungenügend	erreicht nur einzelne zusammenhängende Arbeitsergebnisse
1		völlig ungenügend	erlangt nur zusammenhanglose Einzelkenntnisse
0	(0)	ergebnislos	erzielt keine Ergebnisse

Anmerkung: Für die Punktzahlen von 14—3 sind neben der vorge-
schlagenen qualitativen Kennzeichnung Alternativmöglich-
keiten angegeben."

Erläuternd muß hinzugefügt werden, daß alle Punktzahlen durch eine
abgestufte qualitative Kennzeichnung und durch eine Bestimmung des
Maßes, in dem die Anforderungen des Lehrplans zu erfüllen sind,
verbal interpretiert werden sollten. Für diese verbale Beurteilung
wurde auf einen ebenfalls erarbeiteten Auswahlkatalog von Prädikaten
für die Beurteilung des Sozial- und Arbeitsverhaltens verwiesen.

Diese Vorüberlegungen und Vorschläge, die auf dem Bundeskongreß
der GEW in Nürnberg (Pfingsten 1968) vorgelegt wurden und den
Landesverbänden und zuständigen Behörden als Diskussionsgrundlage
für die Erarbeitung von weiteren Reformvorschlägen dienen sollten,
erfuhren in der gewerkschaftsinternen Diskussion selbst nicht die
Beachtung, die sie aufgrund der Systemanalyse, der vorgetragenen,
sachlich begründeten Kritik und der zu entnehmenden weitgehenden
Reformansätze hätten erlangen müssen.

Selbst eine gezielte Anfrage des Referats B (Leiter: Karl Bungardt,
Frankfurt a. M.[420]) der GEW blieb weitgehend unbeachtet und damit
unbeantwortet, so daß wichtige Daten der über die Rahmenvereinbarung der Kultusministerkonferenz hinausgehenden Zeugnisbestimmungen in den einzelnen Bundesländern nicht zusammengetragen
werden konnten und eine geplante vergleichende Länderstudie zu
diesem Themenbereich bisher nicht erarbeitet wurde.

Möglicherweise waren es aber auch aktuelle und weitreichende Veröffentlichungen, die nach 1968 erschienen [421] und als Ergänzung der

seitens der GEW erarbeiteten und zusammengetragenen Einwände gegen die bestehende Form der Zeugnisgebung gelten konnten, welche zu einem Nachlassen gewerkschaftlichen Engagements auf diesem Gebiet führten.

Jedenfalls wurden einige wichtige Materialien, die nach 1968 von einer vierköpfigen Zeugniskommission zusammengestellt und als Vorlage für den „Kongreß Erziehung und Wissenschaft", der vom 2.—5. Juni 1971 in Kiel stattfand, bestimmt worden waren, weder gedruckt noch an die Delegierten verteilt. Lediglich der Text der vom Hauptvorstand angenommenen Kurzfassung wurde veröffentlicht. Er enthält kaum wesentliche Erweiterungen (im Vergleich zu der Vorlage von 1968, eher Präzisierungen, und läßt erkennen, daß neueste wissenschaftliche Erkenntnisse der Unterrichtsforschung aufgearbeitet wurden.

Für eine *Übergangslösung* stellte die GEW damit folgende Vorschläge zur Diskussion, die gleichzeitig den gegenwärtigen Stand nicht nur der gewerkschaftlichen Auseinandersetzung markieren und deshalb vollständig zitiert werden sollen.

„ 1. Zeugnisse dürfen nicht als Zwangs- und Druckmittel verwendet werden und — abgesehen von Abschluß- und Abgangszeugnissen — ausschließlich als Instrument zur schulinternen Kontrolle und Diagnose von Unterrichtsprozessen dienen. Sie müssen den Eltern und etwa vom 5. Schuljahr an auch den Schülern, wenn sie es wünschen, begründet werden. Die Eltern und die Schüler etwa vom 9. Schuljahr an sollten ein schulinternes Einspruchsrecht gegen Zeugnisentscheidungen von wesentlicher Bedeutung (z. B. Nichtversetzung, Verweigerung eines Zertifikates für einen Kurs, Verweigerung eines Abschlußzeugnisses) erhalten.

2. Informationen über Verhalten, Lernfortschritte und Leistungsstand müssen eindeutig unterschieden und klar von Hilfen und Anregungen abgegrenzt werden. Die Beurteilung durch Ziffern (Zensuren, Punktzahlen) muß eindeutig beschränkt werden auf die Funktion der Bewertung des erreichten Leistungsstandes. Dabei müssen die subjektiven Faktoren der Zensurengebung so weit wie möglich ausgeschaltet werden. Es muß gesichert sein, daß alle Zensuren oder Punktzahlen nur nach dem Gesichtspunkt erteilt werden, in welchem Maße die Anforderungen des Lehrplans (Lernziele) erfüllt werden und daß als Grundlage für die Beurteilung nach Möglichkeit Schulleistungstests zu Hilfe genommen werden.

3. Das bisherige Zensurensystem sollte durch ein differenzierteres Punktsystem (z. B. mit den Werten 0—20) ersetzt werden. Dieses Punktsystem sollte nur für die Unterrichtsinhalte verwendet werden, für die genaue Lernzielpläne (Curricula) vorhanden sind, die

eine hinreichend objektive Leistungsmessung gewährleisten. Die Bewertung muß nach verbindlichen Kriterien erfolgen, durch die festgelegt wird, in welchem Maße die Anforderungen erreicht oder nicht erreicht worden sind. Die Schüler müssen dabei wissen, was von ihnen erwartet wird und die Bewertungsmaßstäbe für ihre Leistungen kennen.

In den Jahreszeugnissen müssen alle Punktzahlen qualitativ durch konkrete, der Sachstruktur der einzelnen Fächer und dem didaktischen Vorgehen angemessene, sachlich überprüfbare Aussagen über das Zustandekommen und die Eigenart der Leistungen aufgeschlüsselt werden. Erzieherische Gesichtspunkte (Hilfe, Ermutigung, Ermahnung, Anregung u. a.) dürfen die Punktwertung bzw. die Zensurengebung nicht beeinflussen und nur verbal zum Ausdruck gebracht werden.

4. Der Begriff „Anforderungen" muß über die in der Rahmenvereinbarung der KMK vom 3. Oktober 1968 festgelegte Definition hinaus die Stufung der Lernziele, wie sie der Deutsche Bildungsrat im Strukturplan (S. 78 ff.) unterschieden hat, berücksichtigen (z. B. Transferleistungen, problemlösendes Denken und entdeckende Denkverfahren, motivationale und emanzipatorische Ziele).

5. Wo aus sachlichen oder erzieherischen Gründen eine objektivierte Leistungsmessung nicht erreichbar oder vertretbar ist, sollten auch bei der Beurteilung des Leistungsstandes keine Punktzahlen oder Zensuren verwendet werden, z. B. in den ersten Schuljahren, in bestimmten Sonderschulen, in künstlerischen Fächern und Teilbereichen der sprachlichen Bildung.

Im Religionsunterricht muß die Beurteilung von Leistungen ganz entfallen. Im Zeugnis soll nur die Teilnahme vermerkt werden, wie es in Hamburg seit langem üblich ist.

(Die Punkte 6. bis 12. zur weiteren Diskussion in den Landesverbänden)

6. Der subjektive Spielraum bei der Beurteilung der Schüler muß so weit wie möglich eingegrenzt werden, u. a. durch

— wesentlich stärkere Verwendung von Schulleistungstests, Vergleichsarbeiten usw.,

— Zusammenwirken mehrerer Lehrer bei der Beurteilung und dauernde kooperative Überprüfung ihrer Beurteilungsmaßstäbe sowie ihres Erziehungs- und Unterrichtsstils,

— genaue operationalisierte Lernziele.

7. Die Kopfnoten der Zeugnisse (Betragen, Mitarbeit, Führung, Ordnung, Fleiß u. a.) müssen ersetzt werden durch in freier Form abgefaßte Berichte über das Arbeits- und Sozialverhalten.

8. Die Zeugnisse der Schüler müssen gegebenenfalls auch eine Veränderung der Verfahren und Zielsetzungen des Unterrichts bzw. des Erziehungs- und Unterrichtsstils der Lehrer bewirken.

9. Zeugnisse sollten höchstens einmal jährlich erteilt werden. Die Zahl der Versetzungstermine ist erheblich zu verringern. Die Zensur für die Rechtschreibung darf bei Versetzungsentscheidungen nicht berücksichtigt werden.

10. Abschluß- und Abgangszeugnisse dürfen wegen ihres rechtlichen und öffentlichen Charakters nur Aussagen über den erreichten Leistungsstand enthalten, und es muß klar festgelegt sein, zu welcher Weiterbildung sie berechtigen. Berechtigungen müssen im übrigen unabhängig von den einzelnen Zensuren des Abschlußzeugnisses unterschiedslos gelten. Die Errechnung von Zeugnissummen oder Stellenplätzen, die Addition von Noten und ähnliche Praktiken müssen als absolut unsinnig scharf abgelehnt werden. In besonderen Fällen sollten spezielle Berechtigungen erteilt werden können. Zukünftig sollten die für ein Abschlußzeugnis festgelegten Anforderungen als erfüllt angesehen werden, wenn eine bestimmte Anzahl von zeitlich begrenzten Pflicht-, Wahlpflicht- und Neigungskursen mit genauen Lernzielen erfolgreich abgeschlossen wurden. Es ist anzustreben, die herkömmlichen Jahreszeugnisse durch Zertifikate (Bescheinigungen) für den erfolgreichen Abschluß der einzelnen Kurse zu ersetzen.

11. Als Zeugnisformulare sollen lose DIN-A 4-Blätter mit Durchschlägen verwendet werden. Die Formulare müssen genügend Platz für den Bericht über das Arbeits- und Sozialverhalten und für verbale Ergänzungen der Punktzahlen bzw. der Zensuren bieten.

12. Die praktischen Maßnahmen zur Reform der Zeugnisgebung müssen ergänzt werden durch eine kritische Theorie der Leistungsbeurteilung, die sich insbesondere auch mit den gesellschaftspolitischen Aspekten der Leistungs- und Verhaltensbeurteilung zu befassen hätte (Leistungs- und Konsumideologie, Systemkritik, systemwidriges Verhalten, Mitbestimmung, Selbstbestimmung u. a.)." [422]

3.2.1. Zusammenfassung

Wenn die zitierten Vorschläge lediglich als Diskussionsgrundlage für eine *Übergangslösung* dienen sollten, so aus der Überzeugung heraus,

— daß eine konsequente Erneuerung des Beurteilungssystems nicht möglich sein wird, solange die vertikale Gliederung des Schulwesens fortbesteht,

— daß aber gleichzeitig die unerträglichen Mängel des geltenden Beurteilungssystems nicht länger hingenommen werden dürfen,

— daß die Ablösung der vertikalen Gliederung unseres Schulwesens durch die Gesamtschule dringlich erscheint und damit dann notwendigerweise „auch die Ablösung der primär auf Auslese gerichteten Formen der Beurteilung von Leistungen und Verhaltensweisen der Schüler durch eine in erster Linie auf Förderung bedachte Kontrolle und Diagnose der Lernprozesse" [423] verbunden sein muß,

— daß eine Reform des Schulwesens nicht gelingen kann, wenn ein Beurteilungssystem beibehalten wird, dessen schwerwiegende Mängel eine Gleichheit der Bildungschancen von vornherein ausschließen,

— daß die bisher entwickelten Diagnosebögen zum Stand des Lernprozesses (vgl. Kap. 3.4.) den geeigneten Ansatz für ein neues Beurteilungssystem darstellen, aber erst noch auf breiter Basis weiter erprobt werden müssen, ehe sie allgemein zur Anwendung gelangen können.

Die Gewerkschaft Erziehung und Wissenschaft fordert damit für eine Übergangszeit (also ohne radikale Reformpläne zu negieren) eine Lösung, durch die die Beurteilung objektiviert und für alle Beteiligten transparent gemacht wird und bei der soweit wie irgend möglich der Gesichtspunkt der bestmöglichen Förderung jedes Schülers an die Stelle der Auslese tritt. — Eine Forderung, der sich wohl alle Kritiker des tradierten Zensuren- und Zeugniswesens anschließen können.

3.3. DIE DISKREPANZ ZWISCHEN DEM BESCHLUSS DER KULTUSMINISTERKONFERENZ VOM 3. 10. 1968 UND DEN IM „STRUKTURPLAN FÜR DAS BILDUNGSWESEN" NIEDERGELEGTEN VORSTELLUNGEN DES DEUTSCHEN BILDUNGSRATES

Auf die Vereinbarung der Kultusministerkonferenz (KMK) zur „Erläuterung der Notenstufen bei Schulzeugnissen und Einzelergebnissen in staatlichen Prüfungszeugnissen" wurde bereits mehrfach eingegangen (vgl. z. B. Kap. 2.1.3., wo der Wortlaut wiedergegeben wurde), wobei auf die darin enthaltene wichtige formale Verbesserung, die Zensuren einheitlich von den *Anforderungen* des Unterrichts her zu interpretieren, hingewiesen wurde. Dabei wurde betont, daß diese formale Verbesserung freilich nicht darüber hinwegtäuschen darf, daß sich dadurch in der Praxis so gut wie nichts geändert hat. In keinem Bundesland ist der Begriff „Anforderungen" nämlich bisher durch genaue Lernziele bestimmt worden.

Zu kritisieren ist besonders, daß der Begriff „Anforderungen" zu eng und zu einseitig definiert wurde. Sieht man einmal von den Bereichen ab, in denen der Unterricht primär gar nicht auf den Umfang und die Anwendung von Kenntnissen ausgerichtet ist (z. B. in der Leibeserziehung und in den musischen Fächern), so berücksichtigt die Definition nicht die Stufen der Lernziele, wie sie der Bildungsrat im „Strukturplan" unterschieden hat.[424]

Dort werden vier Lernzielstufen unterschieden:

1. „Lernziel kann sein, das Gelernte auf Abruf ... aus dem Gedächtnis wiederzugeben" (S. 78), wobei sich solches Wissen auf einfache und komplizierte Sachverhalte beziehen kann und im Sinne eines übergeordneten Verständnisses strukturiert ist.

2. Lernziel kann sein, eine selbständige Reorganisation des Gelernten, die eigene Verarbeitung und Anordnung des Stoffes anzustreben (S. 79). Nicht nur der gedächtnismäßige Bestand des Wissens, sondern eine selbständige Verwendung der Fakten im Hinblick auf besondere Fragestellungen wird gefördert.

3. Lernziel kann sein, Grundprinzipien des Gelernten auf neue ähnliche Aufgaben zu übertragen, also einen Transfer als Lernleistung anzustreben (S. 80). Damit sollen Kenntnisse, Fertigkeiten und Fähigkeiten über die reine Reproduktion und Reorganisation hinausgehend verfügbar werden.

4. Lernziel kann sein, problemlösendes Denken und entdeckende Denkverfahren zu fördern (S. 80). Hierbei soll zu Neuleistungen entsprechend dem Entwicklungsstand der Schüler herausgefordert werden, die deren Selbständigkeit, Initiative, Produktivität und Kritikfähigkeit erkennen lassen.

Und an anderer Stelle wird verdeutlichend und im Hinblick auf mögliche Lernzielkontrolle gesagt:

„Für jede Lernzielbestimmung gilt die Stufung:

— Höher zu werten als Gedächtnisleistungen sind problemlösende Leistungen;

— höher einzuschätzen als die Fähigkeit zum Nachvollzug von Verfahren ist die Fähigkeit zu deren vielseitiger Anwendung und Verbesserung;

— höher zu werten als Lernen zur Vermeidung von Sanktionen oder zur Erledigung einer von außen auferlegten Verpflichtung ist Lernen aus eigener Verantwortung;

— höher einzuschätzen als konkurrierendes ist kooperatives Verhalten." [425]

Gerade aber diese Stufung der Lernziele und die damit verbundenen differenzierten Aspekte, wie sie der Bildungsrat im „Strukturplan" unterschieden hat, bleiben in der Definition der Vereinbarung der KMK unberücksichtigt. Es fehlt darüber hinaus der Bezug auf die „fachlich-inhaltlichen" und die „fachlich-prozessualen" Ziele (S. 82 ff.), schließlich auf den Zusammenhang zwischen Lernzielen zur „Verstärkung der Lernmotivation und Leistungsfreude" (Hinwendung, Interesse, freiwillige und selbständige Mitarbeit) (S. 85 f.) und denen zur „Entwicklung sozialer Kompetenz" (Fähigkeit zur Zusammenarbeit, zum kritisch-abweichenden Verhalten, zur Bewältigung von Konflikten (S. 86 f.).

Damit fehlt aber in der Vereinbarung der Kultusminister gerade der Bezug auf die Anforderungen, die in einer demokratischen Schule nicht hoch genug zu bewerten sein können. Jeder Lehrer, der die Leistungen seiner Schüler lediglich nach „Umfang", „selbständiger und richtiger Verarbeitung der Kenntnisse" und „Art der Darstellung" beurteilt, sich also streng an der Definition der KMK-Vereinbarung orientiert, verengt sein Urteil in geradezu gefährlicher Weise.

Die Diskrepanz zwischen der Vereinbarung der KMK auf der einen Seite und den im „Strukturplan" dargelegten Vorstellungen des Deutschen Bildungsrates auf der anderen Seite ist ein Indiz unter vielen anderen für die Strukturprobleme innerhalb unseres Bildungswesens und die damit zusammenhängenden, heute immer noch ausstehenden bildungspolitischen Grundsatzentscheidungen.

Gleichzeitig verdeutlicht diese Diskrepanz die Schwerfälligkeit, mit der schulbürokratische und ministerielle Institutionen reagieren.

Unter diesen Gegebenheiten ist es zweifelhaft, ob die im „Strukturplan" genannten allgemeinen „Zieldaten für das Jahr 1980" realistisch sind.

3.4. DER „DIAGNOSEBOGEN ZUM STAND DES LERNPROZESSES" IN HESSEN

Die entschiedenste Abkehr von der bisherigen Praxis der Zeugnisgebung wurde mit dem vom Gesamtschulreferat des Hessischen Kultusministeriums gemeinsam mit Wissenschaftlern des Deutschen Instituts für Internationale Pädagogische Forschung (Frankfurt a. M.) entwickelten „Diagnosebogen zum Stand des Lernprozesses" 1970 vollzogen.

3.4.1. Die Entwicklung des Diagnosebogens

Die Entwicklung der Diagnosebögen muß auf dem Hintergrund der allgemeinen bildungspolitischen Diskussion und der konkreten Schulentwicklungsplanung Hessens gesehen werden. Der Diagnosebogen muß als ein folgerichtiges Ergebnis betrachtet werden, das angestrebt wurde,

— weil eine völlig neue Unterrichtsorganisation mit Kernunterricht (für alle Schüler), Fachleistungskursen und wahlfreien Unterrichtsveranstaltungen die beginnenden Gesamtschulversuche bestimmte;

— weil es eine Tatsache ist, daß ein besonders enger Zusammenhang besteht zwischen Strukturveränderungen und Curriculum-Veränderungen;

— weil die Gesamtschule darauf ausgerichtet ist, „die soziale, milieubedingte Benachteiligung aufzuheben oder zumindest doch in ihrem Ausmaß zu reduzieren"[426];

— weil in einem auf individuelle Förderung angelegten Bildungssystem nicht mehr dasselbe wie bisher in unveränderter Weise gelehrt werden kann;

— weil Lernvorgänge inhaltlich und methodisch im Hinblick auf zu definierende Lernziele entwickelt werden müssen;

— weil darüber Einigkeit herrschte, „daß die Formulierung der Lernziele im engeren Sinne wie die für alle Lernprozesse in der Schule nur zusammen mit der Lernzielkontrolle als Ganzes gesehen werden kann"[427];

— weil die Neudefinition von Unterrichtsinhalten und Lernverfahren ohne die Entwicklung eines darauf abgestimmten Lernzielkontrollsystems nicht denkbar erscheint;

— weil das tradierte Zensurensystem qualitativ nicht den gestellten Ansprüchen gerecht werden kann, die einerseits auf *diagnostische Hilfe* (im Sinne einer individuellen Schülerberatung), andererseits auf *sachbezogene Leistungsbeschreibung* (im Sinne einer Objektivierung) abzielen.

Bei seinem Versuch, die Schule als optimale Organisation von Lernprozessen zu beschreiben, hatte Heinrich Roth festgestellt: „Lernzielkontrollen müssen zum Ausgangspunkt werden für die Fortführung des Lernprozesses, sei es als ihre Bestätigung, sei es als Aufforderung zu ihrer Revision. Sie müssen so erfolgen, daß die Lernmotivation nicht geschwächt, sondern in Gang gehalten und gesteigert wird. Mißerfolgserlebnisse sind nicht einfach als solche motivationshemmend, wohl aber, wenn keine Hoffnung auf künftigen Erfolg sichtbar bleibt oder aufgezeigt werden kann. Hier wird deutlich, daß Zeugnisse

Anlaß zur Beratung zu sein haben, wie weiter gelernt werden kann, wie angesichts der Lernerfolge oder Mißerfolge neu zum Lernen motiviert werden muß." [428]

Von diesen Aussagen wesentlich geleitet wurden für den Diagnosebogen zwei Ziele formuliert:

1. „Lernzielkontrolle muß als *diagnostische Hilfe* konzipiert sein, damit wird ihr ausschließlich selektiver Effekt abgebaut. Die Fixierung von Leistungen muß Anlaß zur Beratung sein. Der Schüler sollte durch Offenlegung der Lernerfolge bzw. Mißerfolge zum Weiterlernen motiviert werden."

2. „Das System der Bewertung muß so formuliert und differenziert sein, daß subjektive Beurteilungsverfahren möglichst abgelöst werden durch *sachbezogene objektivierte Leistungsbeschreibungen.*" [429]

Waren es in der traditionellen Zensierungspraxis nachfolgende drei Aspekte, die gemeinsam in die Schulnote einflossen:

1. Bezugssystem ist die Klasse — Leistungen eines Schülers werden mit denen der Klassenkameraden verglichen,

2. Lernerfolge werden auf die Ausgangslage des jeweiligen Schülers bezogen, die er zu Beginn der Unterrichtseinheit erreicht hatte,

3. Lernerfolge werden an vorher festgesetzten sachbezogenen Normen gemessen,

so sollte der Diagnosebogen Möglichkeiten bieten, die drei Bezugssysteme *getrennt* zu beschreiben.

Dies wurde realisierbar durch verschiedene Spalten mit unterschiedlichen Funktionen (vgl. das auf S. 163 beigefügte Exemplar eines „Diagnosebogens zum Stand des Lernprozesses" für das Fach Biologie):

1. „In einer Spalte „Normarbeiten" werden in der Form von Punkten und mit Tendenzangaben versehen Ergebnisse von Pflicht- und Probearbeiten eingetragen, die sich auf alle Schüler eines Jahrgangs an der Schule, auf alle Schüler der parallelen Leistungs- und Kerngruppen oder auf die Schüler einer einzelnen Gruppe beziehen (gruppenbezogen)."

2. „Die in einer Spalte „mündliche und andere Nachweise" erscheinenden Beobachtungen sind auf die individuellen Möglichkeiten und Fähigkeiten des Schülers rückbezogen (subjektiver Bezug)."

3. „Ein Teil der verbindlichen Arbeiten wird als standardisierte Tests mit der gesamten Population eines Jahrgangs an allen integrierten Gesamtschulen durchgeführt. Die Ergebnisse werden als %-Ränge in einer gesonderten Spalte eingetragen (sachbezogen)."

4. Darüber hinaus sollten im Bereich „Hilfen und Hinweise" getrennt von den übrigen Eintragungen Vorschläge zur Verbesserung und Weiterarbeit (nicht zuletzt einer Motivationsverstärkung) gemacht werden können.[430]

Der Diagnosebogen wurde bis 1972 an 14 hessischen Gesamtschulen eingeführt und ersetzt seit 1970 die traditionellen Zeugnisse. Die Bögen werden — für jedes Fach getrennt — das ganze Jahr über kontinuierlich geführt. Die Unterrichtseinheiten, auf die sich die einzelnen Eintragungen beziehen, werden durch ein Stichwort vermerkt. Die Notenskala 1—6 entfällt. Es werden *Tendenzen* angegeben (+ $\emptyset$ —). Durch die Verbindung der Eintragungen entsteht ein Leistungsprofil.

Die Diagnosebögen sind von Eltern und Schülern jederzeit einsehbar.

Im Unterschied zu den bisher erteilten globalen Zeugnisnoten verlangen die Eintragungen auf dem Diagnosebogen nicht nur eine eingehende Auseinandersetzung mit ihm, sondern auch einen wesentlich größeren zeitlichen Aufwand. Diese zusätzliche Belastung des Lehrers dürfte aber im Hinblick auf eine bessere, zielgerichtete und differenzierte Förderung des Schülers gerechtfertigt sein.

3.4.2. Die revidierte Form des Diagnosebogens

Die erste Auswertung der Erfahrungen, die bei der Arbeit mit den Diagnosebögen an Gesamtschulen in Hessen gewonnen werden konnten, zeigte, daß eine Weiterentwicklung stattfinden mußte, aber sie markierte damit gleichzeitig Positionen, hinter die nicht mehr zurückgefallen werden darf.

Diese Erkenntnisse führten nach vielschichtigen, langwierigen und kritischen Diskussionen dazu, daß die Kommission zur Revision des Diagnosebogens den ersten Teil ihrer Arbeit („Informationen zum Stand des Lernprozesses") 1972 vorlegen konnte und den zweiten Teil („Informationen zur Arbeitssituation des Schülers") als Arbeitstitel ankündigte.[431]

Obwohl kein Kollegium der betreffenden Schulen bisher die Ansicht vertritt, man solle den Diagnosebogen wieder zugunsten der herkömmlichen Notengebung aufgeben, vielmehr „die differenzierte Rückmeldung der Lernzielkontrolle, die gleichzeitig mehr oder weniger der notwendigen, unvermeidlichen Subjektivität des Lehrerurteils entzogen wurde," als ein Aspekt uneingeschränkt bejaht wird, kam der Wunsch nach teilweiser Veränderung des Diagnosebogens zum Tragen [432]:

1. „Die definitorische Abgrenzung der Begriffe Initiative, Interesse und Lernbereitschaft im Bereich „Einstellung zur Unterrichtseinheit"

DIAGNOSEBOGEN
zum Stand des Lernprozesses
in _Biologie_

Gesamtschule
Bruchköbel-Nord

Name: _Waltraud_ (Vorname) _M..._ (Familienname)

Lehrer: H		Lehrer:			Lehrer:		
vom 1.9.70 bis 14.7.71 (Unterschrift)		vom	bis (Unterschrift)		vom	bis (Unterschrift)	
Lehrer:		Lehrer:			Lehrer:		
vom	bis (Unterschrift)	vom	bis (Unterschrift)		vom	bis (Unterschrift)	

Schuljahr: 1970/71 Klasse: 7 e   ‖   Schuljahr: Klasse:

		1	2	3	4	5	6	7	8	1	2	3	4	5	6	7	8
	Stichwort zum Thema:	Muskeln	Gewässer	Haut	Auge	Ohr	4-Takt Motor										
	Dauer:	5 W.	12 W.	4 W.	5 W.	7 W.	4 W.										
Einstellung zur Unterrichtseinheit	Interesse	+	+	+	+	+	+										
	Lernbereitschaft	+	∅	+	+	+	+										
	Initiative	∅	∅	∅	∅	∅	∅										
		/	/	/	/	/	/										
I. Beurteilung der individuellen Denkfähigkeit	transformatorisch[1]	✗	✗	∅	∅	∅	/										
	analytisch[2]	∅	∅	+	+	+	/										
	imitatorisch[3]	+	+	+	+	+	/										
II. Gruppenbezogene Lernzielkontrolle / Normenarbeiten	mündliche und andere Nachweise	+	+	+	+	+	/										
	Datum	/	/	5.3.71	7.5.	19.6.	12.6.										
	Gruppe[4]	/	/	J	J	J	J										
	Punkte	/	/	28/30	37/40	30/35	23/38										
	% Rang	/	/	/	90.80	85.28	/										
III. individualisierte Lernkontrolle Tests / schul(jahr)übergreifende	Datum	/	/	/	/	/	/										
	Bezeichnung	/	/	/	/	/	/										
	% Rang	/	/	/	/	/	/										

Hilfen und Hinweise

Infolge einer längeren Erkrankung, konnte sich Waltraud nur ungenügend auf den Test (Epoche-Nr. 6) vorbereiten. Es erfolgt keine Wertung.

	Einstellung zur Unterrichtseinheit / Bereich I	Bereich II	4)	Kenntnis genommen von ...	am ...
+	ausgeprägt	über Durchschnitt	J = Jahrgangsgruppen		
∅	vorhanden	Durchschnitt	P = Parallelgruppen		
−	nicht nachgewiesen bzw. nicht gezeigt	unter Durchschnitt	K = Kursgruppen		
✗		keine Beobachtung			
/		entwertet			

[1] transformatorisch, synthetisch = Gelerntes selbständig übertragen können
[2] analytisch = Gelerntes einordnen können
[3] imitatorisch = Gelerntes wiedergeben können, Fertigkeiten nachweisen, Techniken beherrschen

sowie die Klassifikation der Denkformen (imitatorisch, analytisch, transformatorisch) im Bereich I war nicht zufriedenstellend zu leisten."

2. „Indem — vor allem im Bereich „Einstellung ..." — der Schwerpunkt der Betrachtung auf das Konstatieren eines Ist-Zustandes im Vergleich zu einem Soll-Zustand gelegt wird statt auf eine Analyse der Ursachen von Diskrepanzen zwischen Ist- und Soll-Zustand, werden Verhaltensweisen gefordert, zu denen die Schule erst verhelfen soll."

3. „Durch die vorgegebenen denkpsychologischen Kategorien werden einseitig Mittelschicht-Maßstäbe reproduziert und verstärkt."

4. „Der bisherige Diagnosebogen verdeckte in den Bereichen „Einstellung ..." und „Beurteilung der individuellen Denkfähigkeit" die Möglichkeit einer differenzierten Beschreibung der Defizite des Schülers in Bezug auf die Lernziele und damit den Ansatz für gezielte Förderungsmaßnahmen und eigene Weiterarbeit des Schülers sowohl im Hinblick auf das Nacharbeiten von Inhalten der Fächer als auch auf den Erwerb von Arbeitstechniken."

5. „Die in dem bisherigen Diagnosebogen verwendeten Begriffe waren vor allem den Eltern relativ schwer verständlich ... Die Terminologie versperrte also den Zugang zu der eigentlichen Problematik des Bogens."

6. Punktzahlen, Prozentränge oder T-Werte bieten als Information Anlaß zu Sekundärmotivation, „denn die leistungsstarken Schüler benötigen einen solchen zusätzlichen Ansporn nicht, und für wenig erfolgreiche Schüler ist eine exakte Rückmeldung ihrer schlechten Rangposition nur Anlaß für verstärkte Resignation, bestenfalls noch für resignierte Anpassung." — In diesem Punkt übertraf der bisherige Diagnosebogen die herkömmlichen Zensuren in einer nachteiligen Funktion sogar.

Aus diesen Veränderungswünschen resultierten dann folgende Vorschläge zu einer revidierten Form des Diagnosebogens:

1. Der neue Diagnosebogen wird aus zwei Teilen bestehen:
   a) dem ersten Teil („Informationen zum Stand des Lernprozesses"), der die kognitiven Leistungen des Schülers nach fachspezifischen und themenübergreifenden Lernzielen einschätzt,
   b) dem zweiten Teil („Informationen zur Arbeitssituation des Schülers"), der die nicht-kognitiven Bereiche des Schülers aufschlüsseln soll, um die Bedingungen von Schulerfolg und Schulversagen beschreibbar zu machen.

2. Im Bogen „Informationen zum Stand des Lernprozesses" (vgl. das beigefügte Exemplar auf S. 167) [433]

a) werden die beiden Bereiche „Standardisierte Lernzielkontrolle" und „Gruppenbezogene Lernzielkontrolle, Normarbeiten" des alten Diagnosebogens in dem Bereich „Schriftliche Nachweise, Tests..." zusammengefaßt;

b) werden Arbeitsergebnisse und die fachliche Arbeitsweise nur in Bezug und Relation zu fachspezifisch themenübergreifenden Lernzielen, Fähigkeiten u.s.w. beschrieben;

c) werden die Eintragungen weniger eine Hilfe zur Auslese als vielmehr ein Instrument für differenzierte „Hinweise und Empfehlungen" des Lehrers sein;

d) werden eventuelle Wünsche nach Rücksprachen vermerkt, so daß Lehrer, Schüler und Eltern „institutionalisierten Anlaß" zu Gesprächen haben können;

e) wird im Bereich „Erläuterungen" Raum für die Schule vorhanden sein, ihr Kurssystem zu beschreiben.

3. Konkrete Vorstellungen bestehen für die Eintragungen in den Bereichen „Schriftliche Nachweise, Tests..." und „Stichworte zu Lernzielen/Fähigkeiten...":

a) *„Schriftliche Nachweise, Tests...":*

Es wird vermerkt:

„— über dem Durchschnitt der mit dem schriftlichen Nachweis, Test usw. geprüften Gruppe: D +

— durchschnittliche Leistung im Rahmen der geprüften Gruppe: D 0

— unter dem Durchschnitt: D —

Für die standardisierten Tests... wird anhand der Häufigkeitsverteilung der T-Werte festgelegt werden, wo hierbei die Zäsuren liegen sollen.

Bei informellen Tests und anderen schriftlichen Nachweisen ist eine besonders kritische Überlegung erforderlich, wo die adäquaten Zäsuren zu liegen haben." [434]

Der Verzicht auf *genaue* Angaben der Ergebnisse (speziell der standardisierten Tests) hat sozialpsychologische Bedeutung und soll einer Entkrampfung der Arbeit der Schüler in ihren Gruppen dienen.

b) *„Stichworte zu Lernzielen/Fähigkeiten...":*

Den meisten Raum beanspruchen die Eintragungen in diesem Bereich. Die zehn *Spalten* sollen den Eintragungen der Unterrichtseinheiten, die sechs *Zeilen* sollen den Eintragungen themenübergreifender Lernziele dienen. Die Lernziele wurden inzwischen von einer Expertengruppe festgelegt.[435]

Mit vorgegebenen Zeichen trägt der Lehrer seine Einschätzung des Arbeitserfolges des Schülers ein:

„— Lernziel erreicht / Fähigkeit, Fertigkeit ausgeprägt: +

— Lernziel teilweise erreicht / Fähigkeit, Fertigkeit vorhanden: 0

— Lernziel bisher nicht erreicht / Fähigkeit, Fertigkeit nicht nachgewiesen: —." [436]

Der Kommission war vollkommen bewußt, daß diese Einschätzungen mit den tradierten Zensuren den Nachteil einer mehrfach bedingten Subjektivität teilen. Sie stellte aber fest: „Während der Zweck von Zensuren der der Einschätzung ist, hat der obere Bereich im Bogen „Informationen zum Stand des Lernprozesses" nicht diese Eintragungen mit drei Zeichen als Schwerpunkt. Diese drei Zeichen bieten vielmehr vordringlich nur den Anlaß für den Lehrer, auf die „Hinweise und Empfehlungen" aufmerksam zu machen, die er unter zwei verschiedenen Aspekten als gezielte Erläuterungen zu den Einschätzungen geben kann" [437]:

1. als *Empfehlung*, indem er Maßnahmen nennt, wie Leistungs- und Lerndefizite aufgeholt werden können und / oder

2. als *Hinweis*, indem er z. B. Mißerfolge dadurch beschreibt, daß er die Art und Weise, wie das Lernziel verfehlt wurde, charakterisiert.

Mit dem Blatt „Informationen zum Stand des Lernprozesses" ist es der Kommission zur Revision des hessischen Diagnosebogens gelungen, „ein Instrument zu schaffen, das die Möglichkeit bietet, die bei Rückmeldungen über die Arbeit von Schülern übliche Fixierung auf das pure, sonst informationslose „Urteil" Note aufzuheben und die Aufmerksamkeit der Beteiligten auf die Einzelheiten des Arbeitsprozesses zu lenken. Davon allein läßt sich zielsicher geleitete Verbesserung von Mißerfolgen und Vertiefung erfolgreicher Arbeit erhoffen." [438]

Der Bogen „Informationen zur Arbeitssituation des Schülers", an dem die Revisionskommission z. Z. noch arbeitet und der als Modellversuch zum Schuljahr 1972/73 den Gesamtschulen in Hessen angeboten wurde, soll den Versuch unterstützen, sich mit dem Einfluß des Verhaltens der in der Schule Arbeitenden im Hinblick auf den Schulerfolg des Schülers zu befassen. Das individuelle Verhalten des Schülers und gleichermaßen die Analyse der zugrundeliegenden Ursachen und schulischen Bedingungen werden im Brennpunkt der Beurteilung stehen. „Die gegenwärtigen Untersuchungen in der Kommission zu diesem Problem befassen sich mit der Aufhebung der Beschränkung auf die herkömmliche, vor allem nicht nach der sozialen Herkunft der zu betrachtenden Personen differenzierenden Gruppendynamik." [439]

DIAGNOSEBOGEN – Informationen zum Stand des Lernprozesses

	Stichwort zum Thema, zur Unterrichtseinheit usw.	1	2	3	4	5	6	7	8	9	10	

Name

Vorname

Schuljahr — **Kerngruppe**
Englisch/Französisch
Fach

Hinweise und Empfehlungen zum Lernziel / Fähigkeiten usw.

	Dauer ⟶											

(linker Randtext, vertikal:) Stichworte zu Lernzielen/Fähigkeiten, Fertigkeiten, Gesichtspunkten des Unterrichts

A	Hörverstehen
B **SPRECHEN**	Aussprache
	Wortschatz
	Strukturen
	Ausdrucksfähigk.
C	Leseverstehen
D **SCHREIBEN**	Rechtschreibung
	Wortschatz
	Strukturen
	Ausdrucksfähigk.
E **INHALTE**	wiedergeben
	problematisieren
F	

Zeichenerklärung

Hinweise und Empfehlungen zum Thema, zur Unterrichtseinheit usw.	Erläuterungen zu den Kursbezeichnungen

+ Lernz. erreicht / Fäh. ausgeprägt

O Lernz. teilweise erreicht / Fähigk., Fertigkeit vorhanden

− Lernz. bisher nicht erreicht / Fähigk. nicht nachgewiesen

X keine Beobachtung

/ nicht gefordert / entwertet

J, P, K Jahrgangs-, bzw. Parallel- bzw. Kursgruppe

N Normarbeit

T schulübergreifender Test

D+, DO, D− über, bzw. im, bzw. unter dem Durchschnitt der geprüften Gruppe

Ankreuzen, mit wem Besprechung erwünscht

Schriftliche Nachweise, Tests, Ergebnisse praktischer Arbeiten („p. A.")	Unterschriften

Bezug auf die Lernziele oder Themen											1.
Datum											Lehrer — vom bis — 2.
Art/Gruppe											3.
Ergebnis (D: auf den Durchschnitt bezogen)											4.
											Schüler — Dat.
Ein- und Umstufung von/nach, Zeitpunkt											Erziehungsberechtigter

167

3.4.3. Abschließende Bemerkungen

Über die bisher entwickelten weitgehend systemimmanenten Reformvorschläge (vgl. z. B. Kap. 2.7. und 3.2.) führt der „Diagnosebogen zum Stand des Lernprozesses" erheblich hinaus und stellt damit die Beurteilung eines Schülers auf völlig neue Grundlagen. Der Diagnosebogen hat schon jetzt bahnbrechende Wirkung und dient auch bei Gesamtschulversuchen in anderen Bundesländern als Bewertungsgrundlage, weil er eine entwicklungsfähige Basis für die Lösung des Kernproblems der Zeugnisreform darstellt: den Verzicht auf das regelmäßige, prinzipiell selektiv wirkende globale Urteil zugunsten einer differenzierten, individuellen und auf Förderung bedachten Kontrolle und Diagnose von Lernprozessen und Verhaltensweisen.

Nach den bisher vorliegenden Beobachtungen und Ergebnissen hat sich herausgestellt, daß der Diagnosebogen ein praktikables, den Erwartungen und Anforderungen entsprechendes Instrument für Gesamtschulen ist. Diese Erfahrungen ermuntern dazu, an die Vervollkommnung und Ausweitung der Erprobung zu gehen. Gelingen wird dies nur im Rahmen

a) einer fortschreitenden curricularen Entwicklung,

b) der Möglichkeiten, Tests zu entwickeln, die als wichtiges Hilfsmittel einer Objektivierung von schulischen Lern- und Unterrichtsprozessen dienen und

c) einer politisch gesicherten Zusammenarbeit von Schulpraktikern und praxisorientierten Wissenschaftlern.

3.5. TESTS ALS HILFSMITTEL ZUR SCHÜLERBEURTEILUNG

3.5.1. Einleitung

Beim Referieren der themenrelevanten empirisch abgesicherten Forschungsergebnisse (vgl. Kap. 2.5.) konnte der Nachweis erbracht werden, daß Lehrer ohne besondere Hilfsmittel zu objektiven, gültigen und zuverlässigen Leistungsmessungen und -beurteilungen nicht in der Lage sind. Wir konnten dabei feststellen, daß sich die Subjektivität des Lehrerurteils aus dem Grad der Berufs- und Lebenserfahrung, aus Wohlwollen, Strenge, pädagogischer Grundhaltung und psychologischer Einsicht und aus vielen anderen, kaum abwägbaren, höchst unterschiedlichen Faktoren (nicht zuletzt auch situativen, zeitlichen und gesellschaftlichen Gegebenheiten [440]) ergibt.

Um die Nachteile traditioneller Zensierung auf ein Minimum zu reduzieren, mußte nach neuen Verfahren gesucht werden. Diese Suche wurde auf dem Hintergrund curricularer Bemühungen aktuell. Auch die Einsicht in die Notwendigkeit individueller Förderung wies den Weg zu einem Instrumentarium, das der Eigenart des Schülers gerecht zu werden eher in der Lage ist und die gesteigerten Ansprüche erfüllen konnte: Tests.

Die deutsche psychologische Wissenschaft hat um die Jahrhundertwende der Testentwicklung wichtige Anregungen gegeben. Ebbinghaus und Wundt beeinflußten fast alle führenden Testmethodiker der „ersten Stunde", insbesondere auch amerikanische Wissenschaftler.

Bedingt durch die vorherrschenden Richtungen in der Psychologie (geisteswissenschaftliche Psychologie, Gestaltspsychologie u.s.w.) hat Deutschland jedoch für die Testentwicklung später keine bedeutsame Rolle mehr gespielt; der Anwendung psychometrischer Verfahren stand man auch seitens der Pädagogik abweisend und fremd gegenüber und verurteilte Tests als „mechanistischen Atomismus."

Erst nach dem II. Weltkrieg konnte die Testpsychologie — nicht zuletzt auch unterstützt durch Fachleute aus den Vereinigten Staaten, die deutsche Psychologen und Pädagogen mit modernen Methoden und Anwendungsmöglichkeiten von Schultests bekannt machten — in Deutschland wieder an Bedeutung gewinnen, obwohl nach wie vor auf der einen Seite viele Praktiker der Anwendung von Tests in der Schule ablehnend bzw. mißtrauisch gegenüberstehen, auf der anderen Seite viele von geradezu blinder Testgläubigkeit geprägt sind.

Hier ist es seit vielen Jahren Karlheinz Ingenkamp, der Tests als *„Hilfsmittel der Schülerbeurteilung"* bezeichnet und sich bemüht, sie aus den Bereichen starrer Ablehnung und unkritischer Gläubigkeit zu befreien, um im Bereich kritischer Reflexion ihre Möglichkeiten für die schulpädagogische Praxis aufzuzeigen. Seine Forschungsergebnisse und Aussagen trugen in den letzten Jahren wesentlich dazu bei, die Voraussetzungen für das Studium quantitativer Methoden und für die Anwendung von Schultests erheblich zu verbessern, so daß zumindest die jüngere Lehrergeneration psychometrischen Verfahren aufgeschlossener gegenübersteht.

3.5.2. Möglichkeiten und Grenzen der Leistungsmessung durch Schultests

Sorgfältig und methodisch einwandfrei entwickelte Schultests bieten für das pädagogische Praxisfeld folgende Möglichkeiten:

1. Sie gestatten eine objektivere, genauere und zuverlässigere Beurteilung von Leistungen und Fähigkeiten der Schüler und erlauben

einen wesentlich breiteren Vergleich mit anderen Schülern als traditionelle Prüfungen.

2. Mit ihrer Hilfe können individuelle Stärken und Schwächen rationeller und sicherer erkannt und pädagogisch beeinflußt werden.

Diese Aussagen bedürfen der Erläuterung, denn

— Testergebnisse müssen interpretiert werden und können daher das Lehrerurteil nicht ersetzen,

— Testergebnisse sind in der Lage, verschiedenartige lernpsychologische und didaktisch-methodische Besonderheiten zu beleuchten und auf diese Weise auch das Lehrerurteil zu beeinflussen.[441]

Schließlich werden die Grenzen der Testanwendung dadurch deutlich,

— daß ein Test *allein* nur ganz *bestimmte* Informationen aus ganz *bestimmten* Bereichen, also keineswegs *alle* Angaben über den Leistungs- und Entwicklungsstand eines Schülers liefern kann,

— daß durch die tradiert bürokratische Schulstruktur generell Innovationen schwer Eingang in die Unterrichtswirklichkeit finden.

Wenn es im „Strukturplan" heißt, daß „ein ungerechtfertigter subjektiver Glaube an die eigene Fähigkeit, Schulleistungen intuitiv objektiv richtig bewerten zu können, und das Fehlen einer ausreichenden Schulung zur Erhöhung der Objektivität und Rationalität von Leistungsbewertungen in der Lehrerbildung ... zu den spezifischen Mängeln im deutschen Bildungswesen" gehören [442], dann werden gleichermaßen die allgemeine Problematik und die zu bewältigende Aufgabe angesprochen.

3.5.3. Gütekriterien von Tests

Ingenkamp hat 1964 eine Definition gegeben, die den Hinweis auf die Gütekriterien eines Tests betont: „Ein Test ist ein psychologisches Untersuchungsverfahren, das unter möglichst konstanten Bedingungen interindividuell unterschiedliche Reaktionen möglichst treffsicher (gültig) und zuverlässig erfassen und einer möglichst objektiven und genormten Auswertung zugänglich machen will." [443]

a) *Objektivität* verlangt, daß bei der Testauswertung die subjektiven Faktoren, die bisher die herkömmlichen schulischen Prüfungsverfahren weitgehend beeinflußten, ausgeschaltet werden. Objektivität in einem Test zeigt sich also darin, „daß Meinungen, Vorurteile, persönliche Zu- oder Abneigungen des Korrigierenden das Testergebnis nicht beeinflußen können," [444] und daß verschiedene Beurteiler zu gleichen oder doch sehr ähnlichen Ergebnissen kommen. Biglmaier ergänzt: „Eine hohe Objektivität wird erreicht durch eindeutige, ausführliche Testanleitung, durch genaue Durchführung (insbesondere Zeitgrenzen, keine zusätzlichen Lösungshilfen) und durch eindeutige, sachliche Ergebnisfeststellung (vorher festgelegter Lösungsschlüssel, genau umgrenzte richtige Lösungen, Kriterien für Bewertung)." [445]

Je mehr auf Leistung als Kriterium für die Beurteilung des einzelnen Schülers Wert gelegt wird (womit nicht zuletzt auch die Vergabe von Berechtigungen verknüpft ist), desto größer ist das Interesse an objektivierten Verfahren zur Leistungskontrolle. Sicherlich ist es kein Zufall, daß gerade in horizontal gegliederten Schulsystemen zuerst auf breiter Ebene objektivierte Kontrollverfahren zum Einsatz kamen. [446]

b) *Gültigkeit* (Validität) verlangt, daß eine hohe Übereinstimmung besteht zwischen den Testergebnissen und dem, was gemessen werden soll. Die Validität bezieht sich nicht auf das Meßinstrument (den Test z. B.) selbst, sondern auf die Ergebnisse der Messung und ihre Interpretation. Konkret müssen wir also fragen: „Mißt der Test tatsächlich das, was er messen soll, was wir in unserer Lehrzielanalyse ausdrücken, oder sind andere Faktoren (z. B. Geschwindigkeit, Zufälligkeit u.s.w.) maßgeblich beteiligt?" [447]

Weiter fragen wir: Wie gut mißt er das? Wie hoch ist die Übereinstimmung mit ähnlichen Prüfungen (vorausgegangenen, allgemeinen Leistungstests, Lehrerbeobachtungen, mündlichen Leistungen etc.), mit dem Lehrplan?

Wir unterscheiden:

1. Die *Inhaltsgültigkeit* (auch curriculare Validität), die sich einerseits nach der Frage richtet, wie gut der Test das Lehrziel beschreibt, andererseits den gegebenen Testinhalt (Probleme und Fragen) mit dem Insgesamt der möglichen Fragen vergleicht, die einem Lehrziel entsprechen können (Repräsentativität).

2. Die *Konstruktgültigkeit*. Sie ist das Verfahren zur Validierung der theoretischen Annahmen dessen, was der Test messen soll. Sie spielt eine unwesentliche Rolle für die Erstellung informeller Tests, da sie äußerst aufwendige Verfahren erfordert. Sie „beschreibt die Testleistung psychologisch (z. B. Intelligenz) und bestimmt experimentell die Faktoren, die das Testergebnis beeinflussen (Faktorenanalyse)." [448]

3. Die *empirische Gültigkeit*. Sie vergleicht als „Vorhersagegültigkeit" das Testergebnis mit einem späteren Testergebnis, als „Übereinstimmungsgültigkeit" mit einer ähnlichen Leistung, die etwa zur gleichen Zeit ermittelt wurde.

Die Gültigkeitsbestimmung gilt als einer der wichtigsten Gesichtspunkte bei der Testkonstruktion.

c) *Zuverlässigkeit* (Reliabilität) gibt an, wie zuverlässig eine Messung im Verhältnis zu einer nochmaligen Messung mit dem gleichen Test ist (Test-Retest-Verfahren) oder wie hoch die Übereinstimmung der Testergebnisse zweier Paralleltests innerhalb der gleichen Gruppe ist (Paralleltest-Methode).

Bei der Halbierungs-Methode (Split-Half-Methode) wird der einmalig angewandte Test nach verschiedenen Kriterien in zwei Aufgabenhälften geteilt, wobei die Korrelation zwischen beiden Testhälften Hinweise darauf gibt, wie sehr sich beide Testhälften entsprechen.

d) Weitere Gütekriterien wie z. B. *Ökonomie* des Verfahrens werden von einigen Autoren genannt, haben aber nicht die gleiche Bedeutung wie die unter a) bis c) genannten.

Bei sorgfältig und sachkundig ausgearbeiteten Testverfahren werden Angaben über den Bereich, in dem das Verfahren durchgeführt werden kann (z. B. 6. Schuljahr), über Anwendungsmöglichkeiten (z. B. Individual- oder Gruppentest), über die Testdauer (z. B. Minuten-Angabe) und besonders über Gültigkeit (z. B. logische Evidenz oder Angaben über den Grad der Übereinstimmung) und Zuverlässigkeit (z. B. Korrelationsangabe und Angabe der Methode) gemacht. Wichtig sind aber nicht zuletzt auch Angaben über die Normierung eines Tests (Stichprobengröße, Prozentrangwerte der Eichstichprobe oder T-Werte, Rangdaten).

3.5.4. Testarten und deren Funktion

Seit längerem werden Tests zur Leistungsmessung in der Schule angeboten. Wesentlichen Aufschwung erhielt die Entwicklung von Testverfahren im Zusammenhang mit den Reformanstrengungen im Schulwesen und vor allen Dingen durch die in den letzten Jahren begonnenen Gesamtschulversuche. Aber nicht nur als Meßinstrumente zur Leistungsfeststellung bei Schülern, sondern überhaupt im Hinblick auf das große Gebiet der empirischen, quantitativ aussagefähigen erziehungswissenschaftlichen und psychologischen Forschung sind sie von grundsätzlicher Bedeutung.

Wir unterscheiden hinsichtlich der Einsatzmöglichkeiten in der Schule zwei Arten von Tests, die schulisch relevant werden können:

1. Standardisierte Tests und
2. Informelle Tests.

3.5.4.1. *Standardisierte Tests*

Standardisierte Tests solten eine „weitgehend diagnostische Untersuchung der Fortschritte und Ergebnisse des selbsttätigen, sinnvollen

Lernens gestatten und die Möglichkeiten der Selbstkontrolle nicht über denen der Fremdkontrolle vernachlässigen, dabei den methodischen Anforderungen an Objektivität, Zuverlässigkeit und Gültigkeit genügen." [449]

Tests, die diesen Anforderungen genügen, sind so konstruiert, daß sie wissenschaftlichen Kriterien standhalten. Die einzelnen Aufgaben wurden von Fachleuten unter oft erheblichem Arbeitsaufwand erstellt und erprobt. „Die objektive Feststellung erprobter Anforderungen wird bei standardisierten Tests durch Bereitstellung eines Vergleichsmaßstabes ergänzt. Der Test wird an vielen Schülern ‚geeicht'. Die Ergebnisse werden in Normenskalen zusammengefaßt, die z. B. Vergleiche mit allen Schülern, mit den Jungen oder Mädchen der gleichen Klassenstufe, aus wenig oder vollgegliederten Schulen gestatten." [450]

a) Unter den standardisierten Schultests finden sich auch die *Intelligenztests,* die bestimmte Aspekte der Intelligenz (logisches Denken, Raumvorstellung, begriffliches Denken u.s.w.) messen.
   Die *Fähigkeitstests* beziehen sich inhaltlich nicht auf bestimmte Unterrichtsfächer, so daß sie vom Lehrplan der Schule relativ unabhängig sind. Dennoch stehen sie formal den anderen Schultests näher als den Intelligenztests, die der Psychologe für diagnostische Zwecke einsetzt, weil Fähigkeitstests nur für einen begrenzten Altersbereich normiert werden.

b) Standardisierte *Schulleistungstests* messen ohne Rücksicht auf die Qualität oder Quantität des zuvor erteilten Unterrichts den augenblicklichen Leistungsstand der Schüler. Dadurch kann die vom zufälligen Leistungsdurchschnitt einer Schülergruppe (z. B. einer Klasse) bestimmte Bewertung durch den Lehrer überprüft und korrigiert werden.

c) Darüber hinaus erfüllen einige Schulleistungstests eine *diagnostische* Funktion, „indem sie basale Fertigkeiten und Fähigkeiten zu erfassen suchen, die spezifische Leistungen in verschiedenen Bereichen bedingen. Diese Tests informieren damit primär über Schwerpunkte und Ausfälle des einzelnen Schülers, die eine besondere Förderung notwendig machen." [451]

d) In weiterem Sinne sind auch die individuell-diagnostischen *Einstufungstests* Schulleistungstests, die zwar abhängig von definierten Lehrzielen, aber möglichst unabhängig von Schule, Lehrer und Unterrichtsmethode geeignet sind, den Leistungsstand eines Schülers im Hinblick auf größere Unterrichtseinheiten zu bestimmen. Daher werden Einstufungstests meist zwischen zwei organisierten Schulstufen eingesetzt.[452]

e) Individuell-diagnostische *Erfolgstests* werden jene genannt, die als Schulleistungstests in strenger Abhängigkeit von definierten Lernzielen, von Schulform, Lehrer und Methode geeignet sind, den Leistungsstand eines Schülers im Hinblick auf kleinere Unterrichtseinheiten zu bestimmen. Daher werden Erfolgstests nach Abschluß von geplanten Unterrichtseinheiten das ganze Schuljahr hindurch eingesetzt.[453]

Man spricht im Zusammenhang mit Erfolgstests auch von *lernzielorientierten Tests* und meint damit die Ausrichtung von Curricula und eine Standardisierung des Unterrichts im Hinblick auf Lernziele, die von Expertengruppen für bestimmte Unterrichtsfächer definiert wurden und anhand derer Lernzieltests konstruiert wurden.

Bei den lernzielorientierten Tests wird zwischen *Lernerfolgstests 1. und 2. Art* unterschieden:

„Lernerfolgstests 1. Art können schulübergreifend eingesetzt werden, wobei auf die Definition von Feinlernzielen verzichtet wird und den einzelnen Schulen ein gewisser Spielraum für die Ausrichtung des Unterrichts auf Feinlernziele bleibt.

Lernerfolgstests 2. Art entstehen in Anlehnung an die von Praktikern einer Schule definierten Feinlernziele, die in Testaufgaben umgesetzt werden. Diese Tests können dann natürlich nur schulintern eingesetzt werden." [454]

Erfüllen sie die genannten Anforderungen, können sie durchaus noch als standardisierte Tests angesprochen werden.

Aus dieser Aufzählung kann freilich auch ermessen werden, daß die Entwicklung standardisierter Tests viel mehr Zeit und Aufwand erfordert als die Zusammenstellung von traditionellen Schulprüfungen und Klassenarbeiten. Wir sind in der Bundesrepublik Deutschland z. Z. dabei — in Verbindung mit den angelaufenen verschiedenen Schulversuchen —, die gebräuchlichen, von einem positivistischen Wissensbegriff geprägten Schulleistungstests zu überprüfen und neue, pädagogisch orientierte Testkonzeptionen zu entwickeln.

Dabei muß aber grundsätzlich erkannt werden, worauf auch Bloom hingewiesen hat, „daß Tests zur Messung allgemeiner Fähigkeiten dem Lehrer helfen können, die allgemeine Lernkapazität des Schülers einzuschätzen und für verschiedene Vorhaben im Unterricht Gruppen zu bilden. Ein allgemeiner Kennwert, wie der Intelligenzquotient oder das Intelligenzalter, verliert aber seinen Wert, wenn er auf speziellere Arten pädagogischer Aufgaben und Prozesse bezogen wird. Verfahren zur Untersuchung der allgemeinen intellektuellen Leistungsfähigkeit sind nicht für die speziellen Probleme entwickelt worden, die in der Schule auftreten." [455]

Diesen speziellen schulpädagogischen Problemen versuchen Lehrer mit Hilfe Informeller Tests gerecht zu werden.

3.5.4.2. *Informelle Tests*

Unter einem informellen Lehrertest verstehen wir eine von Lehrern oder einem Team erstellte Klassenarbeit für ein bestimmtes Unterrichtsgebiet. Die statistische Überprüfung und Absicherung dieser informellen Tests kann sich anfangs auf die Aufgabenanalyse (Bestimmung von Trennschärfe-Indices und Schwierigkeitsgrad der Aufgabe) beschränken. In der Revisionsphase müssen dann jedoch die Gütekriterien standardisierter Tests berücksichtigt werden.

Informelle Tests werden von den Lehrern selbst nach sogenannten „Kleinlernzielen" mit Hilfe von Schablonen, die auf die Antwortbögen gelegt werden, ausgewertet. Als Ergebnis liegen dann Informationen vor wie „Lernziel X erreicht", „Lernziel Y nicht erreicht" oder „Lernziel Z nur knapp erreicht". Es lassen sich auch Prozentränge bestimmen, wodurch die Schülerleistung genauer eingeordnet werden kann. Werden Prozentrangwerte berechnet, muß besonders vom statistisch weniger versierten Lehrer bedacht werden, „daß kleinen numerischen Unterschieden an den beiden extremen Polen der Prozentrangskala große Leistungsunterschiede entsprechen, während im mittleren Bereich der Prozentrangskala auch bei numerisch großen Differenzen die Leistungsunterschiede mit zunehmender Annäherung zur Mitte verschwindend klein werden." [456]

Daraus folgt, daß eine Interpretation der gewonnenen Ergebnisse diesen Tatbestand nicht außer acht lassen darf.

Der Anwendungsbereich informeller Tests kann unterschiedlich groß sein. Je weiter jedoch der Anwendungsbereich sein soll, desto exakter müssen die Unterrichtsprogramme vorgeplant sein.

Der informelle Test unterscheidet sich von der herkömmlichen Klassenarbeit nicht nur durch weitaus größere Objektivität, sondern auch dadurch, „daß seine verschiedenen formalen Möglichkeiten es gestatten, Kenntnisse, Erkenntnisse und Fertigkeiten des einzelnen Schülers wesentlich extensiver und exakter zu erfassen als es mittels traditioneller schulischer Prüfmethoden möglich ist. Ein informeller Test, der fünfzig oder mehr definitive Aufgaben aus einem bestimmten Sachbereich enthält, ist eher geeignet, ein zutreffendes und repräsentatives Leistungsprofil — bezogen auf den Prüfbereich — zu liefern, als ein Aufsatz oder eine gewisse Anzahl meist recht mehrdeutiger Fragen, die frei zu beantworten sind." [457]

Aber nicht nur bezogen auf den Schüler bieten informelle Tests unübersehbare Vorteile, sie führen auch den Lehrer zu einer bewußteren Planung seiner Lehrziele, und durch die wachsende Vertrautheit mit Prinzipien der Testkonstruktion verbessert sich auch die Qualität seiner freien Beobachtung. Durch die Verteilung der Aufgaben auf verschiedene Unterrichtsbereiche und durch eine Gewichtung der verschiedenen

Anforderungen wird der Lehrer „immer wieder zu einer operationalen Definition seiner Lehrziele angehalten und erfährt in der Aufgabenanalyse, ob seine Aufgabenauswahl repräsentativ genug war und ob seine Erwartungen eintrafen." [458]

Informelle Tests streben nicht die Ziele standardisierter Verfahren an, nämlich für relativ große Populationen statistisch fundierte Aussagen zu machen. „Der informelle Test eines Lehrers oder einer Lehrergruppe versucht, die Leistung des Schülers auf einem ganz genau umschriebenen schulischen Gebiet in möglichst umfassender, objektiver und zuverlässiger Weise zu erfassen." [459]

Während informelle Tests in Ländern, in denen die Testanwendung in der Schule üblich ist, häufiger angewandt werden als standardisierte Tests, müssen wir in der Bundesrepublik Deutschland feststellen, daß sich erst langsam die Erkenntnis durchsetzt, in welchem Maße die sachgerechte Entwicklung und Verwendung informeller Tests eine gerechte, intersubjektiv nachprüfbare Beurteilung der Schülerleistung fördern kann. Sicherlich hängt das einerseits mit der verbreiteten Skepsis und Zurückhaltung zusammen, mit der viele Lehrer nach wie vor der Anwendung von Tests in der Schule gegenüberstehen. Auf der anderen Seite ist es aber gerade beim informellen Test die Scheu, sich mit der Technik und den Grundlagen der Konstruktion auseinanderzusetzen.

Auf den ersten Blick erscheinen die bisher entwickelten Methoden zur Erstellung informeller Tests so diffizil, daß das notwendige Engagement — bedingt auch durch die allgemeine Überlastung des Lehrers, hohe Stundenzahl, große Klassenfrequenzen und eine immer noch weitverbreitete Abneigung, teamartig zusammenzuarbeiten — kaum entwickelt werden kann.

Zu den informellen Tests können auch *Norm- und Standardarbeiten*[460] oder *Vergleichsarbeiten* [461] gerechnet werden, wenn sie so entworfen werden, daß eine eindeutige und intersubjektiv konstante Bewertung der Einzelleistung ermöglicht und eine Berechnung der Gütekriterien eines objektiven Prüfverfahrens angestrebt wird und realisierbar erscheint.

Zusammenfassend können wir sagen, daß die anzustrebende Optimallösung der objektivierten Leistungsmessung in der kombinierten Anwendung standardisierter und informeller Tests zu sehen ist. Die Anwendung solcher kombinierter Verfahren und die vorausgeplante Einpassung in die Lehrpläne und in die Stoffverteilung können wohl am ehesten dazu führen, daß gleiche Leistungen von verschiedenen Lehrern (auch zu verschiedenen Zeiten) in Zukunft häufiger in gleicher Weise beurteilt werden.

Der Weg bis zu solchen Optimallösungen ist weit; große Unsicherheiten

— bei der allgemeinen wissenschaftlichen Theorie-Bildung,

— bei der Stellenwert-Beschreibung neuer didaktischer und organisatorischer Unterrichts- und Beurteilungsverfahren,

— bei der realistischen Einschätzung konkreter Möglichkeiten einer praktischen Verwirklichung von neuen Modellen

werden sicherlich noch manches Mal „zu terminologischem Wirrwarr, reformerischen Alleingängen ohne Chance auf breiten Transfer und schließlich zu entmutigenden Mißerfolgen" [462] führen.

In dem Maße, wie es gelingt, die z. Z. gegebenen Rahmenbedingungen (z. B. Qualität der Lehrerausbildung, verändertes Bewußtsein der an Bildungsreformen interessierten Öffentlichkeit, Prüfungs-, Versetzungs- und Ausbildungsordnungen und -erlasse, curriculare Entwicklung, ökonomische Basis) zu verbessern, werden die Grenzen für den gegenwärtigen Einsatz von Tests weiter abgebaut werden können.

3.5.5. Abschließende Bemerkungen

Soviel darf sicher sein: Schultests sind keine Modeerscheinung, sie sind eine pädagogische Notwendigkeit und das umsomehr, je begründeter sich unsere Kritik gegenüber dem bisher in der Schule praktizierten Zensurenwesen erweist.

Tests sind nicht nur in der Lage, die Grundlagen für eine stichhaltige Schülerbeurteilung mit auffinden zu helfen, sie ermöglichen eigentlich erst einen analytischen Kommentar über das Relief der Fähigkeiten eines Schülers. „Ohne diesen Rückhalt dürften solche Kommentare in verbalen Stereotypien enden, die sich vorwiegend auf konventionelle sachlogische Einteilungen, kaum aber auf lernpsychologisch fundierte Strukturen stützen." [463]

Daraus kann nun freilich nicht geschlossen werden, daß aus einem Testergebnis *allein* weitreichende Entscheidungen getroffen werden dürfen. Dafür erfassen die bisher entwickelten Tests zu wenige derjenigen Komponenten, die die gesamte Schülerpersönlichkeit prägen. Tests haben eine wichtige Funktion als *Hilfsmittel:* sie liefern dem Lehrer ein hohes Maß an Information. Die eigentliche Beurteilung aber nehmen sie ihm nicht ab.

„Erst aus der sinnvollen Kombination objektiver und subjektiver Methoden ergibt sich ein angemessenes Prüfungs- und Beurteilungsverfahren. Die Erfahrungen haben gezeigt, daß der Einsatz von Tests dazu führt, daß Lernziele besser durchdacht und formuliert werden, daß das Lehrerurteil durch die Auseinandersetzung mit einem Korrektiv fundierter und rationaler wird und daß die Fehlerquellen jedes Verfahrens klarer gesehen werden und damit eine kritisch reflektierende Haltung die vorwissenschaftliche naive Praxis der Beurteilungsverfahren ablöst." [464]

Da gegenwärtig — zumindest auf dem Sektor schulischer Leistungsbeurteilung — der *Programmierte Unterricht* zwar beachtlichen Einfluß hat, aber seit einiger Zeit kaum noch akzentuiert und aktualisiert wurde, blieb dieser Aspekt in dieser Arbeit unberücksichtigt. Ob wir eines Tages „Zensuren aus dem Computer"[465] erhalten werden, ist fraglich, weil der Sinn der Leistungskontrolle „nicht die einmalige Abstempelung, sondern die Erarbeitung detaillierter Ergebnisse, die auf Mängel und Lücken hinweisen und zur Verbesserung, Steigerung und Erleichterung der Lehr- und Lernprozesse ausgewertet werden können," [466] ist. Das spricht gegen Zensuren und gegen einen überspannten Technizismus in der Erziehungswissenschaft und in der Schule.

4. Schlußwort

Auf der Suche nach neuen Beobachtungs- und Beurteilungstechniken und am Ende der Darstellung dieser allgemeinen Problematik und des skizzenhaften Abrisses gegenwärtiger Tendenzen können wir die Hauptkomplexe zusammenfassend nennen, die unsere Lösungsansätze in Zukunft bestimmen werden:

1. Leistungsmessungen müssen stets in engem Kontakt und Zusammenhang mit Curricula, Lehr- und Lernverhalten sowie den Unterrichtsmethoden und nicht zuletzt den Unterrichtsmedien gesehen werden.

2. Eine sinnvolle Schülerbeurteilung kann nur auf einem flexibel organisierten und strukturierten Unterricht basieren und muß sich an gründlich diagnostizierten Lernvoraussetzungen des einzelnen Schülers orientieren, um so Diskriminierungen sozialer Art abbauen zu helfen.

3. Objektivierte Meßverfahren zur Beurteilung von Schülerleistungen müssen dort, wo ihre Anwendung sinnvoll und möglich erscheint, im Hinblick auf ihre Praktikabilität in einer veränderten Schulwirklichkeit entwickelt werden. — Die Beurteilungsinstrumente müssen dabei den Kriterien der Objektivität, Validität und Reliabilität gerecht werden.

4. Dabei ist es notwendig, dem komplexen Lernverhalten und den jeweiligen Lernsituationen entsprechend differenzierte Verfahren einer Leistungsbeschreibung und -messung zu erproben.

5. Das bedingt, daß diese Verfahren nicht nur *eindimensional* auf „die" richtige Antwort ausgerichtet sein müssen, sondern auch *mehrdimensional* auf „produktives", „divergierendes" und „kreatives" Denken und Verhalten.

6. Zensurenfreie Räume müssen dort geschaffen werden, wo das Lehrerurteil vorhersehbar subjektiv determiniert ist. — Auf Zensuren kann dort verzichtet werden,

— wo sie wesensfremde Teile einer Unterrichtseinheit oder eines Kurses sind,

— wo durch sie didaktische Intentionen zerstört werden,

— wo sich die Vielzahl von abhängigen Variablen nicht durch ein sachliches und soziale Faktoren berücksichtigendes Prüfverfahren unter Kontrolle bringen läßt,

— wo Kinder (noch) nicht fähig sind, auf das Lehrerurteil mit der notwendigen persönlichen Distanz zu reagieren (z. B. in der Grundschule oder der Sonderschule für Lernbehinderte).

7. Lehrerurteile sollen als Ergebnis konkreter Leistungsbeurteilung dem Schüler differenzierten Aufschluß über Erfolg und Versagen oder

über partielle Schwächen und Lerndefizite geben. So wenig wie sich dabei das Urteil ausschließlich auf die Klassennorm als Bezugssystem stützen soll, so wenig soll es sich einseitig auf die Lernleistung des einzelnen Schülers beziehen. Vielmehr müssen die individuell unterschiedlichen *Lernvoraussetzungen* auf dem Hintergrund gruppendynamischer Prozesse innerhalb und außerhalb der Klasse und Schülergruppe schärfer als bisher beachtet und in die Diskussion mit einbezogen werden, um einer Neuorientierung dienen zu können.

8. Schließlich müssen wir den Fragen, warum wir Leistungsbeurteilung in der Schule betreiben und warum Zensur und Zeugnis eine derartige Bedeutung für uns haben, unermüdlich nachgehen, um unsere Anstrengungen nicht nur auf technologische Verbesserungen zu richten, sondern auch als Beitrag zu einer Innovationsforschung zu begreifen, die gesellschaftskritischen Fragen nicht ausweicht.

Da wir wissen,

— daß die traditionellen Verfahren zur Zensuren- und Zeugnisgebung diesen Anforderungen nicht entsprechen, weil sie einen Vergleich von Schülerleistungen über den Klassenrahmen hinaus nicht zulassen und für Außenstehende absolut kein Schlüssel für ein adäquates Verständnis des objektiv erreichten Schulleistungsstandes sind,

— daß die Maßstäbe, an denen die Leistungen des Schülers gemessen werden, selten etwas mit der sachbezogenen, intrinsischen Motivation und Befriedigung zu tun haben, die lernpsychologisch und pädagogisch wünschenswert wäre, und kein von Interesse getragenes kreatives Arbeitsverhalten fördern,

— daß die augenblicklich praktizierten Beurteilungsverfahren in der Regel das Speichern von Informationen und reine Gedächtnisleistungen eher begünstigen; kritische Auseinandersetzung weit weniger honoriert wird,

— daß Zensur und Zeugnis soziale Isolierung, Konkurrenzdenken, also kooperationsfeindliche Verhaltensweisen und übertriebene Anpassung an Autoritäten mitverursachen,

— daß tradierte Beurteilungsverfahren darüber hinaus angsterzeugende Wirkungen haben, die das Lernen geradezu verhindern,

— daß in die herkömmlichen, ziffernmäßig fixierten Schülerbeurteilungen subjektive, fachspezifische, geschlechtsspezifische und schichtenspezifische Faktoren als unwägbare und unkontrollierbare Variablen einfließen,

— daß in unserem Schulwesen veraltete Strukturen vorherrschen, die in vielen Fällen verhindern, daß sich Lehrer auch nach ihrer Ausbildungszeit mit neuen Unterrichtsmethoden und aktuellen schulpädagogischen und -politischen Fragen auseinandersetzen,

— daß es einen wissenschaftlichen Rückstand auf dem Gebiet der pädagogischen Diagnostik aufzuholen gilt,

— daß das systemerhaltende Interesse der staatlichen Macht gegen die Verwirklichung eines demokratischen Schulwesens, gegen transparente Formen der Zusammenarbeit und gegen durchgreifende notwendige Veränderungen gerichtet ist,

— daß ein erheblicher Teil der Zensuren nicht aus pädagogischen Gründen und erzieherischem Verantwortungsbewußtsein erteilt wird, sondern im Auftrage des Staates,

können Zensur und Zeugnis in ihrer heutigen Form nicht als sachlich gerechtfertigte Ergebnisse schulischer Bemühungen akzeptiert werden, die über Eignung, Kenntnisse und Fähigkeiten, Bildungsstand und Begabung eines Menschen gültige Aussagen zulassen.

Wenn das so ist — und wir haben versucht, es in dieser Arbeit zu begründen —, dann bedeutet das für uns,

— daß wir fortfahren müssen, den Leistungsbegriff auf dem Hintergrund der Ergebnisse einer Gesellschaftsanalyse zu hinterfragen, um ihn pädagogisch angemessen inhaltlich füllen und handhaben zu können,

— daß in der Schule auf Leistungsforderungen wohl nicht verzichtet werden kann und deshalb gerade die schulischen Anforderungen definiert d. h. curricular begründet werden müssen,

— daß überall dort radikal vorgegangen werden muß,
wo Auslese statt Förderung betrieben wird,
wo ungerechte Lösungen als systemstabilisierende beibehalten werden,
wo Prinzipien verfolgt werden, die dem kritischen Erkenntnisstand erziehungswissenschaftlicher Forschung widersprechen,
wo sich die Schulbürokratie — wider bessere Einsicht und Beratung — nicht zum Motor notwendiger Veränderungen macht,

— daß — wenn Leistungsbeurteilung der Schüler immer zugleich Leistungsbeurteilung des Lehrers mit ist — sich der Unterrichtende kritische Fragen zum Unterrichtsstil, zur Auswahl der Inhalte, zur Stoffverteilung, zu seiner fachlichen Qualifikation und seinen Fortbildungsanstrengungen stellen lassen muß,

— daß sich der Lehrer — gestützt auf die inzwischen vorliegenden wissenschaftlichen Erkenntnisse — frei machen muß vom Zwang, so zu zensieren wie bisher (und das auch noch „richtig" finden zu müssen),

— daß der Lehrer zum Berater seiner Schüler werden sollte, der ihnen die praktizierten Meß- und Beurteilungsverfahren transparent zu machen versteht, weil Schüler nur so in die Lage versetzt werden, Leistungsmessung als Bestandteil der Lernprozesse zu sehen,

— daß der Lehrer in seiner beratenden Funktion die Schüler befähigen muß, Leistungsmessung in Unabhängigkeit von Personen und äußeren Faktoren als Möglichkeit der Selbstkontrolle zu erfahren und für sich selbst durchzuführen,

— daß schließlich jeder soziale „Lohn-Strafe-Mechanismus" mittels schulischer Leistungsmessung aus dem Unterricht eliminiert werden muß, weil wir dadurch in der Regel und bezogen auf den Einzelfall denjenigen Schüler treffen, der nichts „verschuldet" hat, und denjenigen „belohnen", der ohnehin im Vorteil ist.

Der so verhärtet erscheinende Komplex „Zensur und Zeugnis" wird — da er mit der Revision von Curricula, mit der Reform der Schulorganisation und mit der Entwicklung von neuen Lehrsystemen korrespondiert — durch die Anstrengung aller Beteiligten transparenter gemacht werden können. In Zukunft muß es möglich sein, über die hier aufgezeigten Forschungsergebnisse hinaus neue Problemstellungen zu formulieren, über empirisch abgesicherte Befunde bedenkenswerte Schlußfolgerungen zu ziehen, die dann praktikable Lösungen ermöglichen.

Im Augenblick aber und unter Berücksichtigung des Dilemmas, in welchem die Diskussion um neue schulische Beurteilungsverfahren heute in unserem Lande steckt, erscheint es folgerichtig, die ersatzlose Abschaffung der Zensuren und Zeugnisse zu fordern, weil beide „die Anpassung an ein aus dem Profitdenken der kapitalistischen Gesellschaft stammendes Leistungsprinzip fördern und die Herrschaft des Lehrers über Schwächere stützen sollen." [467]

Diese Verweigerung wäre denkbar auf dem Hintergrund gesellschaftlicher Veränderungen nicht nur in diesem Lande.

Realistischerweise muß aber erkannt werden,

— daß die Kräfte, die gesellschaftliche Veränderungen herbeiführen könnten, einerseits unaufgeklärt, andererseits zersplittert, uneinig und ohne tragfähige Basis gemeinsamen Vorgehens sind,

— daß nicht zuletzt aufgrund der reaktionären politischen Potenz in der Bundesrepublik Deutschland der Weg der evolutionären Einwirkung beschritten werden muß,

— daß daraus folgt, die analysierende, aufklärende Arbeit fortzusetzen und auf dem Wege kritischer Einwände und konkreter Verwirklichung schrittweise und partiell Fortschritte zu erzielen.

Das heißt konkret auf unser Thema bezogen:

Beide Fragen „Wie verbessert man das Instrumentarium der diagnostischen Schulleistungsmessung?" und „Wie kann man Zensur und

Zeugnis abschaffen?" sind immens wichtig, zeigen sie doch das Spektrum der überhaupt möglichen Diskussion.

Ihnen vorausgehen muß allerdings eine ideologiekritische Erörterung dessen, was mit Prüfungen und Zensuren, mit Zeugnissen und Leistungsnachweisen angestrebt wird.

Nyssen [468] und Baethke [469] haben für unsere kapitalistische Leistungsgesellschaft den Nachweis erbringen können, daß dominante gesellschaftliche Gruppen einseitig zu bestimmen versuchen, welche Leistungsfähigkeiten in der Schule entwickelt werden, wie die Begabungsauswahl vorgenommen und welche Lebenschancen mit welchen Begabungen verknüpft werden sollen.

Hier gilt es anzusetzen und deutlich zu machen, daß bei dem Auftrag an die Schule und an die schulische Leistungsbeurteilung, der Gesellschaft die Leistungsfähigkeit der Schüler einsichtig zu machen, dies auch *für* das Individuum und *gegen* die Gesellschaft geschehen kann. [470]

Die Entscheidung *für* das Individuum und *gegen* Konkurrenzdenken, übertriebene Anpassung an Autoritäten und Sachzwänge führt dazu, daß wir unseren Drang, Dinge und Menschen unaufhörlich bewerten und permanent das Gute und Schlechte differenzieren zu wollen, als verhängnisvoll bezeichnen müssen. „Unter den Dingen suchen wir nach *Qualität*, bei den Menschen nach *Qualifikation*. In Prüfungen frönen wir der Leidenschaft des Bewertens. Auch im Leben sind wir stets auf der Suche nach *Niveau, Fähigkeit* und *Kompetenz*. Allzu oft jagen wir dabei Schimären nach; die Begriffe spiegeln Realitäten vor, die nichts weiter sind als Ausgeburten unserer Anspruchlichkeit. Mit Wertvorstellungen klassifizieren wir die Welt, erbauen uns am Guten, hassen das Üble. Leere und Sterilität solcher Befriedigungen sind bedrückend." [471] — Zensur und Zeugnis sind davon mitbetroffen.

Hierauf aufmerksam zu machen, Perspektiven für weitere Überlegungen zu eröffnen, Ansatzpunkte für eine neue Theorie-Praxis-Auseinandersetzung zu finden und mögliche Wege für kritisches Fragen und sachlich begründetes Umdenken aufzuzeigen, sollte Ziel dieser Studie sein. Es gilt die fatale Abhängigkeit der Schule von den sozialen Leitvorstellungen der Vergangenheit in systemkritische und eigenverantwortliche Gegenüberstellung umzuwandeln. In dem Maße, wie das möglich, ist, realisiert sich die im Vorwort geäußerte Hoffnung und wird die Schule zur ernstzunehmenden Kraft innerhalb unserer Gesellschaft.

5. Anmerkungen

[1] Vgl. Deutscher Bildungsrat (Hsg.): Strukturplan für das Bildungswesen, Reihe: Empfehlungen der Bildungskommission, Stuttgart 1971, 3. Aufl., S. 67.

[2] Am 20. Oktober 1971 wurde ein bisher in der Bundesrepublik einmaliger Versuch der Curriculumrevision durch den hessischen Kultusminister Prof. v. Friedeburg für beendet erklärt. Vgl. *Becker, H./Bonn, P./Groddeck, N.:* Demokratisierung als Ideologie? – Anmerkungen zur Curriculum-Entwicklung in Hessen. In: betrifft: erziehung, 5. Jg. (1972), Nr. 8, S. 19–29.

[3] Hier müssen genannt werden aufgrund ihrer unterschiedlichen Positionen:
  a) die Berliner Gruppe: Vgl. *Robinsohn, S. B.:* Bildungsreform als Revision des Curriculums. Neuwied 1971, 3. Aufl. – *Knab, D.:* Curriculumforschung und Lehrplanreform. In: Neue Sammlung, 1969, H. 9, S. 169–185. – *Zimmer, J.:* Curriculumforschung: Chance zur Demokratisierung der Lehrpläne. In: didacta, 1969, H. 3, S. 1 ff. – *Lenné, H.:* Analyse der Mathematik-Didaktik in Deutschland. Stuttgart 1969. – *Edelstein, W./Sang, F./Stegelmann, W.:* Unterrichtsstoffe und ihre Verwendung in der 7. Klasse der Gymnasien in der BRD, Teil I (Math., Engl.). In: Studien und Berichte des Instituts für Bildungsforschung in der Max-Planck-Gesellschaft, 12. Jg. (1968).
  b) Münsteraner Gruppe: *Achtenhagen, F./Meyer, H. L.:* Curriculumrevision – Möglichkeiten und Grenzen. München 1971 – *Blankertz, H.:* Theorien und Modelle der Didaktik. München 1970, 3. Aufl. – *Blankertz, H.:* Curriculumforschung – Strategien, Strukturierung, Konstruktion. Essen 1971.
  c) Konstanzer Gruppe: *Flechsig, K. H.* u. a.: Probleme der Entscheidung über Lernziele. In: Programmiertes Lernen, 1970, H. 1, S. 1–32. – *Haller, H. D.:* Thesen zur Umgestaltung der Lehrplanentwicklung. In: Bildungsreform als Lehrplanrevision. Bottrop 1971, S. 51–59.
  d) Freiburger Gruppe (Schweiz): *Frey, K.* (Hsg.): Kriterien in der Curriculumkonstruktion. Weinheim 1970. – *Lattmann, U. P.:* Lernziele und Unterrichtsvorbereitung. Freiburg 1971. – *Isenegger, U.:* Lernzielerhebung zur Curriculumkonstruktion. Weinheim 1971.
  e) Bielefelder Gruppe: *Hentig, H. v.:* Das Bielefelder Oberstufenkolleg. Stuttgart 1971. – *Hentig, H. v.:* Die Bielefelder Laborschule. Stuttgart 1971.
  f) Göttinger Gruppe: *Tütken, H.:* Zur Adaption ausländischer Curricula. In: Bildung und Erziehung, 1971, Heft 5, S. 415–424.

[4] Vgl. z. B. *Edelstein, Wolfgang:* Das „Projekt Schulleistung" im Institut für Bildungsforschung in der Max-Planck-Gesellschaft. In: Zeitschrift für Pädagogik, 16. Jg. (1970), Nr. 4, S. 517–529. – *Seelig, Günther F.:* Arbeitsanweisungen für objektivierte Leistungsprüfungen. In: Die Deutsche Schule, 62. Jg. (1970), H. 1, S. 51–60 (I. Teil) und H. 2, S. 118–127 (II. Teil). – *Stark, Günter:* Zum Stand des Projektes „Objektive Leistungsmessung in Gesamtschulen" (Oktober 1970). In: Mitteilungen und Nachrichten des Deutschen Instituts für Internationale Pädagogische Forschung, Frankfurt a. M. 1970, H. 59/60, S. 49–65.

[5] *Hentig, Hartmut von:* Cuernavaca oder: Alternativen zur Schule? Stuttgart – München 1972, 2. Aufl., S. 39.

[6] *Brezinka, Wolfgang:* Über Absicht und Erfolg der Erziehung. Probleme einer Theorie der erzieherischen Wirkung. In: Zeitschrift für Pädagogik, 15. Jg. (1969), H. 3, S. 271.

[7] *Skowronek, Helmut:* Zur Problematik der Zensurengebung. In: Westermanns Pädagogische Beiträge, 23. Jg. (1971), H. 12, S. 645.

[8] Vgl. *Furck, Carl-Ludwig:* Das pädagogische Problem der Leistung in der Schule. Weinheim 1972, 4. Aufl., S. 130, Fußnote 34.

[9] *Wasserzieher, Ernst:* Woher? – Ableitendes Wörterbuch der deutschen Sprache. Bonn 1963, 16. Aufl., S. 287, Stichwort: leisten.

[10] Vgl. *Grimm, Jakob:* Deutsches Wörterbuch. Leipzig 1885, Bd. VI, Sp. 722–727.

[11] Vgl. *Lexer, Martin:* Mittelhochdeutsches Taschenwörterbuch. Leipzig 1964, 31. Aufl., S. 124.

[12] Vgl. *Kluge/Götze:* Etymologisches Wörterbuch der deutschen Sprache. Berlin 1953, S. 449.

[13] Vgl. *Teschner, Wolfgang-P.:* Studie zum Leistungsbegriff in der Pädagogik. In: Neue Sammlung, 9. Jg. (1969), S. 428 f.

[14] *Teschner, Wolfgang-P.,* a. a. O., S. 428 f.

[15] Vgl. *Furck, Carl-Ludwig:* Das pädagogische Problem der Leistung in der Schule. Weinheim 1972, 4. Aufl., S. 20.

[16] Vgl. *Pornschlegel, H./Birkwald, R./Wiesner, H.:* Menschliche Leistung und Arbeitsergebnis. Reihe: Industriegewerkschaft Metall für die Bundesrepublik Deutschland – Vorstand – Abt. Bildungswesen (Hsg.): Arbeitsheft 812. Köln 1967, 2. Aufl., S. 12.

[17] *Hilf, H. H.:* Arbeitswissenschaft. München 1957, S. 33.

[18] Vgl. *Dahrendorf, Ralf:* Industrie- und Betriebssoziologie. Reihe: Sammlung Göschen – Bd. 103. Berlin 1965, 3. Aufl., S. 72 ff.

[19] Ohne Quellenangabe, zitiert bei: *Pornschlegel, H.* u. a., a. a. O., S. 39.

[20] *Pornschlegel, H.* u. a., a. a. O., S. 39 f.

[21] Internationales Arbeitsamt: Introduction to Work Study, Genf 1951, zitiert bei: *Pornschlegel, H.* u. a., a. a. O., S. 41.

[22] *Thomas, Konrad:* Arbeiter im Betrieb. Reihe: Schriftenreihe der Niedersächsischen Landeszentrale für Politische Bildung – Gesellschaft und Politik – Bd. 3. Hannover 1969, S. 59.

[23] *Brock, A.* u. a.: Der Konflikt um Lohn und Leistung. Frankfurt a. M. 1969, S. 127.

[24] Vgl. z. B. *Baldamus, W.:* Gerechter Lohn, Berlin 1960. – *Keller, H.:* Der moderne soziale Konflikt. Stuttgart 1961.

[25] *Brock, A.* u. a., a. a. O., S. 122.

[26] *Brock, A.* u. a., a. a. O., S. 128.

[27] *Pornschlegel, H.* u. a., a. a. O., S. 29.

[28] *Lenk, H.:* Ist Training repressiv? In: DIE ZEIT, Nr. 37, 10. September 1971, S. 56.

[29] *Hack, L.:* Alle hatten doch die gleiche Chance. Leistungssport – Leistungsgesellschaft – Leistungsgerechtigkeit? In: *Vinnai, G.* (Hsg.): Sport in der Klassengesellschaft. Frankfurt a. M. 1972, S. 121.

[30] Vgl. *Daubert:* Menschliche Leistung. München 1962. Zitiert bei: *Pornschlegel, H.* u. a., a. a. O., S. 22.

[31] Vgl. *Lehmann, G.:* Praktische Arbeitsphysiologie. Stuttgart 1962. 2. Aufl.

[32] *Keilhacker, Martin:* Pädagogische Grundprobleme in der gegenwärtigen industriellen Gesellschaft. Reihe: Erziehungswissenschaftliche Bücherei – Reihe IV: Theoretische Pädagogik. Stuttgart 1964, S. 9.

[33] Vgl. *Parsons, T.:* Die Motivierung des wirtschaftlichen Handelns. In: *Parsons, T.:* Soziologische Theorie. Neuwied/Berlin 1964, S. 136 ff.

[34] *Offe, Claus:* Leistungsprinzip und industrielle Arbeit. Mechanismen der Statusverteilung in Arbeitsorganisationen der industriellen „Leistungsgesellschaft". Reihe: *Euchner/Schäfer/Senghaas* (Hsg.): Kritische Studien zur Politikwissenschaft. Frankfurt a. M. 1970, S. 42.

[35] Vgl. *Lipset/Bendix:* Social Mobility in Industrial Society. Berkeley 1963.

[36] Vgl. *McClelland/Atkinson/Clark/Lowell:* The achievement motive. New York (Appleton) 1953.
McClelland, David C.: Die Leistungsgesellschaft. Psychologische Analyse der Voraussetzungen wirtschaftlicher Entwicklung. Stuttgart/Berlin/Köln/Mainz (Kohlhammer) 1966.

[37] Bundesverband der Deutschen Industrie: Zur Lage von Forschung, Lehre und Studium an den Hochschulen der Bundesrepublik 1971. In: Frankfurter Rundschau, 27. 10. 71, S. 12.

[38] So besaßen 1966 1,7% der rund 21 Millionen Haushalte 73,9% des 160 Milliarden DM betragenden Produktionsvermögens. Quelle: Frankfurter Rundschau, Juli 1971.
29% der Selbsständigen verdienten 1969 monatlich mehr als 1 800 DM, dagegen nur 1% der Arbeiter zwischen 1 200 und 1 800 DM monatlich. Quelle: Frankfurter Rundschau, 2. 6. 70, S. 6.
Friedrich Flick verdiente 1969 täglich 1,2 Millionen DM. Quelle: Welt der Arbeit, 8. 10. 71, S. 7.

[39] Vgl. *Marcuse, Herbert:* Triebstruktur und Gesellschaft. Ein philosophischer Beitrag zu Sigmund Freud. Reihe: Bibliothek Suhrkamp – Bd. 158. Frankfurt a. M. 1971.
Dort heißt es auf S. 41: Die Herrschaft wird „von einer bestimmten Gruppe oder von einem Einzelnen ausgeübt mit der Absicht, sich selbst in einer privilegierten Position zu erhalten und seine Macht zu steigern. Solch eine Herrschaft schließt den technischen, materiellen und intellektuellen Fortschritt nicht aus, aber er ist nur ein unvermeidliches Nebenprodukt, während die irrationale Lebensnot, der Mangel und die Beschränkung weiter bestehen."
Und weiter heißt es auf S. 49: „Das Leistungsprinzip, das das herrschende Prinzip einer auf Erwerb und Wettstreit ausgerichteten Gesellschaft im Prozeß ständiger Ausdehnung ist, setzt eine lange Entwicklung voraus, während derer die Herrschaft zunehmend rationalisiert wurde: die Kontrolle über die soziale Arbeitsleistung sichert jetzt die Fortdauer der Gesellschaft in vergrößertem Maßstab und unter sich verbessernden Bedingungen. Auf lange hinaus stimmen die Interessen der Herrschaft und die

der Gesamtheit überein: die auf Profit eingestellte Verwendung des Produktionsapparates erfüllt die Bedürfnisse und Möglichkeiten des Individuums. Für die überwiegende Mehrheit der Bevölkerung werden Ausmaß und Art der Befriedigung durch ihre eigene Anstrengung bestimmt, aber diese Anstrengung ist Arbeit für den Apparat, den sie nicht selbst lenken, der als eine unabhängige Macht wirkt, der die Individuen sich zu unterwerfen haben, wenn sie leben wollen. Und diese Macht wird um so fremder, je spezialisierter die Arbeitsteilung wird. Die Menschen leben nicht ihr eigenes Leben, sondern erfüllen schon vorher festgelegte Funktionen. Während sie arbeiten, befriedigen sie damit nicht ihre eigenen Bedürfnisse und Fähigkeiten, sondern arbeiten entfremdet."

40 Das kritisierte bereits Karl Marx in seiner „Kritik des Gothaer Programms". Vgl. *Marx, Karl:* Kritik des Gothaer Programms. Berlin 1955.

41 Vgl. *Strzelewicz, Willy:* Industrialisierung und Demokratisierung der modernen Gesellschaft. Hannover 1971, überarbeitete Neuauflage, S. 68.
    Dort heißt es: „Es ist also nicht so sehr der Marktmechanismus als vielmehr die industrielle Technik und die Gestalt der industriellen Gesellschaft, die den Effektivitätsgesichtspunkt so entscheidend gemacht hat und die Anpassung des einzelnen sowie seine Subordination unter das Kommando der aus Dingen und Menschen bestehenden Apparaturen immer gebieterischer fordert."

42 Vgl. OECD (Hsg.): Science, Growth and Society, Paris 1971. Zitiert bei: *Rigauer, Bero:* Leistungssport als Arbeitsleistung. Zur gesellschaftlichen Dialektik sportspezifischer Leistung. In: *Richter, Jörg* (Hsg.), a. a. O., S. 63.

43 *Narr, Wolf-Dieter:* Pluralistische Gesellschaft. Reihe: Schriftenreihe der Niedersächsischen Landeszentrale für Politische Bildung — Gesellschaft und Politik — Bd. 2. Hannover 1969, S. 65.

44 Vgl. *Meadows/Meadows/Randers/Behrens:* The Limits of Growth. New York (Universe Books) 1972.
    Deutsch: *Meadows/Meadows/Zahn/Milling:* Die Grenzen des Wachstums. Bericht des Club of Rome zur Lage der Menschheit. Reihe: dva informativ. Stuttgart 1972.
    Dort heißt es auf S. 162 f.: „Die wichtigsten Hintergrundinformationen, die noch fehlen, beziehen sich auf die menschlichen Werte und Wertmaßstäbe. Sobald eine Gesellschaft erkennt, daß sie nicht alles für jedermann maximal zur Verfügung stellen kann, muß sie wählen: Will sie mehr Menschen oder mehr Wohlstand, mehr ursprüngliche Natur oder mehr Kraftwagen, mehr Nahrung für die Armen oder mehr Dienstleistungen für die Reichen? Die Beantwortung dieser Fragen und die Umsetzung der Antworten in Maßnahmen sind die Grundlagen aller politischen Vorgänge. Dennoch sind sich wenig Menschen dessen bewußt, daß derartige Entscheidungen täglich getroffen werden. Eine Gesellschaft im Gleichgewicht muß die Entscheidungsmöglichkeiten, die eine begrenzte Erde läßt, nicht nur nach den gegenwärtigen menschlichen Wertmaßstäben, sondern auch nach denen zukünftiger Generationen abwägen. Dazu braucht sie bessere Hilfsmittel, als ihr heute zur Verfügung stehen, um realistische Alternativen darzulegen. Langfristige Ziele müssen ausgearbeitet und die kurzfristigen darauf abgestellt werden."

45 *Offe, Claus,* a. a. O., S. 8.

46 *Offe, Claus,* a. a. O., S. 38.

47 Der Marx'sche Begriff der „entfremdeten" Arbeit hat sicherlich zumindest eine doppelte Bedeutung:
    1. die hier angedeutete organisationsbedingte und normativ bedingte Fremdbestimmung des Arbeits- und Leistungsprozesses,
    2. den Vorgang privater Aneignung gesellschaftlich erzeugter „Mehrarbeit" in der kapitalistischen Wirtschaft.

48 *Offe, Claus,* a. a. O., S. 165.

49 Vordergründig deshalb, weil derartige Definitionen bisher doppeldeutig sind: Sie behaupten einerseits *Schutzfunktion* sein zu wollen, erweisen sich häufig genug aber als *Mittel zur Ausbeutung.*

50 *Marković, Mihailo:* Möglichkeiten einer radikalen Humanisierung der Industriekultur. In: *Marcuse, H./Rapoport, A./Horn, K./Mitscherlich, A./Senghaas, D./Marković, M.:* Aggression und Anpassung in der Industriegesellschaft. Reihe: edition suhrkamp — Bd. 282. Frankfurt a. M. 1970, 5. Aufl., S. 162.

51 Vgl. *Meadows* u. a., a. a. O., S. 110 ff.

52 *Weizsäcker, Carl Christian von:* Überlegungen zur Demokratisierung des Bildungswesens in der BRD. In: betrifft: erziehung, 2. Jg. (1969), Nr. 1, S. 16.

53 *Mierke, Karl:* Vom Leistungseros und Leistungsethos der heranwachsenden Generation. In: Ausschuß Deutscher Leibeserzieher (Hsg.): Die Leistung. Kongreßbericht. Schorndorf 1964, S. 29.

54 *Rolff, Hans-G.:* Die Demokratie der Unmündigen? Behinderungen und Chancen einer Erziehung zur Emanzipation. In: *Hartfield, Günter* (Hsg.): Die autoritäre Gesellschaft. Reihe: Kritik – Bd. 1, Köln – Opladen 1970, 2. Aufl., S. 111.

55 *Rolff, Hans-G.,* a. a. O., S. 111.

56 Vgl. z. B. *Furck, Carl-Ludwig:* Das pädagogische Problem der Leistung in der Schule. Weinheim 1971, 4. Aufl. – *Furck, C.-L.:* Das Leistungsbild der Jugend in Schule und Beruf. Reihe: Deutsches Jugendinstitut (Hsg.): Überblick zur wissenschaftlichen Jugendkunde – Bd. 14. München 1966, 2. Aufl.

57 *Furck, Carl-Ludwig:* Das pädagogische Problem der Leistung in der Schule. Weinheim 1971, 4. Aufl., S. 118.

58 *Furck, Carl-Ludwig:* Das Leistungsbild der Jugend in Schule und Beruf. München 1966, 2. Aufl., S. 10.

59 *Teschner, Wolfgang-P.:* Studie zum Leistungsbegriff in der Pädagogik. In: Neue Sammlung, 9. Jg. (1969), S. 431.

60 Vgl. *Teschner, Wolfgang-P.,* a. a. O., S. 432.

61 Vgl. *Teschner, Wolfgang-P.,* a. a. O., S. 432.

62 Vgl. *Furck, Carl-Ludwig:* Leistung. – II. Schulpädagogisch. Stichwort in: *Groothoff/ Stallmann* (Hsg.): Lexikon der Pädagogik. Stuttgart – Berlin 1965, 3. Aufl., Sp. 581 f.

63 Vgl. *Geißler, Georg:* Die Aufgabe im Leben des Menschen und ihre Bedeutung für die Erziehung. In: Die Sammlung 1950. Aufgenommen auch als Beitrag in: *Geißler, Georg:* Strukturfragen der Schule und der Lehrerbildung. Reihe: Pädagogische Studien – Bd. 17, Weinheim 1969, S. 11–25.

64 *Furck, Carl-Ludwig:* Das pädagogische Problem der Leistung in der Schule. Weinheim 1971, 4. Aufl., S. 121.

65 Vgl. *Edelstein, Wolfgang:* Das ,Projekt Schulleistung' im Institut für Bildungsforschung in der Max-Planck-Gesellschaft. In: Zeitschrift für Pädagogik, 16. Jg. (1970), Nr. 4, S. 529.
Dort werden einige Faktoren genannt:
1. kognitive und affektive Merkmale, Erziehungsstil des Elternhauses, schichten- spezifische Geprägtheit,
2. Einstellungen und Unterrichtsstrategien, Wahrnehmung, Bewertung,
3. begünstigende und benachteiligende Bedingungen in Klasse, Schule, Schulort, Schulsystem.

66 *Furck, Carl-Ludwig:* Das pädagogische Problem der Leistung in der Schule. Weinheim 1971, 4. Aufl., S. 121.

67 *Hentig, Hartmut von:* Systemzwang und Selbstbestimmung. Über die Bedingungen der Gesamtschule in der Industriegesellschaft. Stuttgart 1968, S. 101.

68 Vgl. z. B. *Horney, Walter:* Die Schülerleistung. In: Handbuch für Lehrer. Bd. I: Die Praxis im Lehramt. Gütersloh 1960, 3. Aufl., S. 136–149.
Horney nennt dort einige Bedingungsvariablen (S. 138 ff.): Selbstwertgefühl, Leistungs- fähigkeit, Motivation, Zwang, Überforderungen, Erfolgserlebnisse, Einflüsse der Familie, Interesse, Aufmerksamkeit, Intelligenz usw.
Vgl. auch: *Roth, Heinrich:* Pädagogische Anthropologie. Bd. II: Entwicklung und Erziehung. Grundlagen einer Entwicklungspädagogik. Hannover 1971, 1. Aufl., S. 156 ff.
Roth nennt hier neben den schon bekannten Eigenschaften, die durch traditionelle Intelligenztests gemessen werden können, Fähigkeiten, die neuerdings durch Kreati- vitätstests ermittelt werden. Damit wird das schöpferische Denken in den Mittelpunkt des Interesses gerückt.

69 *Schelsky, Helmut:* Schule und Erziehung in der industriellen Gesellschaft. Reihe: Weltbild und Erziehung – Bd. 20. Würzburg 1965, 5. Aufl., S. 18.

70 *Hentig, Hartmut von,* a. a. O., S. 10.

71 Vgl. *Blankertz, Herwig:* Theorien und Modelle der Didaktik. Reihe: Mollenhauer, Klaus (Hsg.): Grundfragen der Erziehungswissenschaft – Bd. 6, München 1971, 5. Aufl., S. 114 ff.

72 *Rolff, Hans-G.:* Gesamtschule als „Demokratische Leistungsschule"? Eine kritische Interpretation der Zwecksetzungen der Gesamtschulplanung. In: Gesamtschule, 1. Jg. (1969), H. 1, S. 13.

73 *Klafki, Wolfgang:* Das pädagogische Problem der Leistung und die Leibeserziehung. In: Ausschuß Deutscher Leibeserzieher (Hsg.): Die Leistung – III. Kongreß für Leibes- erziehung in Wiesbaden (1964). Schorndorf 1964, S. 33 f.

74 *Klafki, Wolfgang,* a. a. O., S. 43.

75 Vgl. *Roth, Heinrich:* Pädagogische Psychologie des Lehrens und Lernens. Hannover 1966, 9. Aufl., S. 143.

76 *Göller, Alfred:* Zensuren und Zeugnisse. Stuttgart 1968, 2. Aufl., S. 7.

77 *Sost, Jakob:* Wesen und Bedeutung der Schulzeugnisse und ihre pädagogische und psychologische Auswertung. Paderborn 1926, S. 1.

[78] Sächsische Schulordnung von 1530. Zitiert bei: *Kleinert, Heinrich:* Zensur, Zeugnis, Schulzeugnis. Stichwort in: *Kleinert/Stocki* u. a. (Hsg.): Lexikon der Pädagogik in drei Bänden. Bern 1951, Bd. I, S. 919.

[79] Schulordnung von Württemberg aus dem Jahre 1559. Zitiert bei: *Kleinert, H.,* a. a. O., S. 919.

[80] *Dohse, Walter:* Das Schulzeugnis. Sein Wesen und seine Problematik. Reihe: Pädagogische Studien – Bd. 10. Weinheim 1967, 2. Aufl., S. 11.

[81] Staatsarchiv Koblenz, Nr. 33/1332. Zitiert bei: *Jörg, H.:* Zum Problem der Schülerbeurteilung und der Zeugnisnoten. In: Lebendige Schule, 19. Jg. (1964) H. 9, S. 384.

[82] Vgl. *Herbart, Joh. Fr.:* Pädagogische Schriften. Herausgegeben von *Willmann, O./ Fritzsch, Th.,* Osterwick-Leipzig 1913, S. 12 f.

[83] Vgl. *Renggli-Geiger, G.:* Die Berichte Pestalozzis an die Eltern seiner Zöglinge 1808–1825. Frauenfeld 1950.

[84] Vgl. *Förtsch, Arno:* Unsere objektiven und subjektiven Berichte. In: *Petersen, P./ Förtsch, A.:* Das gestaltende Schaffen im Schulversuch der Jenaer Universitätsschule 1925–30. Weimar 1930.

[85] Vgl. *Hahn, Kurt:* Die nationale Aufgabe der Landerziehungsheime. In: Die Eiche. Vierteljahreszeitschrift für soziale und internationale Arbeitsgemeinschaft. 19. Jg. (1931), Nr. 3.

[86] *Dohse, Walter,* a. a. O., S. 14.

[87] Vgl. *Schwartz, Paul* (Hsg.): Die Gelehrtenschule unter dem Oberschulkollegium (1787–1806) und das Abiturientenexamen. Reihe: Mon. Germ. Paed. – Bd. 46–50. Berlin 1910–1912.

[88] *Schwartz, Paul,* a. a. O., S. 88.

[89] *Schwartz, Paul,* a. a. O., S. 99 u. 93.

[90] *Schwartz, Paul,* a. a. O., S. 200.

[91] Diese hatten erklärt, sie könnten nicht einmal für das von ihnen vertretene Fach einwandfrei eine Eignung zum Studium ermitteln.
Immanuel Kant hatte damals in seiner Eigenschaft als Dekan der Königsberger philosophischen Fakultät vorgeschlagen, das Augenmerk statt auf die Abgangsprüfung (bzw. Zulassungsprüfung) viel mehr auf schärfere Versetzungsprüfungen zu lenken, wobei freilich die Entscheide aus der Eigenmacht eines einzelnen Beurteilers genommen und in die Verantwortung des gesamten Lehrerkollegiums gestellt werden müßten (vgl. *Schwartz, Paul,* a. a. O., S. 74).

[92] Vgl. *Schwartz, Paul,* a. a. O., S. 454.

[93] *Dohmen, Günther:* Bildung und Prüfung. In: Recht und Wirtschaft der Schule, 1961, S. 134–140 (I. Teil). S. 176–179 (II. Teil). Hier: S. 135.

[94] Vgl. *Schwartz, Paul,* a. a. O., S. 208.

[95] Vgl. *Schwartz, Paul,* a. a. O., S. 209 f.

[96] *Schelsky, Helmut:* Schule und Erziehung in der industriellen Gesellschaft. Reihe: Weltbild und Erziehung – Bd. 20. Würzburg 1965, 5. Aufl., S. 17 f.

[97] *Wehle, G./Klafki, W.:* Volksschule: Geschichte und gegenwärtige Situation. Stichwort in: *Groothoff/Stallmann* (Hsg.): Pädagogisches Lexikon. Stuttgart/Berlin 1965, 3. Aufl., Sp. 1007.

[98] *Dohse, Walter,* a. a. O., S. 46.

[99] Zitiert nach *Dohse, Walter,* a. a. O., S. 49.

[100] Im folgenden referiert aus: *Dohse, Walter,* a. a. O., S. 49 ff.

[101] *Schwader:* Enzyklopädie des gesamten Erziehungs- und Unterrichtswesens, 1887. Zitiert bei: *Hörner, F.:* Wie wirkt das Zeugnis auf den Schüler? In: Die Scholle, 16. Jg. (1941), H. 6, S. 199.

[102] Vgl. *Bader, Paul:* Psychologisches und Pädagogisches über Zensuren. In: Zeitschrift für Pädagogische Psychologie, 14. Jg. (1913), H. 7 u. 8, S. 391.

[103] Vgl. *Bader, Paul,* a. a. O., S. 388.

[104] Vgl. *Hartnacke, Wilhelm:* Standesschule – Leistungsschule? In: Die Erziehung, 3. Jg. (1928), S. 415–432 (I. Teil) und S. 480–498 (II. Teil). Hier: S. 426.

[105] Verfügung, die Schülerauslese an den höheren Schulen betreffend. In: Amtsblatt des Reichsministers für Wissenschaft, Erziehung und Volksbildung, vom 27. 3. 1935, Ziffer 175, S. 125. Zitiert bei: *Dohse, Walter,* a. a. O., S. 18.

[106] *Trute, Wilhelm:* Das Schulzeugnis im Dritten Reich. Entwürfe und Argumente. In: Monatszeitschrift „Neue Wege", Fachschaftszeitung für die Volksschule, 7. Jg. (1934), H. 6, S. 265.

[107] Zitiert bei *Dohse, Walter,* a. a. O., S. 51.

[108] In der DDR war durch die „Richtlinien für die Kontrolle der Leistungen der Schüler im Unterricht" (1949) und die „Verordnung zur Durchführung von Abschlußprüfungen in den Grundschulen der Deutschen Demokratischen Republik" und der dazugehörigen „Bewertungsskala" (1950) eine eindeutige Entscheidung zugunsten der fünfstufigen Notenskala durch das Ministerium für Volksbildung gefallen.

188

Vgl. *Berndt, Ernst:* Probleme der Zensurengebung. In: die neue schule, 6. Jg. (1951), Nr. 1, S. 13.

109 Vgl. Beschluß der Ständigen Konferenz der Kultusminister der Länder in der Bundesrepublik Deutschland vom 23./24. 1. 54. Zitiert in: *Buchheim, M./Hauer, R.* (Hsg.): Schulrecht in Niedersachsen. Hannover 1962, S. 650.

110 Gewerkschaft Erziehung und Wissenschaft (Hsg.): Die Gestaltung von Zeugnissen. Vorüberlegungen und Vorschläge. Frankfurt a. M. 1968.

111 Beschluß der Ständigen Konferenz der Kultusminister der Länder in der Bundesrepublik Deutschland vom 3. 10. 68: Erläuterung der Notenstufen bei Schulzeugnissen und Einzelergebnissen in staatlichen Prüfungszeugnissen, Absatz II. In: Kultusministerkonferenz (Öffentl. A.) Erg.-Lfg. 12 v. 21. 4. 69, Nr. 671, S. 1.

112 Es kann sich dabei lediglich um einen abrißartigen Überblick handeln. Eine Feinanalyse würde den Rahmen der Arbeit insofern sprengen, als dann nicht nur Zensierungsskalen gegenübergestellt werden müßten, sondern Schulsysteme. Hier soll es darum gehen, einen oft unberücksichtigten Aspekt mit einzubeziehen, um das Notensystem der Bundesrepublik auf dem Hintergrund international unterschiedlicher Möglichkeiten zu relativieren.

113 Die Fakten zu den folgenden nationalen Bewertungssystemen wurden inhaltlich — wenn nicht anders vermerkt — den folgenden Schriften entnommen:
Hylla, E./Wrinkle: Die Schulen in Westeuropa, Bad Nauheim 1953.
Zielinski, Johannes: Macht und Ohnmacht der Zensuren. In: Pädagogische Rundschau, 15. Jg. (1961), H. 1/2, S. 122–124.
Neuere zusammenfassende Veröffentlichungen im deutschsprachigen Raum, die sich diesem Problemkreis widmen, sind mir nicht bekannt.

114 Vgl. *Sost, Jakob:* Wesen und Bedeutung der Schulzeugnisse und ihre pädagogische und psychologische Auswertung. Paderborn 1926, S. 31.

115 Vgl. *Groot, Adrian D. de:* Fünfen und Sechsen. Zensurengebung: System oder Zufall? (Aus dem Niederländischen übertragen von Arno Piechorowski.) Weinheim 1971.

116 Vgl. *Ingenkamp, Karlheinz:* Die Fragwürdigkeit der Zensurengebung. Texte und Untersuchungsberichte. Reihe: Beltz-Studienbuch, Weinheim 1971.

117 Vgl. Erlaß des Bundesministeriums für Unterricht vom 22. 5. 46: Prüfen und Klassifizieren. In: Verordnungsblatt des Bundesministeriums für Unterricht, Nr. 74, 1. Juni 1946, S. 6.

118 *Weiss, Rudolf,* a. a. O., S. 833.

119 *Weiss, Rudolf,* a. a. O., S. 840.

120 *Anweiler, Oskar:* Die Bildungsreformen in Osteuropa in ihrem internationalen Zusammenhang. Befund und Prognose. Stuttgart/Berlin/Köln/Mainz 1969, S. 15.

121 *Dohse, Walter,* a. a. O., S. 62.

122 *Dohse, Walter,* a. a. O., S. 62 ff.

123 Vgl. *Sost, Jakob:* Wesen und Bedeutung der Schulzeugnisse und ihre pädagogische und psychologische Auswertung. Paderborn 1926. S. 11 f.

124 *Zielinski, Johannes:* Macht und Ohnmacht der Zensuren. In: Pädagogische Rundschau, 15. Jg. (1961), H. 1/2, S. 125

125 *Zielinski, Johannes,* a. a. O., S. 125.

126 *Schreiner, Günter:* Sinn und Unsinn der schulischen Leistungsbeurteilung. In: Die Deutsche Schule, 62. Jg. (1970), H. 4, S. 226.

127 Vgl. die Untersuchungsergebnisse von *Hetzer, H.:* Schüler und Schulzeugnis. Leipzig 1933.

128 *Göller, Alfred:* Zensuren und Zeugnisse. Stuttgart 1968, 2. Aufl., S. 159.

129 *Schreiner, Günter,* a. a. O., S. 229.

130 *Flitner, Andreas:* Zensuren und Zeugnis. In: *Flitner, Andreas:* Brennpunkte gegenwärtiger Pädagogik. Studien zur Schul- und Sozialerziehung. Reihe: Erziehung in Wissenschaft und Praxis — Bd. 9. München 1970, 6.–8. Tausend, S. 94.

131 *Schreiner, Günter,* a. a. O., S. 228.

132 *Sost, Jakob,* a. a. O., S. 7 f.

133 *Weiss, Rudolf:* Aufgaben der Zensuren und Zeugnisse. In: *Ingenkamp, K.:* Die Fragwürdigkeit der Zensurengebung. Texte und Untersuchungsberichte. Weinheim 1971, S. 54.

134 *Höhn, Elfriede:* Der schlechte Schüler. München 1970, 11.–13. Tausend.

135 *Kemmler, Lilly:* Erfolg und Versagen in der Grundschule. Empirische Untersuchungen. Göttingen 1970, 2. Aufl.

136 *Fokken, Eva:* Die Leistungsmotivation nach Erfolg und Mißerfolg in der Schule. Empirische Untersuchungen über die Auswirkungen von Erfolg und Mißerfolg auf die Lernbereitschaft und die Leistung. Reihe: Empirische Forschungen zu aktuellen pädagogischen Fragen und Aufgaben. Hannover 1966.

137 Vgl. *Zillig, Maria:* Beliebte und unbeliebte Volksschülerinnen. In: Archiv für die gesamte Psychologie, 92/1934.

[138] *Höhn, Elfriede,* a. a. O., S. 65.
[139] *Schreiner, Günter,* a. a. O., S. 228.
[140] *Gülland, Fritz:* Weg mit den Schulzeugnissen. In: Die neue Erziehung, XI. Jg. (1929), H. 10, S. 787.
[141] *Kemmler, Lilly,* a. a. O., S. 174 ff.
[142] *Fokken, Eva,* a. a. O., S. 64.
[143] Vgl. *Hurlock, E. B.:* An evaluation of certain incentives used in school work. Zitiert in: *Fokken, E.,* a. a. O., S. 47.
[144] *Flitner, Andreas:* Das Schulzeugnis im Lichte neuerer Untersuchungen. In: Zeitschrift für Pädagogik, 12. Jg. (1966), S. 536 f.
[145] *Flitner, Andreas,* a. a. O., S. 537.
[146] *Flitner, Andreas,* a. a. O., S. 537.
[147] *Flitner, Andreas,* a. a. O., S. 537.
[148] *Schreiner, Günter,* a. a. O., S. 228.
[149] *Dohse, Walter:* Reformvorschläge zum Schulzeugnis. In: Lebendige Schule, 1964, H. 9, S. 357.
[150] *Ingenkamp, Karlheinz:* Zur Problematik der Jahrgangsklasse. Weinheim 1969. Zitiert in: *Ingenkamp, K.:* Die Fragwürdigkeit der Zensurengebung. Weinheim 1971, S. 39.
[151] *Ingenkamp, Karlheinz:* Die Fragwürdigkeit der Zensurengebung. Weinheim 1971, S. 39.
[152] *Flitner, Andreas,* a. a. O., S. 511.
[153] *Zielinski, Johannes,* a. a. O., S. 126.
[154] *Dohse, Walter:* Das Schulzeugnis. Weinheim 1967, 2. Aufl., S. 63.
[155] *Pöttgen, Heribert:* Das Zeugnis als Urkunde. In: Recht und Wirtschaft der Schule, 5. Jg. (1964), S. 267.
[156] *Pöttgen, Heribert,* a. a. O., S. 266.
[157] *Dohse, Walter,* a. a. O., S. 67.
Dohse gibt dort eine Reihe von Grundsatzurteilen wieder, die die Rechtsprechung in Zeugnis- und Zensurenfragen beleuchtet (S. 65 f.).
[158] *Hochstetter/Seipp/Weismann:* Schüler – Richter – Lehrer. Maßnahmen der Schule im Spiegel der Rechtsprechung. Reihe: Jugend im Blickpunkt. Neuwied-Berlin 1957, S. 10.
[159] Dort heißt es: Für die weiterführende Schulbildung eines Kindes sollten „seine Anlagen und Neigungen, nicht die wirtschaftliche oder gesellschaftliche Stellung oder das Religionsbekenntnis seiner Eltern maßgebend" sein.
[160] *Ingenkamp, Karlheinz,* a. a. O., S. 40.
[161] *Ingenkamp, Karlheinz,* a. a. O., S. 41.
[162] *Ingenkamp, Karlheinz,* a. a. O., S. 41.
[163] *Huth, Albert:* Schülerleistung und Zeugnisnoten. In: Pädagogische Arbeitsblätter, 3. Jg. (1951), S. 18.
[164] *Dohse, Walter,* a. a. O., S. 61.
[165] *Simoneit, Max:* Fort mit der Schulzensur. Das Beurteilen von Schülerleistungen. Berlin 1952, S. 47 f.
[166] *Sost, Jakob,* a. a. O., S. 5.
[167] *Clauss, Günter/Ebner, Heinz:* Grundlagen der Statistik für Psychologen, Pädagogen und Soziologen, Berlin 1970, S. 22.
[168] *Clauss, Günter/Ebner, Heinz,* a. a. O., S. 23.
[169] Vgl. *Ingenkamp, Karlheinz,* a. a. O., S. 173.
[170] Vgl. *Mittenecker, E.:* Planung und statistische Auswertung von Experimenten. Wien 1958, 2. Aufl. Zitiert in: *Weiss, Rudolf:* Zensur und Zeugnis. Sein Wesen und seine Problematik. Reihe: Pädagogische Studien – Bd. 10. Weinheim 1967, 2. Aufl., S. 20.
[171] *Bartel, Hans:* Möglichkeiten und Grenzen einer objektiveren und damit gleichmäßigeren Notengebung und von besser vergleichbaren sowie gerechter empfundenen Schulzensuren. In: Die höhere Schule, 14. Jg. (1961), H. 9, S. 167–171 (I. Teil) u. H. 10, S. 197–201 (II. Teil). Hier: S. 169.
[172] *Weingardt, C.:* Sind unsere Schulnoten gerecht? In: Die höhere Schule, 17. Jg. (1964), H. 8, S. 175.
[173] *Huth, A.:* Schule und Wirtschaft sollten sich einigen. In: Berufspädagogische Zeitschrift, 1954, H. 3, S. 46 f. Zitiert bei: *Dohse, Walter,* a. a. O., S. 361 f.
[174] *Hauser, R.:* Leistungsmessung in der Schule. In: Unser Weg (Graz), 1953, H. 8, S. 270–280.
[175] *Riebesell, P.:* Die mathematischen Grundlagen des Zensurensystems. In: Mitteilungen der mathematischen Gesellschaft in Hamburg, 1911–1920, Bd. 5, S. 269–273.
[176] *Flitner, Andreas,* a. a. O., S. 75.
[177] *Huth, A.:* Tatsachen und Gesetze im Notenwesen. Braunschweig 1955. Zitiert bei: *Bartel, Hans,* a. a. O., S. 168 f.
[178] *Ingenkamp, Karlheinz,* a. a. O., S. 23.

179 *Schreiber, H.:* Gegen Prüfungen und Noten. In: Zeitschrift für Philosophie und Pädagogik, 6. Jg. (1899), H. 1, S. 32.
180 *Schreiber, H.,* a. a. O., S. 32.
181 *Zeidler, Kurt:* Zur Frage der Zeugnisgestaltung. In: Die Erziehung, 3. Jg. (1928), S. 177.
182 *Wagenschein, Martin:* Noten. In: Die Sammlung, 9. Jg. (1954), H. 7/8, S. 412.
183 *Wagenschein, Martin,* a. a. O., S. 413.
184 Vgl. *Lennes, N. J.:* The Teaching of Arithmetic. New York (Macmillan) 1923.
185 *Lietzmann, Walter:* Über die Beurteilung der Leistungen in der Schule. Mathematisches – Psychologisches – Pädagogisches. Leipzig – Berlin 1927, S. 46 f.
186 Vgl. *Simoneit, Max:* Fort mit der Schulzensur. Die Beurteilung von Schülerleistungen. Berlin 1952, S. 40.
187 Vgl. *Simoneit, Max:* Zur Fragwürdigkeit der Schulzensur. In: Pädagogische Arbeitsblätter zur Fortbildung für Lehrer und Erzieher, 5. Jg. (1953), Nr. 6, S. 220.
188 *Schreiber, H.:* Gegen Prüfungen und Noten. In: Zeitschrift für Philosophie und Pädagogik, 6. Jg. (1899), H. 1, S. 31–38.
189 *Wolf, Karl:* Die Gerechtigkeit des Erziehers. München 1962, S. 47.
190 *Sander, Julie:* Schülerleistung und Lehrerurteil im Blickfeld der Statistik. In: *Specht/ Rasch/Hofbauer* (Hsg.): studium sociale. Ergebnisse sozialwissenschaftlicher Forschung der Gegenwart. Köln/Opladen 1963, S. 487.
191 *Weiss, Rudolf:* Die Berechnung einer ‚Schulleistungszahl'. In: Schule und Psychologie, 1964, H. 4, S. 118.
192 *Weiss, Rudolf:* Zensur und Zeugnis. Beiträge zu einer Kritik der Zuverlässigkeit und Zweckmäßigkeit der Ziffernbenotung. Reihe: Wissenschaftliche Veröffentlichungen des Päd. Instituts des Bundes in Oberösterreich – Bd. 3. Linz 1965, S. 141.
193 Vgl. *Sander, Julie,* a. a. O., S. 501.
194 Vgl. *Weiss, Rudolf,* a. a. O., S. 142.
195 Vgl. *Hopp, A.-D./Lienert, G. A.:* Eine Verteilungsanalyse von Gymnasialzensuren. In: Schule und Psychologie, 1965, H. 12, S. 139–150.
196 *Bartel, Hans:* Möglichkeiten und Grenzen einer objektiveren und damit gleichmäßigeren Notengebung und von besser vergleichbaren sowie als gerechter empfundenen Schulzensuren. In: Die höhere Schule, 14. Jg. (1961), H. 9, S. 167–171 (I. Teil) u. H. 10, S. 197–201 (II. Teil). Hier: S. 170 f.
197 *Holzinger, F.:* Leistungssteigerung durch Leistungsmessung. Wien (Österreichischer Bundesverlag) 1955, S. 82.
198 *Falk, Raymund,* a. a. O., S. 1020.
199 *Koskenniemi, M.:* Soziale Gebilde und Prozesse in der Schulklasse. Helsinki 1936, S. 157. Zitiert bei: *Falk, Raymund,* a. a. O., S. 1021.
200 *Koskenniemi, M.,* a. a. O., S. 164. Zitiert bei: *Falk, R.,* a. a. O., S. 1021.
201 *Weiss, Rudolf,* a. a. O., S. 142 f.
202 *Weiss, Rudolf,* a. a. O., S. 143.
203 *Ingenkamp, Karlheinz,* a. a. O., S. 172.
204 *Weiss, Rudolf,* a. a. O., S. 143.
205 *Ingenkamp, Karlheinz,* a. a. O., S. 173.
206 *Ingenkamp, Karlheinz,* a. a. O., S. 176.
207 Vgl. z. B.: *Schiefele, H.:* Sind unsere Noten gerecht? In: Welt der Schule, 1960, H. 6, S. 251–257. – *Klink, J.-G.:* Die Schülerleistung im Koordinatensystem der Ziffernzensur. In: Lebendige Schule, 1964, H. 9, S. 375–383. – *Zielinski, Johannes:* Erfahrungen mit einem Schulleistungstest für das 4. Schuljahr. In: Schule und Psychologie, 1966, H. 1, S. 9–14.
208 *Ingenkamp, Karlheinz:* Sind Zensuren aus verschiedenen Klassen vergleichbar? In: betrifft: erziehung, 1969, Nr. 3, S. 13.
209 *Ingenkamp, Karlheinz,* a. a. O., S. 14.
210 Vgl. *Hopp, A.-D./Lienert, G.A.,* a. a. O., S. 139 ff.
211 Vgl. *Weiss, Rudolf,* a. a. O., S. 145 ff.
212 *Weiss, Rudolf,* a. a. O., S. 136.
213 Dazu muß erklärend gesagt werden: In Österreich gab es z. Z. der Untersuchungen von Weiss:
1. Volksschulen (8 Schuljahre),
2. Hauptschulen
a) einzügige H. (vergleichbar unseren Mittelschulen; Auslesecharakter gegenüber den Volksschulen, aber auch nur 8 Schuljahre)
b) zweizügige H. (Auslesecharakter gegenüber einzügiger H.),
3. Mittelschulen (vergleichbar unseren Gymnasien).
214 *Ingenkamp, Karlheinz,* a. a. O., S. 175.
215 *Faust, Anton:* Leistungsbenotung vor und nach dem Übertritt in weiterführende Schulen. In: Die höhere Schule, 25. Jg. (1972), H. 4, S. 80.
216 Vgl. *Hasemann, K.:* Kriterien der Hochschulreife. Berlin/Basel 1970.

[217] *Rank, Therese:* Schulleistung und Persönlichkeit. München 1962.
[218] *Weiss, Rudolf:* Zensur und Zeugnis. Beiträge zu einer Kritik der Zuverlässigkeit und Zweckmäßigkeit der Ziffernbenotung. Reihe: Wissenschaftliche Veröffentlichungen des Bundes in Oberösterreich – Bd. 3. Linz (Haslinger) 1965.
[219] Vgl. *Ferdinand, W./Kiwitz, H.:* Über die Häufigkeitsverteilung der Zeugnisnoten 1 bis 6. In: Neue Deutsche Schule, 1964, H. 8, S. 162–165.
[220] *Hopp, A.-D./Lienert, G. A.:* Eine Verteilungsanalyse von Gymnasialzensuren. In: Schule und Psychologie, 1965, H. 12, S. 139–150.
[221] *Hopp, A.-D./Lienert, G. A.,* a. a. O., S. 146.
[222] Vgl. z. B. *Roeder/Pasdzierny/Wolf:* Sozialstatus und Schulerfolg. Heidelberg 1965. – *Kath/Oehler/Reichwein:* Studienweg und Studienerfolg. Eine Untersuchung über Verlauf und Dauer des Studiums von 2000 Studienanfängern des SS 1957 in Berlin, Mannheim, Bonn und Frankfurt. Reihe: Institut für Bildungsforschung (Hsg.): Studien und Berichte – Heft 6. Berlin 1966.
[223] Vgl. *Peisert, Hansgert:* Studien zur Sozialstruktur der Bildungschancen in Deutschland. Tübingen 1965 (Habilitationsschrift). Zitiert bei: *Dahrendorf, Ralf:* Bildung ist Bürgerrecht. Plädoyer für eine aktive Bildungspolitik. Reihe: Bücher der Zeit. Hamburg 1965, S. 72.
[224] *Knoche, Werner:* Jungen, Mädchen, Lehrer und Schulen im Zensurenvergleich. Eine Untersuchung an 14000 Schülern aus 50 Gymnasien. Reihe: DIPF, Abt. Pädagogik. *Schultze, Walter* (Hsg.): Untersuchungen zum in- und ausländischen Schulwesen – Bd. 4. Weinheim 1969, S. 98.
[225] Vgl. z. B. *Anastasi, A.:* Differential Psychology. New York 1958, 3. Aufl., S. 14 ff. – *Kemmler, Lilly:* Erfolg und Versagen in der Grundschule. Empirische Untersuchungen. Göttingen 1970, 2. Aufl., S. 97 ff.
[226] Vgl. *Hadley, S. T.:* Feststellungen und Vorurteile in der Zensierung. Zitiert in: *Ingenkamp, Karlheinz:* Die Fragwürdigkeit der Zensurengebung. Weinheim 1971, S. 134–141.
[227] *Rank, Therese,* a. a. O., S. 26.
[228] Vgl. *Weiss, Rudolf,* a. a. O., S. 141.
[229] Vgl. *Aebli, Hans:* Grundformen des Lehrens. Ein Beitrag zur psychologischen Grundlegung der Unterrichtsmethode. Stuttgart 1961, S. 183.
[230] Vgl. *Knoche, Werner,* a. a. O., S. 104 f.
[231] Vgl. *Meili, Richard,* a. a. O., S. 194.
[232] *Brombach/Merseburg/Schulz/Seelig:* Differenzierung nach Leistung? Ergebnisse zu den Komplexen: Lehrplanbezug der Leistungsmessung, Lernleistung und Lerngruppenzugehörigkeit, Diagnostischer Wert von Lehrerurteilen, Differenzierung nach Lernniveau. Reihe: Max-Traeger-Stiftung: Forschungsberichte – Bd. 7. Berlin 1971, S. 12.
[233] *Brombach/Merseburg/Schulz/Seelig,* a. a. O., S. 12.
[234] *Brombach/Merseburg/Schulz/Seelig,* a. a. O., S. 12.
[235] *Brombach/Merseburg/Schulz/Seelig,* a. a. O., S. 13.
[236] Vgl. *Kath, G.:* Das soziale Bild der Studentenschaft in Westdeutschland und Berlin. Bonn 1964, S. 27.
[237] Vgl. *Kob, J.-P.:* Erziehung in Elternhaus und Schule. Eine soziologische Studie. Stuttgart 1963.
[238] Vgl. *Loerke, Th./Gebauer, E.:* Gründe für oder gegen die Wahl weiterführender Schulen in verschiedenen Bevölkerungskreisen. Frankfurt a. M. (DIPF) 1965.
[239] Vgl. *Bernstein, Basil:* Sozio-kulturelle Determinanten des Lernens. In: *Heintz, Peter* (Hsg.): Soziologie der Schule. Köln/Opladen 1969, 6. Aufl., S. 52–79.
[240] Vgl. *Edding, F.:* Relativer Schulbesuch und Abschlußquoten im internationalen Vergleich. In: *Friedeburg, L. v.:* Jugend in der modernen Gesellschaft. Reihe: Neue Wissenschaftliche Bibliothek 5 – Soziologie. Köln – Berlin 1967, 4. Aufl., S. 382 ff.
[241] Vgl. *Kob, J.-P.,* a. a. O.
[242] Vgl. *Loerke, Th./Gebauer, E.,* a. a. O.
[243] *Brand, Peter:* Schulreife und Milieu. Frankfurt a. M. 1955.
[244] *Cordt, Willy/Walter, Karlheinz:* Ein Duisburger Beitrag zur Untersuchung von Lernanfängern. In: Pädagogische Rundschau, 17. Jg. (1963), H. 5/6, S. 420–432.
[245] Vgl. *Widmaier, Hans P.* (Hsg.): Begabung und Bildungschancen. Eine Veröffentlichung der OECD. Mit einem Anhang von *Aurin, Kurt:* Begabungsbestand und Bildungsbereitschaft. Frankfurt a. M. 1967.
[246] Vgl. *Roeder, Peter M.:* Thesen zur Vorlesung: „Schulorganisation und Schulleistung". Hamburg WS 1967/68, S. 21 (unveröffentlichtes Manuskript).
[247] Vgl. *Roeder/Pasdzierny/Wolf,* a. a. O.
[248] Vgl. *Rolff, Hans G.:* Sozialisation und Auslese durch die Schule. Reihe: Gesellschaft und Erziehung – Bd. VII. Heidelberg 1967.

249 Vgl. *Adam, H.:* Nachhilfeunterricht als pädagogischer und soziologischer Index. In: Die Sammlung, 1960, S. 172.
250 Vgl. *Rosen, B. C.:* The Achievement Syndrome: A Psychocultural and Success Strivings. In: *Atkinson, J. W.:* Motives in Fantasy, Action and Society. Princeton/N.Y. 1958, 2. Aufl., S. 495–517.
251 Vgl. *Heckhausen, Heinz:* Leistungsmotivation. In: Handbuch der Psychologie – Bd. 2. Göttingen 1965, S. 619.
252 *Hitpass, Josef:* Verlaufsanalyse des schulischen Schicksals eines Sextaner-Jahrgangs von der Aufnahme- bis zur Reifeprüfung. In: Schule und Psychologie, 14. Jg. (1967), S. 371–378. Hier: S. 373.
253 *Hitpass, Josef,* a. a. O., S. 374.
254 *Hitpass, Josef,* a. a. O., S. 375 f.
255 *Brombach/Merseburg/Schulz/Seelig,* a. a. O., S. 61.
256 Vgl. *Havighurst, Robert James:* Increasing the Pool of Talent. In: The Year Book of Education. London 1962, S. 353–360.
257 *Havighurst, Robert James,* a. a. O. Zitiert bei: *Schultze, Walter:* Über den Voraussagewert der Auslesekriterien für den Schulerfolg am Gymnasium. Eine Untersuchung im Auftrage der Max Traeger Stiftung durchgeführt an der Hochschule für Internationale Pädagogische Forschung. Frankfurt a. M. 1964, S. 70.
258 *Schelsky, Helmut,* a. a. O., S. 18.
259 Vgl. z. B. *Lottmann, W.:* Schulleistung und Lebensleistung ehemaliger Gymnasialabiturienten. In: Zeitschrift für angewandte Psychologie. 1934, Bd. 47, S. 173–304.
Just, G.: Schulauslese und Lebensleistung. Leipzig 1936.
Just, G.: Erbpsychologie der Schulbegabung. In: Handbuch der Erbbiologie des Menschen, Bd. V/1. Berlin 1939, S. 538–591.
Just, G./Kramaschke, W.: Abiturientenleistung und Konstitutionstypus. In: Zeitschrift für menschliche Vererbungs- und Konstitutionslehre, 1940, 24, S. 248–261.
260 Vgl. *Orlik, Peter:* Kritische Untersuchungen zur Begabtenförderung. Reihe: Psychologie Universalis – Bd. II. Meisenheim am Glan 1967, S. 37.
261 *Undeutsch, Udo,* zitiert bei: *Knoche, Werner,* a. a. O., S. 107.
262 *Weingardt, Erich:* Der Voraussagewert des Reifezeugnisses für wissenschaftliche Prüfungen. In: *Roth, Heinrich:* Begabung und Lernen. Reihe: Deutscher Bildungsrat: Gutachten und Studien der Bildungskommission – Bd. 4. Stuttgart 1969, 4. Aufl., S. 436.
263 *Hitpass, Josef,* a. a. O., S. 376.
264 *Undeutsch, Udo:* Zum Problem der begabungsgerechten Auslese beim Eintritt in die höhere Schule und während der Schulzeit. In: *Roth, Heinrich:* Begabung und Lernen. Reihe: Deutscher Bildungsrat: Gutachten und Studien der Bildungskommission – Bd. 4. Stuttgart 1969, 4. Aufl., S. 377–405.
265 Vgl. *Hitpass, Josef,* a. a. O., S. 371 ff.
266 Vgl. *Hitpass, Josef:* Die Aufnahmeprüfung. Eine Ausleseprüfung? In: Der Katholische Erzieher, 13. Jg. (1960), H. 1, S. 20.
267 *Hitpass, Josef:* Verlaufsanalyse . . . , S. 376.
268 Vgl. *Klein, Gerhard:* Persönlichkeitsentwicklung in der Schule. Eine pädagogische Untersuchung deutscher Nachkriegskinder. Heidelberg 1965.
269 *Ingenkamp, Karlheinz:* Möglichkeiten und Grenzen des Lehrerurteils und der Schultests. In: *Roth, Heinrich* (Hsg.): Begabung und Lernen. Stuttgart 1969, 4. Aufl., S. 413.
270 *Voigt, H.:* Korrelationen zwischen Hauptinteressen für die Unterrichtsfächer und zwischen den Leistungen in wesentlichen Unterrichtsfächern an höheren Mädchenschulen. In: Zeitschrift für angewandte Psychologie, 26. Jg. (1926), S. 254–293. Zitiert bei: *Bräutigam, Georg:* Zur Frage der Ziffernnote. In: Welt der Schule, 3. Jg. (1950), H. 7, S. 299–302. Hier: S. 302.
271 *Lehmann, E.:* Das gerechte Zeugnis im Aufsatz. In: Die Schulwarte, 1951. Zitiert bei: *Karsdorf, G.:* Zensieren – Ein Mittel der Erziehung. Berlin 1960, S. 73.
272 Vgl. *Grey, Clarance F.:* Variations in the Grades of High School Pupils. Baltimore/USA 1913, S. 90.
273 *Lämmermann, H.:* Das Mannheimer kombinierte Verfahren der Begabtenauslese. Leipzig 1927.
274 Vgl. *Döring, Otto:* Untersuchungen zur Psychologie des Lehrers. Leipzig 1925, S. 177.
275 *Weiss, Rudolf,* a. a. O., S. 160.
276 Vgl. *Eells, W. C.:* Reliability of repeated grading of essay type examination. In: Journal of Educational Psychology. 1930, 21, S. 48–52.
277 *Ulshöfer, Robert:* Wie beurteilen Sie diesen Reifeprüfungsaufsatz? In: Der Deutschunterricht, 1949, H. 6, S. 95–98.
278 *Ulshöfer, Robert:* Zur Beurteilung von Reifeprüfungsaufsätzen. Auswertung eines gemeinsamen Versuchs der Deutschlehrer. In: Der Deutschunterricht, 1949, H. 8, S. 84–102.

193

279 *Ulshöfer, Robert,* a. a. O., S. 85.
280 *Ulshöfer, Robert,* a. a. O., S. 93.
281 Vgl. die Ergebnisse in: Deutsche Lehrerzeitung, 3. Jg. (1956), Nr. 37, S. 5. Zitiert bei: *Falk, Raymund,* a. a. O., S. 1029.
282 *Horney, Walter:* Schülerbeobachtung und -beurteilung. In: Handbuch für Lehrer – Bd. I. Gütersloh 1960, 3. Aufl., S. 160.
283 *Mierke, K.:* Begabung, Bildung, Bildsamkeit. Bern/Stuttgart 1963, S. 117.
284 *Holzinger, F.:* Leistungssteigerung durch Leistungsmessung. Wien 1955, S. 70.
285 *Holzinger, F.,* a. a. O., S. 76.
286 *Zöchbauer, F.:* Die Aufnahmeprüfung in die Mittelschule. Ergebnisse einer Untersuchung. Salzburg 1962, S. 18.
287 *Schröter, Gottfried:* Die ungerechte Aufsatzzensur. Reihe: Kamps pädagogische Taschenbücher: Praktische Pädagogik – Bd. 48. Bochum 1971.
288 Vgl. auch die zusammenfassende Darstellung des Autors: *Schröter, Gottfried:* Der eine gibt eine „1" und der andere eine „6" – Sind Deutschlehrer ungerecht? – Ein Test von Aufsatzzensuren. In: DIE ZEIT, Nr. 49, 4. 12. 70, S. 65.
289 Vgl. *Liebermann, E.:* Prüfungsfrage und Antwort. In: Pädagogische Rundschau, 13. Jg. (1959), S. 216–218.
290 Vgl. *Weidig, E. R.:* Die Bewertung von Schülerleistungen. Weinheim 1961.
291 Vgl. *Ehrenstein, W.:* Ganzheitspsychologische Wahrnehmungslehre. Leipzig 1938.
292 *Süllwold, F.:* Schultests. In: Handbuch der Psychologie – Bd. 6. Göttingen 1964, S. 355.
293 *Weiss, Rudolf,* a. a. O., S. 167.
294 *Weiss, Rudolf,* a. a. O., S. 149.
295 *Weiss, Rudolf,* a. a. O., S. 152.
296 *Weiss, Rudolf,* a. a. O., S. 156.
297 *Zillig, Maria,* a. a. O., S. 79.
298 *Jacobson, Lenore/Rosenthal, Robert:* Pygmalion im Klassenzimmer, Weinheim 1971. Die nachfolgenden Zitate beziehen sich jedoch auf: *Jacobson, Lenore/Rosenthal, Robert:* Schüler leisten, was ihre Lehrer von ihnen erwarten. In: betrifft: erziehung, 1970, Nr. 12, S. 21–25.
299 *Weiss, Rudolf,* a. a. O., S. 139.
300 Vgl. *Gaupp, A.:* Überlegungen und Tatsachen zur Bewährung der Schülerauslese. In: *Ingenkamp, Karlheinz* (Hsg.): Pädagogisch-psychologische Untersuchungen zum Übergang auf weiterführende Schulen. Weinheim 1963, S. 55–80.
301 Vgl. *Sost, Jakob,* a. a. O., S. 89.
302 *Wolf, E.:* Lebensumstände großstädtischer Schuljugend in heutiger Zeit. 1960. Zitiert bei: *Schüttler-Janikulla, Klaus/Lindenblatt, Alfred:* Bericht über die Leistungskontrolle in der Förderklasse aus dem Schuljahr 1959/60. In: Schule und Psychologie, 9. Jg. (1962), H. 3, S. 80.
303 *Wolf, Karl:* Die Gerechtigkeit des Erziehers. München 1962, S. 32.
304 Vgl. *Weidig, E. R.:* Die Bewertung von Schülerleistungen. Weinheim 1961.
305 Vgl. *Wolf, Karl,* a. a. O., S. 20.
306 *Horney, Walter,* a. a. O., S. 161.
307 Vgl. *Zillig, Maria,* a. a. O., S. 69.
308 *Weiss, Rudolf,* a. a. O., S. 170.
309 *Bartel, Hans,* a. a. O., S. 197.
310 Vgl. *Knoche, Werner,* a. a. O., S. 101.
311 Vgl. *Rank, Therese:* Schulleistung und Persönlichkeit. München 1962.
312 Vgl. *Ingenkamp, Karlheinz:* Zur Problematik der Auslese und ihrer Bewährungskontrolle. In: *Ingenkamp, Karlheinz* (Hsg.): Pädagogisch-psychologische Untersuchungen zum Übergang auf weiterführende Schulen. Weinheim 1963, S. 7–54.
313 Vgl. *Ingenkamp, Karlheinz,* a. a. O., S. 24. Dort stellt Ingenkamp fest: „Für die pädagogische Diagnostik hat die Neuzeit noch nicht begonnen."
314 *Ziegenspeck, Jörg:* Zum Problem der Zeugniszensuren im 4. Schuljahr. Eine empirische Untersuchung. In: Die Grundschule, 5. Jg. (1973), H. 1, S. 20–25.
315 Angeregt wurden wir durch folgende Untersuchung: *Ferdinand, W./Kiwitz, H.:* Über die Häufigkeitsverteilung der Zeugnisnoten 1 bis 6. Eine Untersuchung im 4. Schuljahr. In: *Ferdinand, W.:* Empirische Untersuchungen im pädagogischen Feld. Essen 1971, S. 93–100.
316 Die statistische Beratung erfolgte durch Herrn Dipl.-Psych. Manfred Wöbcke, Pädagogische Hochschule Niedersachsen – Abt. Lüneburg.
317 *Flitner, Andreas:* Das Schulzeugnis im Lichte neuerer Untersuchungen. In: Zeitschrift für Pädagogik, 12. Jg. (1966), S. 535.
318 *Lietzmann, Walter:* Über die Beurteilung der Leistungen in der Schule. Mathematisches – Psychologisches – Pädagogisches. Leipzig – Berlin 1927, S. 46 f. – Lietzmann be-

zieht sich dabei auf: *Lennes, N. J.:* The Teaching of Arithmetic. New York 1923, S. 470.

319 *Dohse, Walter:* Reformvorschläge zum Schulzeugnis. In: Lebendige Schule, 1964, H. 9, S. 357.

320 Vgl. *Ingenkamp, Karlheinz:* Zur Problematik der Jahrgangsklasse. Weinheim 1969.

321 *Flitner, Andreas,* a. a. O., S. 511.

322 *Zielinski, Johannes:* Macht und Ohnmacht der Zensuren. In: Pädagogische Rundschau, 15. Jg. (1961), H. 1, S. 126.

323 Vgl. z. B. *Falk, Raymund:* Zur Psychologie der schulischen Leistungsbeurteilung durch Zensierung. In: Wissenschaftliche Zeitschrift der Martin-Luther-Universität Halle-Wittenberg. Ges.-Sprachw. XI/9, S. 1015–1032.

324 Gerade in der empirischen Forschung auf diesem Gebiet fällt auf, daß man sich praktisch immer wieder über die o. g. Bedenken hinweggesetzt hat und die Zensurenskala als Intervallskala interpretierte, um Rechenoperationen durchführen zu können. Tatsächlich handelt es sich beim Notenspektrum um eine Ordinalskala, die streng genommen nicht einmal das Berechnen von Mittelwerten erlaubt. Es hat sich aber die Meinung durchgesetzt (vgl. Ingenkamp, K.: Die Fragwürdigkeit der Zensurengebung. S. 173), daß bei einem nur beschreibenden Vorgehen die Durchführung dieser und ähnlicher statistischer Rechenvorgänge toleriert werden kann. – Wir haben uns diese Meinung bei unserer Untersuchung zu eigen gemacht, um Vergleichbarkeit zu ermöglichen.

325 Beschluß der Kultusministerkonferenz vom 3. 10. 68: Erläuterung der Notenstufen bei Schulzeugnissen und Einzelergebnissen in staatlichen Prüfungszeugnissen. In: KMK (Öff.-A.), Erg.-Lfg. 12, vom 21. 4. 69, S. 671.

326 Vgl. Deutscher Bildungsrat: Empfehlungen der Bildungskommission, Strukturplan für das Bildungswesen. Stuttgart 1971, S. 78 ff.

327 Lehrer versuchen, ihren Vorschlag eines Kindes zur weiterführenden Schule durch das Versetzungszeugnis bestätigen zu lassen. So müssen zu weiterführenden Schulen vorgeschlagene Kinder einfach gute Zensuren haben, auch wenn die tatsächlich erbrachten Leistungen – aus welchen Gründen auch immer – im zweiten Schulhalbjahr Mängel aufgewiesen haben. – Die in der Volksschule verbleibenden Schüler müssen schlechtere Zensuren bekommen, auch wenn sie gerade im letzten Schulhalbjahr ihr Schulleistungsdefizit merklich abbauen konnten.
Hier spielt das von Rosenthal und Jacobson geschilderte Phänomen der sich selbsterfüllenden Voraussage (self-fulfilling-prophecy) auch eine nicht unerhebliche Rolle. Vgl. *Jacobson, Lenore/Rosenthal, Robert:* Pygmalion im Unterricht. Weinheim 1971.

328 Hierdurch wollten wir nur feststellen, ob die Quote der zurückgestellten oder sitzengebliebenen Kinder etwa dem niedersächsischen Landesdurchschnitt entspricht.
7% der von uns erfaßten Kinder waren vor der Einschulung zurückgestellt worden; 9% waren während ihrer bisherigen Schulzeit sitzengeblieben.
Der Landesdurchschnitt der zurückgestellten Kinder schwankt zwischen 6 und 12%, der der Repetenten in den ersten drei Grundschuljahren zwischen 6 und 10% (vgl. Niedersächsisches Verwaltungsamt – Statistik).

329 Wie Tabelle III zeigt, sind die arithmetischen Mittel der Noten in den einzelnen Unterrichtsfächern sehr verschieden. Unterschiede zwischen Mittelwerten können grundsätzlich zufällig entstanden sein. Die Wahrscheinlichkeit, mit der die Zufälligkeit eines Unterschiedes zu erwarten ist, kann mit mathematisch-statistischen Verfahren festgestellt werden. Unterschiede mit einer Restwahrscheinlichkeit des zufälligen Zustandekommens unter 5% gelten als signifikant, d. h. der vorgefundene Unterschied wird als nicht mehr zufällig zustandegekommen angesehen. Es wird dann eine Gesetzmäßigkeit angenommen.
Bei der Überprüfung unserer Hypothese ergab sich bezüglich der Fächer „Muttersprachliche Bildung" und „Musik" ein t-Wert von 7,14. „Muttersprachliche Bildung" wird somit signifikant strenger beurteilt als „Musik" (1%-Niveau).

330 Vgl. *Hopp, A.-D./Lienert, G. A.:* Eine Verteilungsanalyse von Gymnasialzensuren. In: Schule und Psychologie, 1965, H. 12, S. 139–150.

331 a) Vgl. *Sander, Julie:* Schülerleistung und Lehrerurteil im Blickfeld der Statistik. In: *Specht/Rasch/Hofbauer* (Hsg.): studium sociale – Ergebnisse sozialwissenschaftlicher Forschung der Gegenwart. Köln – Opladen 1963, S. 475–501.
J. Sander unterscheidet in diesem Beitrag – gestützt auf ihre Untersuchungsergebnisse – Gestaltungs-, Beteiligungs- und Leistungsfächer.
b) Vgl. z. B. *Huth, Albert:* Tatsachen und Gesetze im Notenwesen. In: Berufspädagogische Zeitschrift, 1955, H. 3, S. 45–47. – *Orlik, Peter:* Kritische Untersuchungen zur Begabtenförderung. Reihe: Psychologia Universalis – Bd. II. Meisenheim a. Gl. 1967. – *Weiss, Rudolf:* Zensur und Zeugnis. Beiträge zu einer Kritik der Zuverlässigkeit und Zweckmäßigkeit der Ziffernbenotung. Reihe: Wissenschaftliche Veröffentlichungen des Päd. Instituts des Bundes in Oberösterreich – Bd. 3. Linz (Haslinger) 1965.

[332] *Ingenkamp, Karlheinz* (Hsg.): Die Fragwürdigkeit der Zensurengebung. A. a. O., S. 172•

[333] *Roeder, Peter M.:* Sprache, Sozialstatus und Bildungschancen. In: *Roeder/Pasdzierny/ Wolf:* Sozialstatus und Schulerfolg. Bericht über empirische Untersuchungen. Reihe: Pädagogische Forschungen, Veröffentlichungen des Comenius-Instituts, Erziehungswissenschaftliche Studien, Bd. 32. Heidelberg 1965, S. 76, Anmerkung: 15.

[334] Signifikanzprüfungen der vorgefundenen Mittelwerte zeigen, daß bereits Unterschiede von 0,16 Notenstufen („Bildnerisches Gestalten") signifikant sind (1%-Niveau).

[335] Vgl. z. B. *Gaupp, Albrecht:* Überlegungen und Tatsachen zur Bewährung der Schülerauslese. In: *Ingenkamp, Karlheinz* (Hsg.): Pädagogisch-psychologische Untersuchungen zum Übergang auf weiterführende Schulen. Weinheim 1963, S. 55–80. – *Rank, Werner:* Schulleistung und Persönlichkeit. In: Schule und Psychologie, 10. Jg. (1963), S. 253 ff. – *Knoche, Werner:* Die Auslese in den Ländern der Bundesrepublik. In: *Schultze, Walter:* Über den Voraussagewert der Auslesekriterien für den Schulerfolg am Gymnasium. Frankfurt a. M. 1964, S. 14–29.

[336] Vgl. *Weiss, Rudolf:* Zensur und Zeugnis. A. a. O., S. 139.

[337] Vgl. *Anastasi, A.:* Differential Psychology. New York 1958, 3. Aufl., S. 14 ff.

[338] Vgl. z. B. *Meili, R.:* Lehrbuch der psychologischen Diagnostik. Bern/Stuttgart 1961, 4. Aufl., S. 194. – *Mietzel, G.:* Möglichkeiten und Grenzen der Anwendung nichtmessender Verfahren in der Persönlichkeitsdiagnostik. In: Praxis der Kinderpsychologie, 13. Jg. (1964), S. 121.

[339] Vgl. *Aebli, Hans:* Grundformen des Lehrens. Ein Beitrag zur psychologischen Grundlegung der Unterrichtsmethode. Stuttgart 1961, S. 183.

[340] *Weiss, Rudolf:* Zensur und Zeugnis. A. a. O., S. 141.

[341] *Tausch, Reinhard/Tausch, Anne-Marie:* Erziehungspsychologie. Psychologische Prozesse in Erziehung und Unterricht. Göttingen 1970, 5. Aufl., S. 128–131.

[342] Vgl. *Knoche, Werner:* Jungen, Mädchen, Lehrer und Schule im Zensurenvergleich. Weinheim 1969, S. 61 ff.

[343] Vgl. *Knoche, Werner,* a. a. O., S. 51 f.

[344] Vgl. *Peisert, Hansgert:* Studien zur Sozialstruktur der Bildungschancen in Deutschland, (Habilitationsschrift) Tübingen 1965 (Maschinenmanuskript). Zitiert in: *Dahrendorf, Ralf:* Bildung ist Bürgerrecht. Hamburg 1965, S. 72.

[345] *Dahrendorf, Ralf:* Bildung ist Bürgerrecht. A. a. O., S. 71.

[346] *Peisert, Hansgert,* a. a. O., S. 72.

[347] Vgl. *Hopp/Lienert,* a. a. O., S. 145 f.

[348] Die entsprechenden t-Werte bei der Prüfung der Differenz von Mittelwertsunterschieden (Vergleich: Unterschicht – Mittelschicht) sind für folgende Fächer:

„Beteiligung am Unterricht": 3,26
„Sachunterricht": 3,84
„Muttersprachliche Bildung": 5,50
„Rechnen" 5,56

Die vorgefundenen Differenzen sind somit auf dem 1%-Niveau der Verläßlichkeit signifikant.

[349] Vgl. z. B. *Roeder/Pasdzierny/Wolf:* Sozialstatus und Schulerfolg. Heidelberg 1965. – *Begemann, Ernst:* Die Erziehung der sozio-kulturell benachteiligten Schüler. Reihe: Auswahl Reihe B – Bd. 36/37. Hannover 1970. – *Bernstein, Basil:* Sozio-kulturelle Determinanten des Lernens. In: *Heintz, Peter* (Hsg.): Soziologie der Schule. Kölner Zeitschrift für Soziologie und Sozialpsychologie 1959 – Sonderheft 4, S. 52–79. – *Kemmler, Lilly:* Erfolg und Versagen in der Grundschule, Empirische Untersuchungen. Göttingen 1970, 2. Aufl. – *Rolff, Hans G.:* Sozialisation und Auslese durch die Schule. Reihe: Gesellschaft und Erziehung – Bd. VII. Heidelberg 1967. – *Widmaier, Hans P.:* Begabung und Bildungschancen. Frankfurt a. M. 1967.

[350] *Schelsky, Helmut:* Die Bedeutung des Klassenbegriffs für die Analyse unserer Gesellschaft. In: *Schelsky, Helmut:* Auf der Suche nach Wirklichkeit. Düsseldorf/Köln 1965.

[351] *Janowitz, Morris:* Soziale Schichtung und Mobilität in Westdeutschland. In: Kölner Zeitschrift für Soziologie und Sozialpsychologie. 10. Jg. (1958), H. 1, S. 1–38.

[352] Vgl. *Janowitz, Morris,* a. a. O., S. 38.

[353] Wir beziehen uns dabei auf die Methode, die auch von *Wolf/Pasdzierny/Roeder* in ihrer Untersuchung zum Thema „Probleme der Auslese für den Zweiten Bildungsweg" angewandt wurde (Quelle: siehe Anmerkung 349).
Gleichzeitig betonen wir aber, daß dieser praktikable Weg die von Thomas charakterisierten Mängel hat, die uns voll bewußt sind: die Diskrepanz zwischen objektiver Kategorisierung und der subjektiven Selbsteinordnung einerseits und andererseits die Unzulänglichkeit der Berufsbezeichnungen als isolierte Merkmale der tatsächlichen sozialen Lage.
Vgl. *Thomas, Konrad:* Schichten in der modernen Gesellschaft. Reihe: Schriftenreihe der Niedersächsischen Landeszentrale für Politische Bildung, Gesellschaft und Politik – Bd. 1. Hannover 1969, S. 46 ff.

354 Vgl. *Bolte/Kappe/Neidhardt:* Sozialstruktur der Bundesrepublik Deutschland. Düsseldorf/Köln 1965.
355 Vgl. *Dahrendorf, Ralf:* Arbeiterkinder an deutschen Universitäten. Tübingen 1965.
356 Vgl. *Dahrendorf, Ralf:* Bildung ist Bürgerrecht. A. a. O., S. 45 ff.
357 *Steinkamp, G.:* Lehrer voller Vorurteile? In: Die Deutsche Schule, 60.Jg.(1968),H.12, S. 804.
358 *Lautmann, Rüdiger:* Die institutionalisierte Ungerechtigkeit. Zensuren und Zeugnisse in soziologischer Perspektive. In: betrifft: erziehung, 3. Jg. (1970), Nr. 7, S. 14.
359 *Schultze, Walter:* Die Auslese als soziales Problem. In: *Schultze, Walter:* Über den Voraussagewert der Auslesekriterien für den Schulerfolg am Gymnasium. Frankfurt a.M. 1964, S. 68.
360 *Flitner, Andreas,* a. a. O., S. 538.
361 *Weiß, G.:* Herbarts pädagogische Jugendschriften. – Auswahl. Leipzig 1919, S. 20, 45, 59, 77 und 89.
362 *Bader, Paul,* a. a. O., S. 382.
363 *Sost, Jakob,* a. a. O., S. 13.
364 *Zeidler, Kurt:* Zur Frage der Zeugnisgestaltung. In: Die Erziehung, 3. Jg. (1928), S. 179.
365 *Zeidler, Kurt,* a. a. O., S. 179.
366 *Sost, Jakob,* a. a. O., S. 26.
367 *Zeidler, Kurt,* a. a. O., S. 180.
368 Vgl. *Dohse, Walter:* Reformvorschläge zum Schulzeugnis. In: Lebendige Schule, 1964, H. 2, S. 359.
369 Vgl. *Bogen, Alfred:* Leben und Streben. Langensalza 1928. Zitiert in: *Merz, Velten:* Das Zeugnis der neuen Schule. Eine Auseinandersetzung mit der bestehenden Zeugnisform. In: Die neue deutsche Schule, IV. Jg. (1930), S. 30.
370 *Bogen, Alfred,* a. a. O., S. 34.
371 Vgl. *Petersen, Peter:* Der Jena-Plan einer freien allgemeinen Volksschule. Langensalza 1929, S. 46.
372 Vgl. *Stoß, J.:* Zwei Zeugnisse. In: Der Aufbau, 3. Jg. (1921), Nr. 51, S. 423.
373 Vgl. *Albrecht, Karl:* Die Entwertung der Schulzeugnisse. In: Westermanns Pädagogische Beiträge, 5. Jg. (1952), H. 9, S. 475 f.
374 *Simoneit, Max:* Fort mit der Schulzensur. Das Beurteilen von Schülerleistungen. Reihe: Schriften zur Schulpsychologie. Eine Schriftenreihe für Lehrer, Erzieher und Eltern – Bd. 5. Berlin 1952, S. 55.
375 *Simoneit, Max,* a. a. O., S. 61.
376 *Simoneit, Max,* a. a. O., S. 62.
377 *Simoneit, Max,* a. a. O., S. 62.
378 *Simoneit, Max,* a. a. O., S. 52.
379 *Simoneit, Max:* Zur Fragwürdigkeit der Schulzensur. In: Pädagogische Arbeitsblätter zur Fortbildung für Lehrer und Erzieher. 5. Jg. (1953), Nr. 6, S. 217–220.
380 *Horney, Walter,* a. a. O., S. 162.
381 Vgl. *Banaschewski, Anne:* Zur Frage der Zeugnisse. In: Hamburger Lehrerzeitung, 4. Jg. (1951), H. 3, S. 11.
382 Vgl. *Witthöft, H. W.:* Anregung zu einer Statistik über die Schulbahnen der Volksschüler. In: Zeitschrift für pädagogische Psychologie und experimentelle Pädagogik, 13. Jg. (1912), S. 597–623. – Die folgende grafische Darstellung findet sich zitiert bei: *Sost, Jakob,* a. a. O., S. 28. Dazu wird folgende Erläuterung gegeben:
„Entsprechend der 5 Ziffernzensuren sind für jedes Fach 5 waagerechte Linien gezeichnet. In dem Kreuzungspunkte der Ordinate (Schluß des Schuljahres) und der zugehörigen Linie trägt man die Note ein. Das Prädikat 3/4 markiert man dementsprechend zwischen der dritten und vierten Waagerechten. Die Verbindungslinie der Noten ergibt die Leistungskurve. Die Klammer bedeutet: repetiert; I = Lehrerwechsel; / = Schülergemeinschaftswechsel." (S. 28).
383 Vgl. *Schweizer, A.:* Das Kurvenzeugnis. Arnsberg i. W. 1924.
384 Vgl. *Jörg, Hans:* Zum Problem der Schülerbeurteilung und der Zeugnisnoten. In: Lebendige Schule, 19. Jg. (1964), H. 9, S. 383–394. – Die folgende grafische Darstellung: S. 391.
385 *Jörg, Hans,* a. a. O., S. 390.
386 *Lhotka, Rudolf:* Entwurf für eine Neugestaltung des Zeugnisses. In: Erziehung und Unterricht (Wien), 4. Jg. (1949), S. 494.
387 *Lhotka, Rudolf,* a. a. O., S. 496.
388 *Lhotka, Rudolf,* a. a. O., S. 495.
389 Grafische Darstellung bei: *Lhotka, Rudolf,* a. a. O., S. 497.
390 *Weiss, Rudolf,* a. a. O., S. 23.
391 Vgl. z. B. *Bruneder, H.:* Prüfen und Klassifizieren an englischen Grammar Schools. In: Erziehung und Unterricht, 103. Jg. (1953), S. 97–103. – *Siehs, K.:* Prüfung und

Beurteilung im Fremdsprachenunterricht. In: Erziehung und Unterricht, 114. Jg. (1964), S. 167–174.

[392] *Reckleben, Friedrich:* Wertung und Zensierung von Schülerleistungen. In: Unsere Volksschule, 12. Jg. (1961/62), H. 8, S. 201–210 (I. Teil), H. 10, S. 271–280 (II. Teil) und H. 11, S. 370–377 (III. Teil). Hier: S. 203.

[393] *Weiss, Rudolf:* Die Berechnung einer Schulleistungszahl. In: Schule und Psychologie, 1964, H. 4, S. 114–121.

[394] *Just, Günther:* Vererbung und Erziehung. Berlin 1930.

[395] *Busemann, Adolf:* Schultüchtigkeit nicht volleltriger Kinder. In: Zeitschrift für Kinderforschung, 1929, Bd. 25, S. 517.

[396] Vgl. z. B. *Auer, Hubert:* Gesamtleistungsbeurteilung nach dem Schulzeugnis durch Prozentwertungs- und Rangsystem. In: Unser Weg, 1960, S. 423 ff. – *Gaupp, Albrecht:* Möglichkeiten und Grenzen prognostischer Aussagen in der höheren Schule. In: *Strunz, K.* (Hsg.): Pädagogische Psychologie für die höheren Schulen, München–Basel 1959. – *Körner, Ernst:* Leistungsbeurteilung nach Punkten. In: Erziehung und Unterricht, 106. Jg. (1956), S. 1 ff. – *Körner, Ernst:* Die Bewertung der Schülerleistung. In: Erziehung und Unterricht, 106. Jg. (1956), S. 113 ff.

[397] *Weiss, Rudolf,* a. a. O., S. 120.

[398] *Weiss, Rudolf,* a. a. O., S. 120 f.

[399] *Weiss, Rudolf,* a. a. O., S. 121.

[400] Vgl. *Roeske, Elfriede:* Von der herkömmlichen Zensierung zur Benotung im leistungsdifferenzierten Unterricht. In: Die Deutsche Schule, 60. Jg. (1968), H. 12, S. 870–876.

[401] Vgl. *Roeske, Elfriede,* a. a. O., S. 871 f.

[402] *Roeske, Elfriede,* a. a. O., S. 872.

[403] *Roeske, Elfriede,* a. a. O., S. 872.

[404] *Herzer, A.:* Prüfungen und andere Mittel der Leistungsbeurteilung in der Schule. In: Hamburger Lehrerzeitung, 1957, Nr. 7, S. 17.

[405] Vgl. *Hetzer, Hildegard:* Schüler und Zeugnis. Leipzig 1933, S. 29 f.

[406] *Gülland, Fritz:* Leistungstabellen und Leistungsbeurteilung durch die Klassengemeinschaft. In: Die Volksschule, 26. Jg. (1930/31), S. 250.

[407] *Krüger, Rudolf:* Schüler zensieren sich selbst. Untersuchungen zur Frage der Leistungsbeurteilung in der Schule. In: Unterricht heute, 1970, H. 1, S. 33.

[408] Vgl. *Buchheim, Max:* Zensuren – autokratisch oder demokratisch? In: Unsere Schule, 6. Jg. (1951), S. 116–117.

[409] *Krüger, Rudolf,* a. a. O., S. 38.

[410] *Krüger, Rudolf,* a. a. O., S. 38.

[411] *Schreiner, Günter,* a. a. O., S. 236.

[412] Hier ist vor allem die „Odenwaldschule" zu nennen. Vgl. *Schäfer, Walter:* Berichte und Zensuren in der Odenwaldschule. Reihe: Schriftenreihe der Odenwaldschule – Heft 21. Oberhambach 1960.

[413] *Klose, Werner:* Subkultur in der Klasse – Warum viele Schüler keinen Willen zur Leistung mehr haben. In: DIE ZEIT, 18. 2. 72, Nr. 7, S. 50.

[414] Vgl. z. B. Gewerkschaft Erziehung und Wissenschaft – Nordrhein-Westfalen (Hsg.): Neue Schule – neue Zeugnisse. Vorschläge der GEW für neue Zeugnisformulare der Grundschule, der Mittelstufe und der Hauptschule. Ein Beitrag zur inneren Schulreform. Düsseldorf 1965.

[415] Zitiert in: GEW – Referat B (Hsg.): Die Gestaltung von Zeugnissen. Vorüberlegungen und Vorschläge. Frankfurt a. M. 1968, S. 2.

[416] Vgl. GEW – Referat B (Hsg.), a. a. O., S. 4.

[417] Vgl. GEW – Referat B (Hsg.), a. a. O., S. 9.

[418] Vgl. GEW – Referat B (Hsg.), a. a. O., S. 9.

[419] Vgl. GEW – Referat B (Hsg.), a. a. O., S. 9.

[420] An dieser Stelle möchte ich Herrn Dr. Karl Bungardt für die übersandten Materialien und die Möglichkeit der Einsichtnahme in noch unveröffentlichte Unterlagen danken! Dort, wo ich keine Quellenangaben mache, stütze ich mich in diesem Kapitel weitgehend auf den Briefwechsel mit ihm und auf Informationen, die ich durch ihn erhielt.

[421] Vgl. z. B. die themenrelevanten Beiträge in: *Roth, Heinrich* (Hsg.): Begabung und Lernen. Stuttgart 1969, 4. Aufl.

[422] Anträge und Entschließungen des Kongresses in Kiel (II). In: Allgemeine Deutsche Lehrerzeitung – Erziehung und Wissenschaft, 24. Jg. (1972), Nr. 1, S. 4.

[423] GEW – Referat B (Hsg.), a. a. O., S. 4.

[424] Deutscher Bildungsrat – Empfehlungen der Bildungskommission. Strukturplan für das Bildungswesen. Stuttgart 1971, 3. Aufl., S. 78 ff.

[425] Deutscher Bildungsrat, a. a. O., S. 85.

[426] *Moos, Gerhard:* Bildungspolitik in unserer Gesellschaft. In: Hessischer Kultusminister (Hsg.): bildungspolitische informationen. Wiesbaden 1970, Nr. 2, S. 3.

427 Der Hessische Kultusminister (Hsg.): Information Gesamtschule, Fachbereich: Leistungsmessung LEI 2.2.: 1. Diagnosebogen zum Stand des Lernprozesses. 2. Objektive Leistungsmessung an hessischen Gesamtschulen. Wiesbaden 1972 (im folgenden zitiert als: *Diagnosebogen*), S. 5.

428 *Roth, Heinrich:* Schule als optimale Organisation von Lernprozessen. In: Die Deutsche Schule, 1969, H. 9, S. 370.

429 Diagnosebogen, a. a. O., S. 29.

430 Vgl. *Frommelt, Bernd:* Diagnosebogen statt Zeugnisse an hessischen Gesamtschulen. In: Gesamtschulen-Informationsdienst des Pädagogischen Zentrums, 2/70, S. 46 f.

431 Vgl. Der Hessische Kultusminister (Hsg.): Revision des hessischen Diagnosebogens: Das Blatt „Informationen zum Stand des Lernprozesses". Im folgenden zitiert als: Informationen zum Stand des Lernprozesses. Wiesbaden 1972, 2. erw. Aufl.

432 Vgl. Informationen zum Stand des Lernprozesses, a. a. O., S. 2 ff.

433 Vgl. Informationen zum Stand des Lernprozesses: a. a. O., S. 4 ff.

434 Informationen zum Stand des Lernprozesses, a. a. O., S. 6.

435 Vgl. Informationen zum Stand des Lernprozesses, a. a. O., S. 22–62 (Anhang 2: Fachbezogene Konkretisierung der „Informationen zum Stand des Lernprozesses").

436 Informationen zum Stand des Lernprozesses, a. a. O., S. 7.

437 Informationen zum Stand des Lernprozesses, a. a. O., S. 8.

438 Informationen zum Stand des Lernprozesses, a. a. O., S. 8 f.

439 Informationen zum Stand des Lernprozesses, a. a. O., S. 5.

440 In diesem Zusammenhang sind – ohne daß das empirisch zu belegen wäre – historische Überlegungen im Hinblick auf den Faktor „Zeitgeist" und Unterrichtsmethode angebracht. Von solchen „historischen Maßstabsschwankungen" spricht Weidig, wenn er beurteilungsbeeinflussende epochale Maßstabsverschiebungen nennt: „Ein einseitig mit gutem Gedächtnis begabter junger Mensch konnte in der *Lernschule* wegen seines überdurchschnittlichen Wissens leicht als guter Schüler angesehen werden. Der gleiche Schüler hätte beim gleichen Lehrer nach den Maßstäben des *Dritten Reiches* wegen körperlicher Untüchtigkeit oder charakterlichen Schwächen – wobei Zimperlichkeit und Feigheit besonders negativ aufgefallen wären – große Schwierigkeiten gehabt. In unserer *heutigen* Schule hätte der gleiche Lehrer seine körperlichen Schwächen kaum, dafür aber seine charakterlichen Mängel um so stärker – wenn auch unter ganz anderen Aspekten – beachten müssen. Sein Lernwissen hätte diesem Schüler nach den heutigen Wertvorstellungen jedenfalls nicht den guten Platz wie vor 50 Jahren eingebracht."
Weidig, E. R.: Die Bewertung von Schülerleistungen. Weinheim 1961, S. 5.

441 Vgl. *Fippinger, Franz:* Zum Problem der Schulleistungsdiagnostik: Lehrerurteil und Schulleistungstest. In: Pädagogische Rundschau, 23. Jg. (1969), S. 878.

442 Deutscher Bildungsrat, a. a. O., S. 88.

443 *Ingenkamp, Karlheinz:* Die deutschen Schulleistungstests. Weinheim 1962, S. 34.

444 *Biglmaier, Franz:* Leistungsmessung durch informelle Lehrertests. In: betrifft: erziehung, 2. Jg. (1969), Nr. 3, S. 22–26 (I. Teil) und Nr. 4, S. 26–28 (II. Teil). Hier: S. 22.

445 *Biglmaier, Franz,* a. a. O., S. 22.

446 Vgl. *Gaude, Peter/Teschner, Wolfgang-P.:* Objektivierte Leistungsmessung in der Schule. Einsatz Informeller Tests im Leistungsdifferenzierten Unterricht. Reihe: Senator für Schulwesen, Berlin (Hrsg.): Berliner Studien zur Bildungsplanung und Bildungsreform – Bd. 2. Frankfurt a. M. 1971, 2. Aufl., S. 18 f.

447 *Biglmaier, Franz,* a. a. O., S. 22 f.

448 *Biglmaier, Franz,* a. a. O., S. 23.

449 *Ingenkamp, Karlheinz:* Psychologische Tests für die Hand des Lehrers. Weinheim 1964, S. 125.

450 *Ingenkamp, Karlheinz:* Möglichkeiten und Grenzen des Lehrerurteils und der Schultests. In: *Roth, Heinrich* (Hsg.): Begabung und Lernen. Reihe: Deutscher Bildungsrat (Hsg.): Gutachten und Studien der Bildungskommission – Bd. 4. Stuttgart 1969, 4. Aufl., S. 416.

451 *Gaude, Peter/Teschner, Wolfgang*-P., a. a. O., S. 23.

452 Vgl. *Stark, Günter:* Zum Stand des Projektes „Objektive Leistungsmessung in Gesamtschulen" (Oktober 1970). In: Mitteilungen und Nachrichten des Deutschen Instituts für Internationale Pädagogische Forschung, Frankfurt a. M., 1970, Hefte 59/60, S. 57.

453 Vgl. *Stark, Günter,* a. a. O., S. 57.

454 *Stark, Günter,* a. a. O., S. 58.

455 Vgl. Ingenkamp, der sich dabei auf Bloom bezieht: *Ingenkamp, Karlheinz:* Das Testen kognitiver Fähigkeiten und Leistungen. In: Handbuch der Unterrichtsforschung– Teil I. A.a.O., Sp. 1030.

456 Landesregierung Schleswig-Holstein (Hsg.): Lehrer messen Leistung. Möglichkeiten, Grenzen, Entwicklungen. Reihe: Schriften des Kultusministeriums – Nr. 11. Kiel 1971, S. 33 f.

[457] *Gaude, Peter/Teschner, Wolfgang-P.*, a. a. O., S. 26.
[458] *Ingenkamp, Karlheinz:* Möglichkeiten und Grenzen des Lehrerurteils und der Schultests. In: *Roth, Heinrich* (Hsg.), a. a. O., S. 417.
[459] *Biglmaier, Franz*, a. a. O., S. 23.
[460] Vgl. z. B. *Wendeler, Jürgen:* Standardarbeiten – Verfahren zur Objektivierung der Notengebung. Weinheim 1971, 3. Aufl.
[461] Vgl. z. B. *Glatz, Georg* (Hsg.): Vergleichsarbeiten 1969, Diktate, Rechenarbeiten und Sonderarbeiten jeweils nach Jahrgängen zusammengefaßt (3.–9. Schuljahr). Essen 1969, Nr. 17–23.
[462] *Gaude, Peter/Teschner, Wolfgang-P.*, a. a. O., S. 29.
[463] *Skowronek, Helmut:* Zur Problematik der Zensurengebung. In: Westermanns Pädagogische Beiträge, 23. Jg. (1971), H. 12, S. 641.
[464] *Ingenkamp, Karlheinz*, a. a. O., S. 425.
[465] Vgl. z. B. *Wölker, Herbert:* Zensuren aus dem Computer. München 1968. – *Friede, Christian K.:* Über die Anwendung der Bloomschen Taxonomie auf eine computerauswertbare Prüfung. In: Pädagogische Rundschau, 25. Jg. (1971), S. 591–602.
[466] Deutscher Bildungsrat, a. a. O., S. 89.
[467] *Ingenkamp, Karlheinz:* Die Fragwürdigkeit der Zensurengebung. Weinheim 1971, S. 28.
[468] *Nyssen, Friedhelm:* Schule im Kapitalismus – Der Einfluß wirtschaftlicher Interessenverbände im Felde der Schule. Reihe: Sammlung Junge Wissenschaft. Köln 1970.
[469] *Baethke, Martin:* Ausbildung und Herrschaft. Frankfurt a. M. 1970.
[470] Vgl. *Schreiner, Günter:* Gegen eine verdinglichende Leistungsbeurteilung. In: Westermanns Pädagogische Beiträge, 24. Jg. (1972), H. 3, S. 155 f.
[471] *Lautmann, Rüdiger:* Die institutionalisierte Ungerechtigkeit – Zensuren und Zeugnisse in soziologischer Perspektive. In: betrifft: erziehung, 3. Jg. (1970), Nr. 7, S. 17.

6. Literaturverzeichnis

Achtenhagen, Frank/Meyer, H. L.: Curriculumrevision — Möglichkeiten und Grenzen. München 1971.

Aebli, Hans: Grundformen des Lehrens. Ein Beitrag zur psychologischen Grundlegung der Unterrichtsmethode. Stuttgart 1961.

Ahrens, G.: Wie zensieren wir? *In:* Lebendige Schule, 19. Jg. (1964), H. 9, S. 368—374.

Albrecht, Karl: Die Entwicklung der Schulzeugnisse. *In:* Westermanns Pädagogische Beiträge, 5. Jg. (1952), H. 9, S. 472—478.

Anastasi, A.: Differential Psychology. New York 1958, 3. Aufl.

Anweiler, Oskar: Die Bildungsreformen in Osteuropa in ihrem internationalen Zusammenhang. Befund und Prognose. Stuttgart/Berlin/Köln/Mainz 1969.

Aschersleben, Karl: Untersuchungen zur Reliabilität von Schulnoten. *In:* Schule und Psychologie, 1971, H. 5, S. 147—154.

Ausschuß Deutscher Leibeserzieher (Hsg.): Die Leistung — Berichte und Protokolle des III. Kongresses für Leibeserziehung in Wiesbaden 1964. Schorndorf 1964.

Auer, Hubert: Gesamtleistungsbeurteilung nach dem Schulzeugnis durch Prozentwertungs- und Rangsystem. *In:* Unser Weg, 1960, S. 423 ff.

Bader, Paul: Psychologisches und Pädagogisches über Zensuren. *In:* Zeitschrift für Pädagogische Psychologie (Leipzig), 14. Jg. (1913), H. 7/8, S. 380—396.

Baethge, Martin: Ausbildung und Herrschaft. Unternehmerinteressen in der Bildungspolitik. Reihe: *Bahrdt, H. P./Baethge, M.* u. a. (Hsg.): Studienreihe des Soziologischen Forschungsinstituts Göttingen (SOFI). Frankfurt a. M. 1971, 4. Aufl.

Banaschewski, Anne: Zur Frage der Zeugnisse. *In:* Hamburger Lehrerzeitung, 4. Jg. (1951), H. 3, S. 10—11.

Bartel, Hans: Möglichkeiten und Grenzen einer objektiveren und damit gleichmäßigeren Notengebung und von besser vergleichbaren sowie gerechter empfundenen Schulzensuren. *In:* Die höhere Schule, 14. Jg. (1961), H. 9, S. 167-171 (I. Teil), H. 10, S. 197-201 (II. Teil).

Becker, H./Bonn, P./Groddeck, N.: Demokratisierung als Ideologie? Anmerkungen zur Curriculum-Entwicklung in Hessen. *In:* betrifft: erziehung, 5. Jg. (1972), Nr. 8, S. 19—29.

Berndt, Ernst: Probleme des Zensurengebens. *In:* Die neue Schule, 6. Jg. (1951), H. 1, S. 13—16.

Bernstein, Basil: Sozio-kulturelle Determinanten des Lernens. *In: König, René* (Hsg.): Kölner Zeitschrift für Soziologie und Sozialpsychologie — Sonderheft 4: *Heintz, Peter* (Hsg.): Soziologie der Schule. Köln-Opladen 1969, 6. Aufl., S. 52—79.

Biglmaier, Franz: Leistungsmessung durch informelle Lehrertests. *In:* betrifft: erziehung, 2. Jg. (1969), Nr. 3, S. 22—26 (I. Teil), Nr. 4, S. 26—28 (II. Teil).

Blankertz, Herwig: Theorien und Modelle der Didaktik. Reihe: Grundfragen der Erziehungswissenschaft — Bd. 6. München 1970, 3. Aufl.

Blankertz, Herwig: Curriculumforschung — Strategien, Strukturierung, Konstruktion. Essen 1971.

Bloom, Benjamin S.: Alle Schüler schaffen es. *In:* betrifft: erziehung, 3. Jg. (1970), Nr. 11, S. 15—27.

Bloom, Benjamin S.: Taxonomie von Lernzielen im kognitiven Bereich. Weinheim 1971.

Blumenfeld, W.: Urteil und Beurteilung. *In:* Archiv für die gesamte Psychologie, 3. Ergänzungsband, Leipzig 1951.

Bobertag, Otto: Leistungsschätzung und Leistungsmessung in der Schule. Ein Beitrag zur Frage: „Was leistet unsere Volksschule?" *In:* Zeitschrift für Pädagogische Psychologie und Jugendkunde (Leipzig), 34. Jg. (1933), S. 377—393.

Brand, Peter: Schulreife und Milieu. Frankfurt a. M. 1955.

Brezinka, Wolfgang: Über Absicht und Erfolg der Erziehung. Probleme einer Theorie der erzieherischen Wirkung. *In:* Zeitschrift für Pädagogik, 15. Jg. (1969), H. 3, S. 245—272.

Brock, A. u. a.: Der Konflikt um Lohn und Leistung. Frankfurt a. M. 1969.

Brombach/Merseburg/Schulz/Seelig: Differenzierung nach Leistung? Ergebnisse zu den Komplexen: Lehrplanbezug der Leistungsmessung, Lernleistung und Lerngruppenzugehörigkeit, Diagnostischer Wert von Lehrerurteilen, Differenzierung nach Lernniveaus. Reihe: Max-Traeger-Stiftung: Forschungsberichte — Bd. 7. Berlin 1971.

Bruckner, Adolf: Das Problem der Schülerbeurteilung — Untersuchungen zur Fremd- und Selbstbeurteilung der Jugendlichen. Langensalza 1931.

Bruneder, H.: Prüfen und Klassifizieren an englischen Grammar Schools. *In:* Erziehung und Unterricht, 103. Jg. (1953), S. 97—103.

Buchheim, Max: Zensuren — autokratisch oder demokratisch? *In:* Unsere Schule, 6. Jg. (1951), S. 116—117.

Burst, R. u. a. (Hsg.): Weinheimer Gesamtschul-Curricula. Heidelberg 1971.

Busemann, Adolf: Schultüchtigkeit nicht volleltriger Kinder. *In:* Zeitschrift für Kinderforschung, 1929, Bd. 25.

Clauss, Günter/Ebner, Heinz: Grundlagen der Statistik für Psychologen, Pädagogen und Soziologen. Berlin 1970.

Cordt, Willy/Walter, Karlheinz: Ein Duisburger Beitrag zur Untersuchung von Lernanfängern. *In:* Pädagogische Rundschau, 17. Jg. (1963), H. 5/6, S. 420—432.

Dahrendorf, Ralf: Bildung ist Bürgerrecht. Plädoyer für eine aktive Bildungspolitik. Reihe: Die Zeit-Bücher. Hamburg 1965.

Daubert, A.: Menschliche Leistung. München 1962.

Der Hessische Kultusminister (Hsg.): 1.) Diagnosebogen zum Stand des Lernprozesses, 2.) Objektive Leistungsmessung an hessischen Gesamtschulen; Reihe: Informationen Gesamtschule, Fachbereich: Leistungsmessung (Lei 2.2.). Wiesbaden 1971.

Der Hessische Kultusminister (Hsg.): Revision des hessischen Diagnosebogens: Das Blatt „Informationen zum Stand des Lernprozesses". Reihe: Informationen Gesamtschule. Fachbereich: Leistungsmessung (Lei 2.4. (2)). Wiesbaden 1972, 2. erw. Aufl.

Deutscher Bildungsrat (Hsg.): Strukturplan für das Bildungswesen. Reihe: Empfehlungen der Bildungskommission. Stuttgart 1971, 3. Aufl.

Dietz, Heinrich: Die Ehrlichkeit in der Leistungsprüfung. *In:* Bildung und Erziehung, 13. Jg. (1960), S. 141—155.

Döring, W. O.: Untersuchungen zur Psychologie des Lehrers. Leipzig 1925.

Dohmen, Günther: Bildung und Prüfung. *In:* Recht und Wirtschaft der Schule, 1961, S. 134—140 (I. Teil), S. 176—179 (II. Teil).

Dohse, Walter: Reformvorschläge zum Schulzeugnis. *In:* Lebendige Schule, 19. Jg. (1964), H. 2, S. 357—368.

Dohse, Walter: Das Schulzeugnis — Sein Wesen und seine Problematik. Reihe: Pädagogische Studien — Bd. 10. Weinheim 1967, 2. Aufl.

Eckstein, Brigitte (Hsg.): Hochschulprüfungen: Rückmeldung oder Repression? Reihe: Blickpunkt Hochschuldidaktik — Bd. 13. Hamburg (Arbeitskreis Hochschuldidaktik) 1971.

Edelstein, Wolfgang: Das „Projekt Schulleistung" im Institut für Bildungsforschung in der Max-Planck-Gesellschaft. *In:* Zeitschrift für Pädagogik, 16. Jg. (1970), H. 4, S. 517—529.

Eells, W. C.: Reliability of repeated grading of essay type examination. *In:* Journal of Educational Psychology, 1930, 21, S. 48—52.

Engelmayer, Otto: Beobachtung und Beurteilung des Schulkindes. Nürnberg 1949.

Erlebach/Hoff/Ihlefeld/Zehner: Schülerbeurteilung. Berlin 1968.

Falk, Raymund: Zur Psychologie der schulischen Leistungsbeurteilung durch Zensierung (Zweiter Bericht aus einer Untersuchung über langfristiges Behalten von Schulwissen). *In:* Wissenschaftliche Zeitschrift der Martin-Luther-Universität Halle/Wittenberg, Ges.-Sprachw. XI/9, Sept. 1962, S. 1015—1032.

Faust, Anton: Leistungsbenotung vor und nach dem Übertritt in weiterführende Schulen. *In:* Die höhere Schule, 25. Jg. (1972), H. 4, S. 80—82.

Ferdinand, Willy: Der Lehrer mag mein Kind nicht leiden. Eine Untersuchung über die Beurteilung der Leistungen erziehungsschwieriger Schüler durch Klassenlehrer. *In:* Schule und Psychologie, 9. Jg. (1962), S. 361—369.

Ferdinand, W./Kiwitz, H.: Über die Häufigkeitsverteilung der Zeugnisnoten 1 bis 6. — Eine Untersuchung im 4. Schuljahr. *In:* Neue deutsche Schule, 1964, H. 8, S. 162—165.

Fippinger, Franz: Zum Problem der Schulleistungsdiagnostik: Lehrerurteil und Schulleistungstest. *In:* Pädagogische Rundschau, 23. Jg. (1969), S. 869—880.

Fischer, Albert: Schulleistungen. Untersuchungen, Feststellungen, Vergleiche über den Leistungsstand der Entlaßschüler. Reihe: Material- und Nachrichtendienst der GEW — Nr. 126. Bühl/Baden 1967.

Flechsig, Karl-Heinz u. a.: Probleme der Entscheidung über Lernziele. *In:* Programmiertes Lernen, 1970, H. 1, S. 1—32.

Flitner, Andreas: Das Schulzeugnis im Lichte neuerer Untersuchungen. *In:* Zeitschrift für Pädagogik, 12. Jg. (1966), S. 511—538.

Fokken, Eva: Die Leistungsmotivation nach Erfolg und Mißerfolg in der Schule — Empirische Untersuchungen über die Auswirkungen von Erfolg und Mißerfolg auf die Lernbereitschaft und die Leistung. Reihe: Empirische Forschungen zu aktuellen pädagogischen Fragen und Aufgaben. Hannover 1966.

Frey, K. (Hsg.): Kriterien in der Curriculumkonstruktion. Weinheim 1970.

Friede, Christian K.: Über die Anwendung der Bloomschen Taxonomie auf eine computer-auswertbare Prüfung: *In:* Pädagogische Rundschau, 25. Jg. (1971), S. 591—602.

Frommelt, Bernd: Diagnosebogen statt Zeugnisse an hessischen Gesamtschulen. *In:* Pädagogisches Zentrum (Hsg.): Gesamtschulen Informationsdienst, 3. Jg. (1970), H. 2, S. 45—47.

Frommelt, Bernd: Zwischen Konsolidierung und Experiment — Bestandsaufnahme und Perspektiven. *In:* Der Hessische Kultusminister (Hsg.): bildungspolitische informationen, Wiesbaden 1972, Nr. 1, S. 1—7.

Furck, Carl-Ludwig: Das pädagogische Problem der Leistung in der Schule. Weinheim 1972, 4. Aufl.

Furck, Carl-Ludwig: Das Leistungsbild der Jugend in Schule und Beruf. Reihe: Überblick zur wissenschaftlichen Jugendkunde — Bd. 14. München 1966, 2. Aufl.

Gärtner-Harnach, Viola: Leistung und Angst. Theorien und Forschungsergebnisse zur Prüfungsangst. Weinheim 1972.

Gamm, Hans-Jochen: Kritische Schule — Eine Streitschrift für die Emanzipation von Lehrern und Schülern. München 1970, 4. Aufl.

Gaude, Peter/Teschner, Wolfgang-P.: Objektivierte Leistungsmessung in der Schule. Frankfurt a. M. 1971.

Gaude, Peter: Psychologischer Beratungsdienst in der integrierten Gesamtschule. *In:* Pädagogisches Zentrum (Hsg.): Gesamtschulen Informationsdienst, 4. Jg. (1971), H. 3, S. 8—17.

Gaupp, Albrecht: Möglichkeiten und Grenzen prognostischer Aussagen in der höheren Schule. *In: Strunz, K.* (Hsg.): Pädagogische Psychologie für die höheren Schulen. München/Basel 1959.

Gaupp, A.: Überlegungen und Tatsachen zur Bewährung der Schülerauslese. *In: Ingenkamp, Karlheinz* (Hsg.): Pädagogisch-psychologische Untersuchungen zum Übergang auf weiterführende Schulen. Weinheim 1963, S. 55—80.

Gebauer, Th.: Vergleichende Untersuchung über den Voraussagewert von Aufnahmeprüfung und Testuntersuchung für den Erfolg auf weiterführenden Schulen. *In: Ingenkamp, Karlheinz* (Hsg.): Schulkonflikt und Schülerhilfe. Weinheim 1965, S. 97 ff.

Gebhardt, M.: Praktische Vorschläge zur Wortzensur in den Jahreszeugnissen. *In:* Anregungen, 1958, H. 2, S. 106 ff.

Geißler, Georg: Die Aufgabe im Leben des Menschen und ihre Bedeutung für die Erziehung. *In: Geißler, Georg:* Strukturfragen der Schule und der Lehrerbildung. Reihe: Pädagogische Studien — Bd. 17. Weinheim 1969, S. 11—25.

Gerstein, Hannelore: Erfolg und Versagen im Gymnasium. Weinheim 1972.

Gewerkschaft Erziehung und Wisenschaft — Referat B (Hsg.): Die Gestaltung von Zeugnissen. Vorüberlegungen und Vorschläge. Frankfurt a. M. 1968.

Gewerkschaft Erziehung und Wissenschaft (Hsg.): Anträge und Entschließungen des Kongresses in Kiel (II). *In:* Allgemeine Deutsche Lehrerzeitung — Erziehung und Wissenschaft. 24. Jg. (1972), Nr. 1, S. 4.

Gewerkschaft Erziehung und Wissenschaft — Nordrhein-Westfalen (Hsg.): Neue Schule — neue Zeugnisse. Vorschläge der GEW für neue Zeugnisformulare der Grundschule, der Mittelstufe und der Hauptschule. Ein Beitrag zur inneren Schulreform. Düsseldorf 1965.

Glatz, Georg: Kann man dem Schulzeugnis Glauben schenken? *In:* Lebendige Schule, 22. Jg. (1957), S. 263—268

Glatz, Georg: Die Aufgabe des Lehrers bei der Zensierung. Thesen zur Leistungsmessung. *In:* Tellus-Informationen 1971, Nr. 4.

Göller, Alfred: Zensuren und Zeugnisse. Stuttgart 1968, 2. Aufl.

Graap, Fritz: Wohlerzogenheit und Betragenszensur. *In:* Praxis der Kinderpsychologie und Kinderpsychiatrie, 2. Jg. (1953), H. 10, S. 267—268.

Grauer, Gustaf: Leitbilder und Erziehungspraktiken — Literaturbericht. *In:* betrifft: erziehung, 1. Jg. (1968), Nr. 7, S. 11—17.

Grauer, Gustaf: Entwicklung des Leistungsstrebens — Literaturbericht. *In:* betrifft: erziehung, 1. Jg. (1968), Nr. 8, S. 21—24 (I. Teil), Nr. 10, S. 22—26 (II. Teil).

Grey, Clarance F.: Variations in the Grades of High School Pupils Baltimore/USA 1913.

Groot, Adriaan D. de: Fünfen und Sechsen — Zensurengebung: System oder Zufall. Weinheim 1971.

Grotefent, Robert: Zur Problematik der Turnzensur. Vorschläge für eine Neuordnung der Schülerbeurteilung und Notengebung im Fach Leibesübungen: *In:* Die Leibeserziehung, 11. Jg. (1962), S. 209-220.

Gülland, Fritz: Weg mit den Schulzeugnissen. *In:* Die neue Erziehung, XI. Jg. (1929), H. 10, S. 784—788.

Gülland, Fritz: Leistungstabellen und Leistungsbeurteilung durch die Klassengemeinschaft. *In:* Die Volksschule, 26. Jg. (1930/31), S. 250 ff.

Gurland, Marianne: Von der Aufnahmeprüfung bis zum Abitur. *In:* Die Deutsche Schule, 1965, H. 2/3.

Hahn, Kurt: Die nationale Aufgabe der Landerziehungsheime. *In:* Die Eiche — Vierteljahreszeitschrift für soziale und internationale Arbeitsgemeinschaft, 19. Jg. (1931), Nr. 3.

Hartfield, Günter (Hsg.): Die autoritäre Gesellschaft. Reihe: Kritik — Bd. 1. Köln/Opladen 1970, 2. Aufl.

Hartnacke, Wilhelm: Standesschule — Leistungsschule. *In:* Die Erziehung (Leipzig), 3. Jg. (1928), S. 415—432 (I. Teil), S. 480—498 (II. Teil).

Hasemann, Klaus: Verhaltensbeobachtung und Verhaltensbeurteilung in der psychologischen Diagnostik. Göttingen 1964.

Hasemann, Klaus: Kriterien der Hochschulreife. Berlin/Basel 1970.

Hauser, R.: Leistungsmessung in der Schule. *In:* Unser Weg (Graz), 1953, H. 8, S. 270—280.

Havighurst, R. J.: Increasing the Pool of Talent. *In:* The Year Book of Education. London 1962, S. 353—360.

Heckhausen, Heinz: Hoffnung und Furcht in der Leistungsmotivation. Reihe: Psychologie Universalis — Bd. 6. Meisenheim a. Gl. 1963.

Heckhausen, Heinz: Leistungsmotivation. *In:* Handbuch der Psychologie — Bd. 2. Göttingen 1965.

Heckhausen, Heinz: Motivation in der Leistungsgesellschaft. *In:* Die Deutsche Schule, 1968, H. 10, S. 637—648.

Hentig, Hartmut von: Systemzwang und Selbstbestimmung — Über die Bedingungen der Gesamtschule in der Industriegesellschaft. Stuttgart 1968, 1. Aufl.

Hentig, Hartmut von: Das Bielefelder Oberstufen-Kolleg. Reihe: Sonderpublikation der Schriftenreihe der Schulprojekte Laborschule/ Oberstufen-Kolleg — H. 1, Stuttgart 1971.

Hentig, Hartmut von: Die Bielefelder Laborschule. Reihe: Sonderpublikation der Schriftenreihe der Schulprojekte Laborschule/ Oberstufen-Kolleg — H. 2, Stuttgart 1971.

Herbart, Johann Friedrich: Pädagogische Schriften. Osterwick-Leipzig 1913.

Hermann, Erich: Zur Frage der Ziffernnote. *In:* Welt der Schule, 3. Jg. (1950), H. 2, S. 55—58.

Hermann, Erich: Eine Umfrage zur Schülerbeurteilung. *In:* Pädagogische Welt, 4. Jg. (1950), H. 6, S. 246—257.

Hetzer, Hildegard: Schüler und Schulzeugnis. Eine psychologische Analyse. Leipzig (Dürr'sche Buchhandlung) 1933.

Hetzer, Hildegard/Reindorf, B.: Sprachentwicklung und soziales Milieu. *In:* Zeitschrift für angewandte Psychologie (Leipzig), 1928, Bd. 29, S. 449—462.

Hielscher, Hans: Unterrichtsdifferenzierung und Lehrerverhalten. Der Faktor „Lehrer" in einem differenzierten Unterrichtssystem. *In:* Westermanns Pädagogische Beiträge, 22. Jg. (1970), H. 12, S. 621—629.

Hilf, H. H.: Arbeitswissenschaft. München 1957.

Hitpass, Josef: Die Aufnahmeprüfung — ein Auslesemittel? *In:* Der Katholische Erzieher, 13. Jg. (1960), H. 1, S. 15—24.

Hitpass, Josef: Die prognostische Leistungsfähigkeit von Tests im Hinblick auf den Erfolg bzw. Mißerfolg in den weiterführenden Schulen. *In:* Der Katholische Erzieher, 13. Jg. (1960), H. 2, S. 69—75.

Hitpass, Josef: Die prognostische Leistungsfähigkeit von Tests. *In:* Die Deutsche Schule, 12. Jg. (1960), H. 3, S. 45—47.

Hitpass, Josef: Verlaufsanalyse des schulischen Schicksals eines Sextaner- Jahrgangs von der Aufnahme- bis zur Reifeprüfung. *In:* Schule und Psychologie, 14. Jg. (1967), S. 371—378.

Hochstetter, H. u. a.: Schüler — Richter — Lehrer. Maßnahmen der Schule im Spiegel der Rechtssprechung. Berlin 1957.

Höhn, Elfriede: Der schlechte Schüler. Sozialpsychologische Untersuchungen über das Bild des Schulversagers. Reihe: Erziehung in Wissenschaft und Praxis — Bd. 2. München 1970 (Neuaufl.).

Hörner, F.: Wie wirkt das Zeugnis auf den Schüler? *In:* Die Scholle, 16. Jg. (1941), H. 6, S. 194—200.

Hojer, Ernst: Das Problem der objektiven Leistungsbeurteilung in der Pädagogik. *In:* Pädagogische Rundschau, 24. Jg. (1970), S. 832-844.

Holzinger, Fritz: Leistungssteigerung durch Leistungsmessung. Wien (Österreichischer Bundesverlag) 1955.

Holzinger, Fritz: Leistungserhebung auf der vierten Schulstufe. Graz/Wien 1964.

Holzkamp, Christine: Entwicklung der kognitiven Fähigkeiten. *In:* betrifft: erziehung, 2. Jg. (1969), Nr. 2, S. 17—21 (I. Teil), Nr. 3, S. 17—22 (II. Teil).

Hopp, A.-D./Lienert, G. A.: Eine Verteilungsanalyse von Gymnasialzensuren. *In:* Schule und Psychologie, 1965, H. 12, S. 139—150.

Horn, Ralf: Lernziele und Schülerleistung. Die Evaluation von Lernzielen im kognitiven Bereich. Weinheim 1972.

Horney, Walter: Die Schülerleistung. *In:* Handbuch für Lehrer — Bd. I. Gütersloh 1966, 2. Aufl., S. 136—149.

Horney, Walter: Schülerbeobachtung und -beurteilung. *In:* Handbuch für Lehrer — Bd. I. Gütersloh 1966, 2. Aufl., S. 150—166.

Horst, Paul: Messung und Vorhersage. Eine Einführung in die psychologische Testtheorie. Weinheim 1971.

Huber, Ludwig: Zur Orientierung über das Problem der Prüfungsreform. *In:* Bundesassistentenkonferenz (Hsg.): Forschendes Lernen — Wissenschaftliches Prüfen. Reihe: Schriften der BAK — Bd. 5. Bonn 1970, 2. Aufl., S. 55—62.

Hurrelmann, Klaus: Die Guten ins Töpfchen . . . — Wie „Leistungsdifferenzierung" zu einer verfeinerten Form der Auslese wird. Bericht über zwei empirische Untersuchungen. *In:* betrifft: erziehung, 4. Jg. (1971), Nr. 10, S. 19—25.

Husén, Torsten: Lehrplanforschung in Schweden. Über die allgemeinen Möglichkeiten einer erfahrungswissenschaftlich begründeten Curriculumentwicklung. *In:* betrifft: erziehung, 1. Jg. (1968), Nr. 3, S. 13—20.

Huth, Albert: Schülerleistung und Zeugnisnoten. *In:* Pädagogische Arbeitsblätter, 3. Jg. (1951).

Huth, Albert: Tatsachen und Gesetze im Notenwesen. *In:* Berufspädagogische Zeitschrift, 1955, H. 3, S. 45—47.

Hylla, E.: Vergleichende Leistungsmessung im 4. und 5. Schuljahr. Bericht über eine Testprüfung. München 1949.

Hylla, E./Wrinkle: Die Schulen in Westeuropa. Bad Nauheim 1953.

Ichheiser, Gustav: Die Vieldeutigkeit im Begriff des Erfolges. *In:* Zeitschrift für pädagogische Psychologie und Jugendkunde (Leipzig), 34. Jg. (1933), S. 97—104.

Ingenkamp, Karlheinz: Die deutschen Schulleistungstests. Weinheim 1962.

Ingenkamp, Karlheinz: Psychologische Tests für die Hand des Lehrers. Weinheim 1963.

Ingenkamp, Karlheinz (Hsg): Pädagogisch-psychologische Untersuchungen zum Übergang auf weiterführende Schulen. Weinheim 1963.

Ingenkamp, Karlheinz: Schulleistungen — damals und heute. Weinheim 1967.

Ingenkamp, Karlheinz: Zur Problematik der Jahrgangsklasse. Weinheim 1968.

Ingenkamp, Karlheinz: Leisten unsere Schüler immer weniger? *In:* betrifft: erziehung, 1. Jg. (1968), S. 13—17.

Ingenkamp, Karlheinz/Marsolek, Th. (Hsg.): Möglichkeiten und Grenzen der Testanwendung in der Schule. Reihe: Pädagogisches Zentrum. Veröffentlichungen, Reihe C: Berichte — Bd. 15. Weinheim 1968.

Ingenkamp, Karlheinz: Möglichkeiten und Grenzen des Lehrerurteils und der Schultests. *In: Roth, Heinrich* (Hsg.): Begabung und Lernen. Ergebnisse und Folgerungen neuerer Forschungen. Reihe: Deutscher Bildungsrat (Hsg.): Gutachten und Studien der Bildungskommission — Bd. 4. Stuttgart 1969, 4. Aufl., S. 407—431.

Ingenkamp, Karlheinz: Sind Zensuren aus verschiedenen Klassen vergleichbar? *In:* betrifft: erziehung, 2. Jg. (1969), Nr. 3, S. 11—14.

Ingenkamp, Karlheinz: Tests in der Schulpraxis. Reihe: Beltz-Bibliothek — Bd. 16. Weinheim 1971.

Ingenkamp, Karlheinz (Hsg.): Die Fragwürdigkeit der Zensurengebung. Texte und Untersuchungsberichte. Weinheim 1971.

Isenegger, U.: Lernzielerhebung zur Curriculumkonstruktion. Weinheim 1971.

Jacobson, Lenore/Rosenthal, Robert: Schüler leisten, was ihre Lehrer von ihnen erwarten. *In:* betrifft: erziehung, 3. Jg. (1970), Nr. 12, S. 21—25.

Janowitz, M.: Soziale Schichtung und Mobilität in Westdeutschland. *In:* Zeitschrift für Soziologie und Sozialpsychologie, 1. Jg. (1958), S. 1 ff.

Jörg, H.: Zum Problem der Schülerbeurteilung und der Zeugnisnoten. *In:* Lebendige Schule, 19. Jg. (1964), H. 9, S. 383—394.

Just, G.: Schulauslese und Lebensleistung. Leipzig (Hirzel) 1936.

Just, G.: Erbpsychologie der Schulbegabung. *In:* Handbuch der Erbbiologie des Menschen — Bd. V/1. Berlin 1939, S. 538—591.

Just, G./Kramaschke, W.: Abiturientenleistung und Konstitutionstypus. *In:* Zeitschrift für menschliche Vererbungs- und Konstitutionslehre, 1940, 24, S. 248—261.

Karstädt, Otto: Die bisherigen Forschungen über die Begabungsverteilung nach sozialen Schichten. *In:* Die Deutsche Schule (Leipzig), 21. Jg. (1917), S. 403—414 (I. Teil), S. 457—469 (II. Teil).

Kath/Oehler/Reichwein: Studienweg und Studienerfolg. Eine Untersuchung über Verlauf und Dauer des Studiums von 2000 Studienanfängern des SS 1957 in Berlin, Mannheim, Bonn und Frankfurt. Reihe: Institut für Bildungsforschung (Hsg.): Studien und Berichte — H. 6. Berlin 1966.

Keilhacker, Martin: Pädagogische Grundprobleme in der gegenwärtigen industriellen Gesellschaft. Stuttgart 1964.

Keller, H.: Der moderne soziale Konflikt. Stuttgart 1961.

Keller, K.: Die soziale Herkunft der Schüler der höheren Lehranstalten. *In:* Zeitschrift des Preußischen Statistischen Landesamtes, 65. Jg. (1925), S. 392—406.

Keller, P.: Leistungs- und Arbeitsbewertung. Köln 1950.

Kemmler, Lilly: Erfolg und Versagen in der Grundschule — Empirische Untersuchungen. Göttingen 1970, 2. Aufl.

Klafki, Wolfgang: Das pädagogische Problem der Leistung und die Leibeserziehung. *In:* Ausschuß Deutscher Leibeserzieher (Hsg.): Die Leistung. Schorndorf 1964, S. 33—58.

Klink, Job-Günter: Die Schülerleistung im Koordinatensystem der Ziffernzensur. *In:* Lebendige Schule, 19. Jg. (1964), H. 9, S. 375—383.

Klinkenberg, L.: Ableitung von Geschlechtsunterschieden aus Zensurenstatistiken. *In:* Zeitschrift für angewandte Psychologie, 1914, S. 228—266.

Kluge/Götze: Etymologisches Wörterbuch der deutschen Sprache. Berlin 1953.

Knab, Doris: Curriculumforschung und Lehrplanreform. *In:* Neue Sammlung, 9. Jg. (1969), S. 169—185.

Knab, Doris: Ansätze zur Curriculumreform in der BRD. *In:* betrifft: erziehung, 4. Jg. (1971), Nr. 2, S. 15—28.

Knoche, Werner: Jungen, Mädchen, Lehrer und Schulen im Zensurenvergleich. Eine Untersuchung an 14 000 Schülern aus 50 Gymnasien. Reihe: Deutsches Institut für Internationale Pädagogische Forschung — Abt. Pädagogik (Walter Schultze) (Hsg.): Untersuchungen zum in- und ausländischen Schulwesen — Bd. 4. Weinheim 1969.

Kob, J.: Erziehung in Elternhaus und Schule. — Eine soziologische Studie. Stuttgart 1963.

Körner, E.: Leistungsbeurteilung nach Punkten. *In:* Erziehung und Unterricht, 106. Jg. (1956), S. 1 ff. und S. 113 ff.

Kötter, Ludwig/Grau, Uwe: Zur Bedingtheit der uneinheitlichen Benotung von Schüleraufsätzen. *In:* Zeitschrift für experimentelle und angewandte Psychologie, 12. Jg. (1965), S. 278—301.

Koskenniemi, M.: Soziale Gebilde und Prozesse in der Schulklasse. Helsinki 1936.

Kothe, Hans-W.: Klassenarbeiten ohne Zensuren? *In:* Die berufsbildende Schule, 1970, H. 7/8, S. 527—533.

Krüger, Richard: Haben Schulzeugnisse noch einen Wert? *In:* Welt der Schule, 15. Jg. (1962), S. 569—570.

Krüger, Rudolf: Schüler zensieren sich selbst. Untersuchungen zur Frage der Leistungsbeurteilung in der Schule. *In:* Unterricht heute — Zeitschrift für die Grund- und Hauptschule, 1970, H. 1, S. 33—38.

Kupffer, Heinrich: Pädagogisches Urteil und jugendliche Verhaltenspraxis im dialektischen Spannungsfeld. *In:* Pädagogische Rundschau, 25. Jg. (1971), S. 298—310.

Kvale, Steinar (Hsg.): Prüfung und Herrschaft — Hochschulprüfungen zwischen Ritual und Rationalisierung. Reihe: Beltz-Bibliothek — Bd. 26. Weinheim 1972.

Lämmermann, H.: Das Mannheimer kombinierte Verfahren der Begabtenauslese. Leipzig 1927.

Landesregierung Schleswig-Holstein (Hsg.): Lehrer messen Leistung. Möglichkeiten, Grenzen, Entwicklungen. Reihe: Schriften des Kultusministeriums — Nr. 11. Kiel 1971.

Lattmann, U. P.: Lernziele und Unterrichtsvorbereitung. Freiburg/ Schweiz 1971.

Lautmann, Rüdiger: Die institutionalisierte Ungerechtigkeit. Zensuren und Zeugnisse in soziologischer Perspektive. *In:* betrifft: erziehung, 3. Jg. (1970), Nr. 7, S. 11—17.

Lehmann, Eduard: Unsere Notenskala. Mathematisches und Pädagogisches. *In:* Pädagogische Arbeitsblätter zur Fortbildung für Lehrer und Erzieher (Ludwigsburg), 7. Jg. (1955), H. 7, S. 297—304.

Lehmann, G.: Praktische Arbeitsphysiologie. Stuttgart 1962, 2. Aufl.

Lehmann, Harry: Das umstrittene Schulzeugnis. *In:* Westermanns Pädagogische Beiträge, 6. Jg. (1954), H. 8, S. 392—395.

Lempert, Wolfgang: Leistungsprinzip und Emanzipation. Studien zur Realität, Reform und Erforschung des beruflichen Bildungswesens. Reihe: edition suhrkamp — Bd. 451. Frankfurt a. M. 1971.

Lempp, Reinhard: Lernerfolg und Schulversagen. Eine Kinder- und Jugendpsychiatrie für Pädagogen. München 1971.

Lennes, N. J.: The Teaching of Arithmetic. New York 1923.

Lexer, Martin: Mittelhochdeutsches Taschenwörterbuch. Leipzig 1964, 31. Aufl.

Lhotka, Rudolf: Entwurf für eine Neugestaltung des Zeugnisses. *In:* Erziehung und Unterricht (Wien), 4. Jg. (1949), S. 492—497.

Lichtenstein-Rother, Ilse (Hsg.): Schulleistung und Leistungsschule. Reihe: Klinkhardts Pädagogische Quellentexte. Bad Heilbrunn/Obb. 1971.

Lienert, G. A.: Testaufbau und Testanalyse. Weinheim 1961.

Lietzmann, Walter: Über die Beurteilung der Leistungen in der Schule. Mathematisches, Psychologisches, Pädagogisches. Leipzig-Berlin 1927.

Lipset/Bendix: Social Mobility in Industrial Society. Berkeley 1963.

211

Loerke, Th./Gebauer, E.: Gründe für oder gegen die Wahl weiterführender Schulen in verschiedenen Bevölkerungskreisen. Frankfurt a. M. (Deutsches Institut für Internationale Pädagogische Forschung) 1965.

Löwe, Hans: Probleme des Leistungsversagens in der Schule. Pädagogisch-psychologische Untersuchungen zum Zurückbleiben einzelner Schüler. Berlin (Volk und Wissen) 1971, 2. erw. Aufl.

Lottmann, Werner: Schulleistung und Lebensleistung ehemaliger Gymnasialabiturienten. In: Zeitschrift für angewandte Psychologie (Leipzig) 1934, Bd. 47, S. 173—289.

Mager, R. F.: Lernziele und Programmierter Unterricht. Weinheim 1965.

Marcuse/Rapoport/Horn/Mitscherlich/Senghaas/Marković: Aggression und Anpassung in der Industriegesellschaft. Reihe: edition suhrkamp — Bd. 282. Frankfurt a. M. 1970, 5. Aufl.

Marcuse, Herbert: Triebstruktur und Gesellschaft. Ein philosophischer Beitrag zu Sigmund Freud. Reihe: Bibliothek Suhrkamp — Bd. 158. Frankfurt a. M. 1971 (Neuaufl.).

McClelland/Atkinson/Clark/Lowell: The Achievement Motive. New York (Appleton) 1953.

McClelland, David C.: Die Leistungsgesellschaft — Psychologische Analyse der Voraussetzungen wirtschaftlicher Entwicklung. Stuttgart 1966.

Meadows, D./Meadows, D./ Zahn, E./Milling, P.: Die Grenzen des Wachstums. Bericht des Club of Rome zur Lage der Menschheit. Reihe: DVA-informativ. Stuttgart 1972.

Meili, R.: Lehrbuch der psychologischen Diagnostik. Bern-Stuttgart 1961, 4. Aufl.

Merz, Velten: Das Zeugnis der neuen Schule — Eine Auseinandersetzung mit der bestehenden Zeugnisreform. In: Die neue deutsche Schule, IV. Jg. (1930), S. 928—937.

Merz, Velten: Das Problem einer rechten Schülerbeurteilung. Noten- oder Wortzeugnis? In: Die Pädagogische Provinz, 5. Jg. (1951), S. 244—252.

Messner, Rudolf: Funktionen der Taxonomien für die Planung von Unterricht. Kritische Anmerkungen zur Verwendung der Taxonomien von Bloom, Krathwohl und ihren Mitarbeitern in didaktischen Entwicklungsprozessen. In: Zeitschrift für Pädagogik, 16. Jg. (1970), H. 6, S. 755—779.

Mierke, Karl: Begabung, Bildung, Bildsamkeit. Bern-Stuttgart 1963.

Mierke, Karl: Vom Leistungseros und Leistungsethos der heranwachsenden Generation: In: Ausschuß Deutscher Leibeserzieher (Hsg.): Die Leistung. Schorndorf 1964, S. 17—32.

Mietzel, G.: Möglichkeiten und Grenzen der Anwendung nicht-messender Verfahren in der Persönlichkeitsdiagnostik. *In:* Praxis der Kinderpsychologie, 13. Jg. (1964).

Mittenecker, E.: Planung und statistische Auswertung von Experimenten. Wien 1958, 2. Aufl.

Möller, Christine: Technik der Lernplanung. Methoden und Probleme der Lernzielerstellung. Weinheim 1971, 3. Aufl.

Moeller, Michael L.: Angst und Prüfungsfeld — Zur Psychoanalyse der Prüfungsangst. *In:* betrifft: erziehung, 1. Jg. (1968), Nr. 10, S. 19—22 (I. Teil), 2. Jg. (1969) Nr. 1, S. 16—20 (II. Teil).

Mollenhauer, Klaus: Erziehung und Emanzipation — Polemische Skizzen. München 1968.

Moos, Gerhard: Bildungspolitik in unserer Gesellschaft. *In:* Der Hessische Kultusminister (Hsg.): bildungspolitische informationen, 1970. Nr. 2, S. 1 ff.

Narr, Wolf-Dieter: Pluralistische Gesellschaft. Reihe: Schriftenreihe der Niedersächsischen Landeszentrale für Politische Bildung — Bd. 2, Hannover 1969.

Nunner-Winkler, Gertrud: Vor- und Grundschule contra Gesamtschule? *In:* betrifft: erziehung, 2. Jg. (1969), Nr. 10, S. 28—31.

Nyssen, Friedhelm: Schule im Kapitalismus — Der Einfluß wirtschaftlicher Interessenverbände im Felde der Schule. Reihe: Sammlung Junge Wissenschaft. Köln 1970.

Oerter, Rolf: Über die Verläßlichkeit von Schülerbeurteilungen. *In:* Die Welt der Schule, 13. Jg. (1960), S. 247—250.

Offe, Claus: Leistungsprinzip und industrielle Arbeit. Mechanismen der Statusverteilung in Arbeitsorganisationen der industriellen „Leistungsgesellschaft". Reihe: Kritische Studien zur Politikwissenschaft. Frankfurt a. M. 1970.

Ohlhoff, Günther: Begabung und Schulerfolg. *In:* Schule und Psychologie. 10. Jg. (1963), S. 13—23.

Orlik, Peter: Ein Beitrag zu den Problemen der Metrik und der diagnostischen Valenz schulischer Leistungsbeurteilungen. *In:* Zeitschrift für experimentelle und angewandte Psychologie, 8. Jg. (1961), H. 3, S. 400—408.

Orlik, Peter: Kritische Untersuchungen zur Begabtenförderung. Reihe: Psychologie Universalis — Bd. II. Meisenheim a. Gl. 1967.

Parey, E./Ingenkamp, K.: Die Erfassung nichtkognitiver Variablen in der Unterrichtsforschung. *In:* Handbuch der Unterrichtsforschung — Teil I: Theoretische und methodologische Grundlegung. Herausgegeben vom Pädagogischen Zentrum (C.-L. Furck), Veröffentlichun-

213

gen Reihe C: Bericht — Bd. 6, Teil I. Weinheim 1970, Sp. 1073—1214.

Parsons, T.: Soziologische Theorie. Neuwied-Berlin 1964.

Petersen, Peter: Der Jena-Plan einer freien allgemeinen Volksschule. Langensalza 1929.

Petersen, P./Förtsch, A.: Das gestaltende Schaffen im Schulversuch der Jenaer Universitätsschule 1925—30. Weimar 1930.

Pöttgen, Heribert: Das Zeugnis als Urkunde. *In:* Recht und Wirtschaft der Schule, 5. Jg. (1964), S. 265—269.

Plößl, Walter: Lernziele, Lernerfahrungen, Leistungsmessung — Aspekte einer effektiven Unterrichtsgestaltung. Donauwörth 1972.

Pornschlegel, H./Birkwald, R./Wiesner, H.: Menschliche Leistung und Arbeitsergebnis. Reihe: Industriegewerkschaft Metall für die Bundesrepublik Deutschland — Vorstand — Abt. Bildungswesen (Hsg.): Arbeitsheft 812. Köln 1967, 2. Aufl.

Rang, A./Schulz, W. (Hsg.): Die differenzierte Gesamtschule — Zur Diskussion einer neuen Schulform — Texte. Reihe: Erziehung in Wissenschaft und Praxis — Bd. 8. München 1971, 3. Aufl.

Rank, Therese: Schulleistung und Persönlichkeit. Reihe: Wissenschaftliche Jugendkunde — H. 4. München 1962.

Reckleben, Friedrich: Wertung und Zensierung von Schülerleistungen. *In:* Unsere Volksschule, 12. Jg. (1961/62), H. 8, S. 201—210 (I. Teil), H. 10, S. 271—280 (II. Teil), H. 11, S. 370—377 (III. Teil).

Renggli-Geiger, G.: Die Berichte Pestalozzis an die Eltern seiner Zöglinge 1808—1825. Frauenfeld/Schweiz 1950.

Richter, Jörg (Hsg.): Die vertrimmte Nation oder: Sport in rechter Gesellschaft. Reihe: rororo aktuell — Bd. 1547. Reinbek 1972.

Riebesell, P.: Die mathematischen Grundlagen des Zensurensystems. *In:* Mitteilungen der mathematischen Gesellschaft in Hamburg, 1911—1920, Bd. 5, S. 269—273.

Robinson, S. B.: Bildungsreform als Revision des Curriculum. Neuwied 1971, 3. Aufl.

Roeder/Pasdzierny/Wolf: Sozialstatus und Schulerfolg. Heidelberg 1965.

Roeder, Peter-Martin: Sprache, Sozialstatus und Schulerfolg. *In:* betrifft: erziehung, 1. Jg. (1968), Nr. 6, S. 14—20.

Roeske, Elfriede: Von der herkömmlichen Zensierung zur Benotung im leistungsdifferenzierten Unterricht. *In:* Die Deutsche Schule, 60. Jg. (1968), H. 12, S. 870—876.

Rolff, Hans-G./Winkler, Gertrud: Cliquenwirtschaft in der Schulklasse? — Bemerkungen zum Einfluß der Schülercliquen auf das Aspirationsniveau, die Leistungen und den Schulerfolg. *In:* Neue Sammlung, 7. Jg. (1967), H. 1, S. 44—58.

Rolff, Hans-G.: Gesamtschule als „Demokratische Leistungsschule"? Eine kritische Interpretation der Zwecksetzungen der Gesamtschulplanung. In: Gesamtschule, 1. Jg. (1969), H. 1.

Rolff, Hans-G.: Sozialisation und Auslese durch die Schule. Reihe: Gesellschaft und Erziehung — Bd. VII. Heidelberg 1971, 5. Aufl.

Rosen, B. C.: The Achievement Syndrome. A Psychocultural and Success Strings. In: Atkinson, J. W.: Motives in Fantasy, Action and Society. Princeton/N. Y. 1958, 2. Aufl.

Rosenthal, Robert/Jacobson, Lenore: Pygmalion im Unterricht. Lehrererwartungen und Intelligenzentwicklung der Schüler. Reihe: Beltz-Studienbuch. Weinheim 1971.

Roth, Heinrich: Pädagogische Psychologie des Lehrens und Lernens. Hannover 1963, 7. Aufl.

Roth, Heinrich: Schule als optimale Organisation von Lernprozessen. In: Die Deutsche Schule, 61. Jg. (1969), H. 9.

Roth, Heinrich: Pädagogische Anthropologie. Bd. I: Bildsamkeit und Bestimmung. Hannover 1966. Bd. II: Entwicklung und Erziehung. Hannover 1971.

Sader, Manfred: Möglichkeiten und Grenzen psychologischer Testverfahren. Bern 1961.

Salzmann, Christian: Studien zu einer Theorie des Prüfens und Erprobens im Raum der Erziehung. Reihe: Lichtenstein, E. (Hsg.): Beiträge zur Erziehungswissenschaft. Ratingen 1967.

Sander, Alfred: Begabung, Intelligenz, Leistung. In: Schule und Psychologie, 14. Jg. (1967), H. 7, S. 201—213.

Sander, Julie: Schülerleistung und Lehrerurteil im Blickfeld der Statistik. In: Specht/Rasch/Hofbauer (Hsg.): studium sociale. Ergebnisse sozialwissenschaftlicher Forschung der Gegenwart. Köln-Opladen 1963, S. 475—501.

Sander, Th./Rolff, H.-G./Winkler, G.: Die Demokratische Leistungsschule. Reihe: Auswahl Reihe B — Bd. 11/12. Hannover 1967.

Schäfer, Walter: Berichte und Zensuren in der Odenwaldschule. Reihe: Schriftenreihe der Odenwaldschule — Heft 21. Oberhambach 1960.

Schell, Hans: Angst und Schulleistung. Göttingen 1972.

Schelsky, Helmut: Schule und Erziehung in der industriellen Gesellschaft. Reihe: Weltbild und Erziehung — Bd. 20. Würzburg 1965, 5. Aufl.

Schiefele, Hans: Sind unsere Noten gerecht? In: Welt der Schule, 1960, H. 6, S. 251—257.

Schreiber, Bernhard: Begabungsstand und Schulleistungsniveau der vierten Schuljahre. In: Neue deutsche Schule, 12. Jg. (1960), H. 21, S. 357—370.

Schreiber, H.: Gegen Prüfungen und Noten. In: Zeitschrift für Philosophie und Pädagogik (Langensalza), 6. Jg. (1899), H. 1, S. 31—38.

Schreiner, Günter: Sinn und Unsinn der schulischen Leistungsbeurteilung. In: Die Deutsche Schule, 62. Jg. (1970), H. 4, S. 226 bis 237.

Schreiner, Günter: Leistungsmessung im Dienste des Berechtigungswesens. Anmerkungen zu: Peter Gaude/Wolfgang-P. Teschner: Objektivierte Leistungsmessung in der Schule. In: Westermanns Pädagogische Beiträge, 22. Jg. (1970), H. 9, S. 479—481.

Schreiner, Günter: Gegen eine verdinglichende Leistungsbeurteilung. In: Westermanns Pädagogische Beiträge, 24. Jg. (1972), H. 3, S. 155—159.

Schröter, Gottfried: Aufsätze, Zensuren und Moral. In: Westermanns Pädagogische Beiträge, 20. Jg. (1968), H. 1, S. 26—27

Schröter, Gottfried: Die ungerechte Aufsatzzensur. Reihe: Kamps pädagogische Taschenbücher — Bd. 48. Bochum 1971.

Schüttler-Janikulla/Lindenblatt, A.: Bericht über die Leistungskontrolle in der Förderklasse aus dem Schuljahr 1959/60. In: Schule und Psychologie, 9. Jg. (1962), H. 3, S. 80—90.

Schultze, Walter: Über den Voraussagewert der Auslesekriterien für den Schulerfolg am Gymnasium. Eine Untersuchung im Auftrage der Max-Traeger-Stiftung durchgeführt an der Hochschule für Internationale Pädagogische Forschung, Frankfurt am Main. Frankfurt a. M. 1964.

Schulz, W./Teschner, W. P./ Voigt, J.: Verhalten im Unterricht. Seine Erfassung durch Beobachtungsverfahren. In: Handbuch der Unterrichtsforschung, Teil I: Theoretische und methodologische Grundlegung. Herausgegeben vom Pädagogischen Zentrum (C.-L. Furck), Veröffentlichungen, Reihe C: Berichte, Bd. 6, Teil I. Weinheim 1970, Sp. 633—852.

Schwartz, Paul (Hsg.): Die Gelehrtenschulen unter dem Oberschulkollegium (1787—1806) und das Abiturientenexamen. Reihe: Mon. Germ. Paed. — Bd. 46—50. Berlin 1910—1912.

Schwarz, A.: Über den Wert der Schulnoten. Bemerkungen eines Statistikers. In: Schweizerische Lehrerzeitung, 97. Jg. (1952), Nr. 5, S. 93—99.

Schwarz, Elisabeth: Schulreife, Intelligenz und Schulleistung im ersten Schuljahr. In: Schule und Psychologie, 14. Jg. (1967), H. 8, S. 233—245.

Schweizer, A.: Das Kurvenzeugnis. Arnsberg i. W. 1924.

Seelig, Günther F.: Arbeitsanweisung für objektivierte Leistungsprüfungen. In: Die Deutsche Schule, 62. Jg. (1970), H. 1, S. 51—60 (I. Teil), H. 2, S. 118—127 (II. Teil).

Seelig, Günther F.: Schullaufbahnlenkung durch Leistungsmessung. In: Der Schulpsychologe, 1967, H. 1.

Simoneit, Max: Fort mit der Schulzensur. Das Beurteilen von Schülerleistungen. Berlin 1952.

Simoneit, Max: Zur Fragwürdigkeit der Schulzensur. In: Pädagogische Arbeitsblätter zur Fortbildung für Lehrer und Erzieher, 5. Jg. (1953), Nr. 6, S. 217—220.

Skowronek, Helmut: Zur Problematik der Zensurengebung. In: Westermanns Pädagogische Beiträge 23. Jg. (1971), H. 12, S. 639—645.

Sost, Jakob: Wesen und Bedeutung der Schulzeugnisse und ihre pädagogische und psychologische Auswertung. Paderborn 1926.

Speck, Josef (Hsg.): Leistung, Erfolg und Erfolgskontrolle in der Pädagogik und ihren Nachbarwissenschaften — Berichte über den 4. Kongreß (1968) des Deutschen Instituts für wissenschaftliche Pädagogik — Münster. Münster 1968.

Speichert, Horst: Sitzenbleiben — wie lange noch? In: betrifft: erziehung, 1. Jg. (1968), Nr. 7, S. 3.

Stark, Günter: Zum Stand des Projektes „Objektive Leistungsmessung in Gesamtschulen" (Oktober 1970). In: Mitteilungen und Nachrichten des Deutschen Instituts für Internationale Pädagogische Forschung (Frankfurt a. M.), 1970, H. 59/60, S. 49—65.

Steinkamp, Günther: Lehrer voller Vorurteile? — Soziologische Analyse der Schülerbeurteilung in der Volksschule. In: Die Deutsche Schule, 60. Jg. (1968), H. 12, S. 802—816.

Stevens, S. S.: On the Theory of Scales of Measurement. In: Science, 1946, 103, S. 677—680.

Strzelewicz, Willy: Industrialisierung und Demokratisierung der modernen Gesellschaft. Hannover 1971 (überarbeitete Neuauflage).

Strunz, K.: Über den prognostischen Wert verschiedener Ausleseverfahren bei der Aufnahme in die höhere Schule — Folgerungen. In: Pädagogische Arbeitsblätter (Ludwigsburg), 5. Jg. (1953), H. 6, S. 220—225.

Süllwold, F.: Schultests. In: Handbuch der Psychologie — Bd. 6. Göttingen 1964.

Tent, Lothar: Die Auslese von Schülern für weiterführende Schulen. Möglichkeiten und Grenzen. Beiträge zur Theorie und Praxis der Leistungsbeurteilung in der Schule. Göttingen 1969.

Tent, Lothar: Schätzverfahren in der Unterrichtsforschung. In: Handbuch der Unterrichtsforschung — Teil I: Theoretische und methodologische Grundlegung. Herausgegeben vom Pädagogischen Zentrum, Veröffentlichungen, Reihe C: Berichte — Bd. 6, Teil I. Weinheim 1970, Sp. 853—1000.

Teschner, Wolfgang-P.: Studie zum Leistungsbegriff in der Pädagogik. In: Neue Sammlung, 9. Jg. (1969), S. 427—443.

Thomae, H.: Entwicklung und Prägung. In: Handbuch der Psychologie — Bd. 3. Göttingen 1959, 2. Aufl.

Thomae, H.: Beobachtung und Beurteilung von Kindern und Jugendlichen. Reihe: Psychologische Praxis — Heft 15. Basel (Karger)
1963, 5. Aufl.

Thomas, Konrad: Arbeiter im Betrieb. Reihe: Schriftenreihe der Niedersächsischen Landeszentrale für Politische Bildung — Bd. 3. Hannover 1969.

Thorndike, R. L./Hagen, E.: Measurement and Evaluation in Psychology and Education. New York 1955.

Trute, Wilhelm: Das Schulzeugnis im Dritten Reich — Entwürfe und
Anregungen. In: Monatszeitschrift „Neue Wege" — Fachschaftszeit-
schrift für die Volksschule. 7. Jg. (1934), H. 6, S. 262—266.

Tütken, H.: Zur Adaption ausländischer Curricula. In: Bildung und Erziehung, 1971, H. 5, S. 415—424.

Ulshöfer, Robert: Zur Beurteilung von Reifeprüfungsaufsätzen. Auswertung eines gemeinsamen Versuchs der Deutschlehrer. In: Der
Deutschunterricht. 1. Jg. (1949), H. 8, S. 84—102.

Ulshöfer, Robert: Welcher Grad von Objektivität läßt sich bei der Beurteilung deutscher Aufsätze erreichen? — Mitteilungen statistischer Unterlagen. In: Der Deutschunterricht. 15. Jg. (1963), H. 5,
S. 104—108.

Undeutsch, Udo: Zum Problem der begabungsgerechten Auslese beim
Eintritt in die höhere Schule während der Schulzeit. In: Roth, H.
(Hsg.): Begabung und Lernen. Ergebnisse und Folgerungen neuer
Forschungen. Reihe: Deutscher Bildungsrat (Hsg.): Gutachten und
Studien der Bildungskommission — Bd. 4. Stuttgart 1969, 4. Aufl.,
S. 377—405.

Vinnai, Gerhard (Hsg.): Sport in der Klassengesellschaft. Reihe: Informationen zur Zeit — Bd. 1243. Frankfurt a. M. 1972.

Vogt, Dietrich: Recht und Pädagogik in Zensuren und Zeugnissen.
In: Recht und Wirtschaft der Schule. 3. Jg. (1962), H. 5, S. 129—133.

Voigt, H.: Korrelationen zwischen Hauptinteressen für die Unterrichtsfächer und zwischen den Leistungen in wesentlichen Unterrichtsfächern an höheren Mädchenschulen. In: Zeitschrift für angewandte Psychologie. 26. Jg. (1926), S. 254—293.

Wagenschein, Martin: Noten. In: Die Sammlung. 9. Jg. (1954), H. 7/8,
S. 411—414.

Waldenmaier, Hermann: Die Leistungstafel — Ein Mittel zur Motivation
in der Leibeserziehung. In: Die Scholle. 40. Jg. (1972), Nr. 4,
S. 233—234.

Wasserzieher, Ernst: Woher? — Ableitendes Wörterbuch der deutschen
Sprache. Bonn 1963, 16. Aufl.

Weidig, E. R.: Die Bewertung von Schülerleistungen. Weinheim 1961.

Weinberger, H.: Die schulische Prüfungssituation unter psychologischem Aspekt. In: Schule und Leben, 1962, Folge 43, S. 1 ff.

Weingardt, Erich: Korrelation und Voraussagewert von Zeugnisnoten bei Gymnasiasten. München-Basel 1964.

Weingardt, E.: Sind unsere Schulnoten gerecht? In: Die Höhere Schule, 17. Jg. (1964), H. 8, S. 173—176.

Weingardt, E.: Der Voraussagewert des Reifezeugnisses für wissenschaftliche Prüfungen. In: *Roth, Heinrich* (Hsg.): Begabung und Lernen. Ergebnisse und Folgerungen neuer Forschungen. Reihe: Deutscher Bildungsrat (Hsg.): Gutachten und Studien der Bildungskommission — Bd. 4. Stuttgart 1969, 4. Aufl., S. 433—447.

Weiß, Eberhard: Leistungsfortschritt und Zensuren. In: Westermanns Pädagogische Beiträge, 21. Jg. (1969), H. 2, S. 108.

Weiß, G.: Herbarts pädagogische Jugendschriften — Auswahl. Leipzig (Reclam) 1919.

Weiss, Rudolf: Die Berechnung einer „Schulleistungszahl". In: Schule und Psychologie, 1964, H. 4, S. 114—121.

Weiss, Rudolf: Zensur und Zeugnis. Beiträge zu einer Kritik der Zuverlässigkeit und Zweckmäßigkeit der Ziffernbenotung. Reihe: Wissenschaftliche Veröffentlichungen des Pädagogischen Instituts des Bundes in Oberösterreich — Bd. 3. Linz (Haslinger) 1965.

Weiss, Rudolf: Über die Zuverlässigkeit der Ziffernbenotung bei Aufsätzen. In: Schule und Psychologie, 12. Jg. (1965), S. 257—269.

Weiss, Rudolf: Über die Strenge der Benotung in verschiedenen Unterrichtsgegenständen. In: Pädagogische Rundschau, 20. Jg. (1966), S. 832—843.

Weiss, Rudolf: Zensur und Zeugnis. Sein Wesen und seine Problematik. Reihe: Pädagogische Studien — Bd. 10. Weinheim 1967, 2. Aufl.

Weiss, Rudolf: Vor- und Nachteile der Leistungsbeurteilung durch Ziffernnoten. In: Schule und Psychologie, 16. Jg. (1969), H. 7, S. 198—207.

Wendeler, Jürgen: Standardarbeiten — Verfahren zur Objektivierung der Notengebung. Weinheim 1971, 3. Aufl.

Wendeler, Jürgen: Intelligenztests in Schulen. Weinheim 1971, 2. erw. Aufl.

Weizsäcker, Carl Christian von: Überlegungen zur Demokratisierung des Bildungswesens in der BRD. In: betrifft: erziehung, 2. Jg. (1969), Nr. 1, S. 11—16.

Widmaier, Hans P. (Hsg.): Begabung und Bildungschancen. Frankfurt a. M. 1967.

Witthöft, H. W.: Anregungen zu einer Statistik über die Schulbahnen der Volksschüler. In: Zeitschrift für pädagogische Psychologie und experimentelle Pädagogik, 13. Jg. (1912), S. 597—623.

Wölker, Herbert: Zensuren aus dem Computer. München 1968.

Wolf, Karl: Die Gerechtigkeit des Erziehers. München 1962.

Zeidler, Kurt: Zur Frage der Zeugnisgestaltung. In: Die Erziehung (Leipzig), 3. Jg. (1928), S. 175—183.

Ziegenspeck, Jörg: Zum Problem der Zensierung im Werkunterricht. In: werkpädagogische Hefte, 5. Jg. (1972), H. 3, S. 119—125.

Ziegenspeck, Jörg: Zum Problem der Zeugniszensuren im 4. Schuljahr. Eine empirische Untersuchung. In: Die Grundschule, 5. Jg. (1973), H. 1, S. 20—25.

Zielinski, Johannes: Macht und Ohnmacht der Zensuren. In: Pädagogische Rundschau, 15. Jg. (1961), H. 1/2, S. 121—142.

Zillig, Maria: Einstellung und Aussage. In: Zeitschrift für Psychologie und Physiologie der Sinnesorgane — 1. Abteilung: Zeitschrift für Psychologie (Leipzig), 1928, 106. Bd., S. 58—106.

Zillig, Maria: Beliebte und unbeliebte Volksschülerinnen. In: Archiv für die gesamte Psychologie, 92, 1934.

Zimmer, J.: Curriculumforschung: Chance zur Demokratisierung der Lehrpläne. In: didacta, 1969, H. 3, S. 1 ff.

Zöchbauer, F.: Die Aufnahmeprüfung in die Mittelschule. Ergebnisse einer Untersuchung. Salzburg 1962.

NACHTRAG ZUM LITERATURVERZEICHNIS (1976)

Beck, Oswald: Kriterien zur Aufsatzbeurteilung. Grundlagen, kritisch-vergleichende Betrachtung, Verfahren zur Objektivierung. Reihe: Kultusministerium Rheinland-Pfalz (Hsg.): Schulversuche und Bildungsforschung. Berichte und Materialien. Bd. 6. Mainz 1974.

Boeckmann, Klaus (Hsg.): Lernziele und Erfolgskontrolle. Bad Heilbrunn 1974.

Dumke, Dietrich: Schülerleistung und Zensur. Reihe: Niedersächsisches Kultusministerium (Hsg.): Ergebnisse aus der Arbeit der Niedersächsischen Lehrerfortbildung. Bd. 23. Hannover 1973.

Fricke, Reiner: Über Meßmodelle in der Schulleistungsdiagnostik. Düsseldorf 1972.

Gronlund, Norman E.: Die Anlage von Leistungstests. Frankfurt 1974.

Heckhausen, Heinz: Leistung und Chancengleichheit. Göttingen 1974.

Heller, Kurt (Hsg.): Leistungsbeurteilung in der Schule. Heidelberg 1974.

Ingenkamp, Karlheinz: Pädagogische Diagnostik. Weinheim 1975.

Klafki, Wolfgang: Sinn und Unsinn des Leistungsprinzips. In: Gehlen / Schmölders u. a. Sinn und Unsinn des Leistungsprinzips — Ein Symposion. München 1974, S. 73—110.

Klauer, Karl Josef / Fricke, Reiner u. a.: Lehrzielorientierte Tests. Bei-träge zur Theorie, Konstruktion und Anwendung. Düsseldorf 1972.

Klauer, Karl Josef: Methodik der Lehrzieldefinition und Lehrstoffanalyse. Düsseldorf 1974.

Meyer, Hilbert L.: Trainingsprogramm zur Lernzielanalyse. Frankfurt/ Main 1974.

Mühl, Heinz: Bildung oder Leistung. Die Unzulänglichkeit des Leistungs-denkens in der Pädagogik, insbesondere in der Behindertenpäd-agogik. Bonn / Bad Godesberg 1971.

Peterßen, Wilhelm H.: Grundlagen und Praxis des lernzielorientierten Unterrichts. Ravensburg 1974.

Potthoff, Willy: Erfolgskontrolle. Ravensburg 1974.

Rapp, Gerhard: Messung und Evaluierung von Lernergebnissen in der Schule. Bad Heilbrunn 1975.

Roeder, P.-M. / Treumann, K.: Dimensionen der Schulleistung. Reihe: Deutscher Bildungsrat (Hsg.): Gutachten und Studien der Bildungs-kommission. Bde. 21/1 u. 21/2. Stuttgart 1974.

Rütter, Theodor: Formen der Testaufgabe — Eine Einführung für didak-tische Zwecke. München 1973.

Schoeck, Helmut: Ist Leistung unanständig? Osnabrück 1971.

Schröder, Hartwig: Leistungsmessung und Schülerbeurteilung. Stuttgart 1974.

Sievering, Josef: Probleme der Beurteilung — vornehmlich der Schüler-beurteilung. Kastellaun o. J. (1974).

Strittmatter, Peter (Hsg.): Lernzielorientierte Leistungsmessung. Wein-heim 1973.

Trost, Gunter: Möglichkeiten und Nutzen der Aufbereitung von Reife-zeugniszensuren für die Verbesserung der Studienerfolgsprognose. Reihe: Der Bundesminister für Bildung und Wissenschaft (Hsg): Schriftenreihe zur Bildungsplanung. Heft 12. Bonn 1975.

Ulich, Dieter / Mertens, Wolfgang: Urteile über Schüler. Zur Sozial-psychologie pädagogischer Diagnostik. Weinheim 1973.

NACHTRAG ZUM LITERATURVERZEICHNIS
(1977)

Arbeitsgruppe Erste Lehrerprüfung: Erste Lehrerprüfung – Eine kriti- sche Analyse empirischer Befunde. In: Westermanns Pädagogische Beiträge, 26. Jg. (1974), H. 6, S. 320–327 (Teil I), H. 7, S. 392–398 (Teil II).

Arnhold, Wolfgang (Hsg.): Texte zur Schulpsychologie und Bildungs- beratung. Braunschweig 1975.

Asche, Holger / Lüthje, Jürgen / Schlott, Erich: Der Numerus clausus oder wer darf studieren? Reinbek 1973.

Aurin, Kurt / Glaude, Peter / Zimmermann, Kurt (Hsg.): Bildungsbera- tung. Frankfurt/Main 1973.

Beer, Elsbeth: Lust zur Leistung. Wie Eltern Kinder fördern können. Tübingen 1974.

Bengl, Hans: Schulischer Erfolg und Mißerfolg. Ratingen 1975.

Besser, Hannelore / Wöbcke, Manfred / Ziegenspeck, Jörg: Schülerbe- obachtung und Schülerbeurteilung. 36 Thesen zu 7 Aspekten. In: Die Deutsche Schule, 68. Jg. (1976), H. 2, S. 104–108.

Besser, Hannelore / Ziegenspeck, Jörg: Beobachtung und Beurteilung in der Schule. Diagnostische Verfahren in den Ländern der Bun- desrepublik Deutschland. In: Die Deutsche Schule, 68. Jg. (1976), H. 7/8, S. 440–461.

Besser, Hannelore / Wöbcke, Manfred / Ziegenspeck, Jörg: Der Schü- lerbeobachtungsbogen – Ein Instrument zur Verbesserung der Lerndiagnose. Braunschweig 1977.

Biermann, Rudolf: Zur Praxis schulischer Selektion. Reihe: Die neue Grundschule Bd. 2. Düsseldorf 1975.

Biermann, Rudolf (Hsg.): Schulische Selektion in der Diskussion. Bad Heilbrunn 1976.

Blöschl, Lilian: Belohnung und Bestrafung im Lernexperiment. Wein- heim 1969.

Brunnhuber, Paul: Prinzipien effektiver Unterrichtsgestaltung. Donau- wörth 1971.

Chauncey, Henry / Dobbin, John E.: Der Test im modernen Bildungs- wesen. 2. Auflage. Stuttgart 1970.

Döscher, Dagmar / Kuhr, Hans-Jürgen / Ziegenspeck, Jörg: Pädagogi- sche Diagnostik. Reihe: Beihefte zum BiB-report, Heft 3, Duisburg 1977.

Donat, Helmut: Persönlichkeitsbeurteilung. Methoden und Probleme der Charaktererfassung im pädagogischen Bereich. München 1965.

Els, Gustav: Leistungsprüfung mit Fragebogen in der Hauptschule. Koblenz 1968.

Fend, Helmut u. a.: Gesamtschule und dreigliedriges Schulsystem – eine Vergleichsstudie über Chancengleichheit und Durchlässigkeit. Reihe: Deutscher Bildungsrat (Hsg.): Gutachten und Studien der Bildungskommission. Bd. 55. Stuttgart 1976.

Flitner, Andreas (Hsg.): Der Numerus clausus und seine Folgen. Aus- wirkungen auf die Schule, die Schüler, die Bildungspolitik – Ana- lysen und Gegenvorschläge. Stuttgart 1976.

Florian, Irmela / Rosenstiel, Lutz von: Leistungsstörung und Prüfungs- angst. Ursachen und Behandlung. München 1976.

Fricke, Reiner: Kriteriumsorientierte Leistungsmessung. Stuttgart 1974.

Friedrich, Leo / Köhler, Karl (Hsg.): Zeugnisnoten und Numerus clau- sus. Kronberg/Ts. 1975.

Fuchs, R. / Derner, N. / Merten, R. / Specht, H.: Unterrichtsplanung – Unterrichtskontrolle. München 1974.

Füller, Klaus: Funktionen und Formen von Prüfung. Neuburgweier 1975.

Füller, Klaus: Lernzielklassifikation und Leistungsmessung im Musik- unterricht. Studie zur Entwicklung einer Lernzieltaxonomie und zur objektivierten Leistungserfassung im Fach Musik. Weinheim 1974.

Gehlen, Arnold u. a.: Sinn und Unsinn des Leistungsprinzips. Ein Sym- posion. München 1974.

Haenisch, Hans / Ziegenspeck, Jörg: Die Orientierungsstufe. Schulent- wicklung zwischen Differenzierung und Integration. Weinheim 1977.

Hartmann, Wilfried: Leistung als pädagogisches Problem. Reihe: Mün- sterische Beiträge zu pädagogischen Zeitfragen. Heft 9. Münster 1968.

Heller, Kurt / Rosemann, Bernhard (Hsg.): Handbuch der Bildungsbe- ratung in drei Bänden. Stuttgart 1975.

Heller, Kurt: Intelligenz und Begabung. München/Basel 1976.

Hischer, Erhard (Hsg.): Kindesbeobachtung – Kindesbeurteilung. Exem- plarische Grundlegung für Erzieher. Neuburgweier 1970.

Hopf, Diether: Forschungsstand, Forschungsschwerpunkte und Insti- tutionalisierung der pädagogischen Diagnostik. In: Roth, Heinrich / Friedrich, Dagmar (Hsg.): Bildungsforschung. Probleme – Perspek- tiven – Prioritäten. Reihe: Deutscher Bildungsrat (Hsg.): Gutachten und Studien der Bildungskommission. Bd. 51/2. Stuttgart 1975, S. 219–263.

Hughes, Patrick Michael: Beratung in der Schule. Stuttgart 1974.

Ingenkamp, Karlheinz / Parey, Evelore / Tent, Lothar: Schätzen und Messen in der Unterrichtsforschung. (Teilausgabe des „Handbuches der Unterrichtsforschung") Weinheim 1973.

Kleber, Eduard W. / Meister, Hans / Schwarzer, Christine / Schwarzer, Ralf: Beurteilung und Beurteilungsprobleme. Eine Einführung in Beurteilungs- und Bewertungsfragen in der Schule. Weinheim 1976.

Kornadt, Hans-Joachim: Lehrziele, Schulleistung und Leistungsbeurteilung. Beiträge zur Analyse ihrer theoretischen Bedeutung, ihrer schulischen Funktion und ihrer Wechselwirkungen. Düsseldorf 1975.

Krapp, Andreas: Bedingungen des Schulerfolgs. Empirische Untersuchung in der Grundschule. München 1973.

Krapp, Andreas / Schiefele, Hans: Lebensalter und Intelligenzentwicklung. Eine Analyse des Entwicklungsmodells von B. S. Bloom. München 1976.

Krope, Peter: Zensur, Ausbildung und Gesellschaft. Zur Kritik und Alternative eines Bewertungsverfahrens. Essen 1976.

Kutscher, Joachim (Hsg.): Beurteilen oder verurteilen. München 1977.

Ließmann, Urban: Schulleistung und Schulangst. Eine multivariate Untersuchung im 5. Schuljahr in Gesamtschulen. Weinheim 1976.

Martin, Lothar R.: Bildungsberatung in der Schule. Konzeptionen, Praktiken und Erfahrungen in den USA, England und der Bundesrepublik Deutschland. Bad Heilbrunn 1974.

Meyer, Wulf-Uwe: Leistungsmotiv und Ursachenerklärung von Erfolg und Mißerfolg. Stuttgart 1973.

Plattner, Elisabeth: Schule ohne Leistungsdruck. Lehrplanklassen – die machbare Reform. Tübingen 1976.

Prahl, Hans-Werner: Hochschulprüfungen – Sinn oder Unsinn? Sozialgeschichte und Ideologiekritik der akademischen Initationskultur. München 1976.

Projektgruppe des Instituts für Schullaufbahnberatung, München (Hsg.): Diagnostik in der Schule. Beiträge zu einer pädagogischen Orientierung der Schülerbeurteilung. München 1973.

Royl, Wolfgang (Hsg.): Lernerfolgsmessung im Schulversuch. Didaktische Informationen aus Schulversuchen. Braunschweig 1975.

Ruddies, Günter H.: Psychostudio. Von der Beobachtung zur Beurteilung des Verhaltens. Stuttgart 1974.

Schäfferricht, Annemarie (Hsg.): Numerus clausus. Eine Bibliographie. Frankfurt/Main (DIPF) 1976.

Schallberger, Urs: Studienverlauf und Studienerfolg. Ein Beitrag zur Studienverlaufsforschung aufgrund einer retrospektiven Longitu-

dinalstudie beim Immatrikulationsjahrgang 1961 der Zürcher Hochschulen. Basel 1974.

Scheer, Jörn W. / Zenz, Helmuth: Studenten in der Prüfung. Eine Untersuchung zur akademischen Initiationskultur. Frankfurt/Main 1973.

Schiefele, Hans: Schule und Begabung. München 1971.

Schwarzer, Ralf (Hsg.): Lernerfolg und Schülergruppierung. Untersuchungen zur pädagogischen Diagnostik und Unterrichtsorganisation im differenzierten Schulwesen. Düsseldorf 1974.

Schwarzer, Christine / Schwarzer, Ralf: Praxis der Schülerbeurteilung.
Ein Arbeitsbuch. München 1977.

Schwarzer, Christine: Lehrerurteil und Schülerpersönlichkeit. Kognitive
Stile und Sozialschicht als Einflußgrößen für die Beurteilung bei
Schulbeginn. München 1976.

Seib, Rudolf (Hsg.): Beratung und Therapie im Raum der Schule. Praxis der Einzelfallhilfe im Bereich der Lern- und Verhaltensstörun-
gen. Bad Heilbrunn 1976.

Skowronek, Helmut (Hsg.): Umwelt und Begabung. Stuttgart 1973.

Süllwold, Fritz (Hsg.): Begabung und Leistung. Hamburg 1976.

Staatsinstitut für Schulpädagogik, München (Hsg.): Handreichungen für
die Leistungsmessung in der Kollegstufe. Donauwörth 1974.

Stark, Willy: Die Sitzenbleiber-Katastrophe. Tatsachen und erforderliche
Sofortmaßnahmen. Stuttgart 1974.

Tent, Lothar / Fingerhut, Walter / Langfeldt, Hans-Peter: Quellen des
Lehrerurteils. Untersuchungen zur Aufklärung der Varianz von
Schulnoten. Weinheim 1976.

Thiel, Siegfried: Lehr- und Lernziele. Ravensburg 1973.

Thiemann, Friedrich: Unterrichtsbeurteilung. Essen 1974.

Trost, Günter: Vorhersage des Studienerfolgs. Braunschweig 1975.

Verband für Arbeitsstudien – REFA – e. V. (Hsg.): Das Leistungsprinzip in unserer Zeit. Berlin 1974.

Vontobel, Jacques: Leistungsbedürfnis und soziale Umwelt. Zur sozio-
kulturellen Determination der Leistungsmotivation. Bern/Stuttgart/
Wien 1970.

Vorsmann, Norbert: Wege zur Unterrichtsbeobachtung und Unterrichtsforschung. Reihe: Henn's Pädagogische Taschenbücher. Bd. 38.
Ratingen 1972.

Wahl, Diethelm: Erwartungswidrige Schulleistungen. Untersuchungen
zur Meßstabilität und zu den Geltungsbereichen des Konstrukts
von Over- und Underachievement. Weinheim 1975.

Wasna, Maria: Motivation, Intelligenz und Lernerfolg. München 1972.

Weiner, Bernard: Die Wirkung von Erfolg und Mißerfolg auf die Leistung. Bern/Stuttgart 1975.

Wendeler, Jürgen: Schulsystem, Schulleistungen und Schülerauslese. Eine Vergleichsuntersuchung zwischen der Förderstufe und dem traditionell gegliederten Schulsystem. Weinheim 1974.

Ziegenspeck, Jörg: Vorurteil – Urteil – Verurteilung: Was leistet das tradierte Beurteilungssystem? In: Politische Didaktik, 1. Jg. (1975), H. 2, S. 15–22.

Ziegenspeck, Jörg: Zum Planungs- und Entwicklungsstand der Orientierungsstufe in der Bundesrepublik Deutschland. Reihe: Material- und Nachrichtendienst (MUND). Bd. 139. Frankfurt/Main 1976.

In der Auswahl Reihe B sind erschienen: